PROGRAMAS DE TRANSFERÊNCIA DE RENDA NA AMÉRICA LATINA E CARIBE

Dados Internacionais de Catalogação na Publicação (CIP)
(Câmara Brasileira do Livro, SP, Brasil)

Programas de transferência de renda na América Latina e Caribe / Maria Ozanira da Silva e Silva, (coord.). -- São Paulo : Cortez, 2014.

Vários autores.
Bibliografia.
ISBN 978-85-249-2305-0

1. América Latina - Política social 2. Caribe - Política social 3. Renda (Economia) 4. Seguridade social 5. Serviço social I. Silva, Maria Ozanira da Silva e.

14-11004 CDD-361

Índices para catálogo sistemático:

1. Programas sociais : América Latina e Caribe : Bem-estar social 361

Maria Ozanira da Silva e Silva
(Coord.)

Valéria Ferreira Santos de Almada Lima •
Carlos Nelson dos Reis •
Carola C. Arregui • Jorge Tripiana

PROGRAMAS DE TRANSFERÊNCIA DE RENDA NA AMÉRICA LATINA E CARIBE

CORTEZ EDITORA

CNPq
Conselho Nacional de Desenvolvimento Científico e Tecnológico

CAPES

PROGRAMAS DE TRANSFERÊNCIA DE RENDA NA AMÉRICA LATINA E CARIBE
Maria Ozanira da Silva e Silva (Coord.)

Capa: de Sign Arte Visual
Preparação de originais: Alexandra Resende
Revisão: Geisa M. de Oliveira
Assessoria editorial: Maria Liduína de Oliveira e Silva
Editora-asssistente: Priscila F. Augusto
Composição: Linea Editora Ltda.
Coordenação editorial: Danilo A. Q. Morales

Direitos para esta edição
CORTEZ EDITORA
Rua Monte Alegre, 1074 – Perdizes
05014-001 – São Paulo – SP
Tel. (11) 3864-0111 Fax: (11) 3864-4290
E-mail: cortez@cortezeditora.com.br
www.cortezeditora.com.br

Impresso no Brasil — outubro de 2014

Sobre os Autores

MARIA OZANIRA DA SILVA E SILVA. Doutora em Serviço Social pela Pontifícia Universidade Católica de São Paulo (PUC-SP). Desenvolveu estágio pós-doutoral no Núcleo de Estudos de Políticas Públicas da Universidade Estadual de Campinas (Unicamp). Pesquisadora Nível IA do CNPq. É professora do Programa de Pós-Graduação em Políticas Públicas da Universidade Federal do Maranhão (UFMA), e coordenadora do Grupo de Avaliação e Estudo da Pobreza e de Políticas Direcionadas à Pobreza (GAEPP — <www.gaepp.ufma.br>), onde desenvolve pesquisas sobre Políticas Sociais, com destaque à Política de Assistência Social e aos Programas de Transferência de Renda. Atualmente, vem desenvolvendo estudos no campo da avaliação de políticas e programas sociais. Foi membro integrante do Comitê Assessor de Psicologia e Serviço Social junto ao CNPq (nas gestões 2003-2005 e 2008-2011); foi representante adjunta da Área de Serviço Social na Capes (gestões 2002-2004, 2005-2007). É autora ou coautora dos seguintes livros publicados pela Cortez Editora: *A política habitacional brasileira: verso e reverso* (1989); *Refletindo a pesquisa participante*. 2. ed. (1991); *Formação profissional do Serviço Social*. 2. ed. (1995); *Renda mínima e reestruturação produtiva* (1997); *O Serviço Social e o popular*. 7. ed. (2011); *Política Social Brasileira no século XXI: prevalência dos programas de transferência de renda*. 6. ed. (2012); *Avaliando o Bolsa Família: unificação, focalização e impactos*. 2. ed. (2014); e *O Bolsa Família no enfrentamento à pobreza no Maranhão e Piauí*. 2. ed. (2013). Coordenadora e coautora dos seguintes livros, também publicados pela Cortez Editora: *Comunidade Solidária: o não enfrentamento da pobreza no Brasil* (2001); *Serviço Social, pós-graduação e produção do conhecimento no Brasil* (2005); *Políticas públicas de trabalho e renda no Brasil contemporâneo*. 3. ed. (2012), além dos seguintes livros publicados pela Veras Editora: *Avaliação de políticas e programas sociais: teoria e prática*. 2. reimpr. da 2. ed. (2010); *Pesquisa avaliativa*: *aspectos teórico-metodológicos*. 2. ed. (2013); e *Políticas públicas de enfrentamento à pobreza*, EDUFMA (2013). É também autora de vários capítulos de livros, artigos publicados em periódicos e trabalhos completos publicados em anais de eventos científicos nacionais e internacionais.

VALÉRIA FERREIRA SANTOS DE ALMADA LIMA. Doutora em Políticas Públicas pela Universidade Federal do Maranhão (UFMA). Professora do Departamento de Economia e do Programa de Pós-Graduação em Políticas Públicas da UFMA. Pesquisadora Nível II do CNPq e do Grupo de Avaliação e Estudo da Pobreza e de Políticas Direcionadas à Pobreza (GAEPP — <www.gaepp.ufma.br>), onde vem desenvolvendo, entre outros estudos, pesquisas sobre a Política Pública de Trabalho e Renda no Brasil e no Maranhão. Vem desenvolvendo também estudos no campo da avaliação de políticas e programas sociais. É coautora dos livros publicados pela Cortez Editora: *Comunidade Solidária: o não enfrentamento da pobreza no Brasil* (2001); *Políticas públicas de trabalho e renda no Brasil contemporâneo*. 3. ed. (2012); e dos livros publicados pela Editora Veras: *Avaliação de políticas e programas sociais: teoria e prática*. 2. ed. (2005); e *Pesquisa avaliativa: aspectos teórico-metodológicos*. 2. ed. (2013). Autora de artigos publicados em periódicos especializados e de trabalhos completos publicados em anais de eventos científicos.

CARLOS NELSON DOS REIS. Possui graduação em Ciências Econômicas pela Pontifícia Universidade Católica do Rio Grande do Sul (PUC-RS), 1977; especialização em História do Rio Grande do Sul pela Universidade Federal do Rio Grande do Sul (UFRS), 1981; mestrado em Teoria Econômica pela UFRS, 1986; doutorado em Política Econômica pela Universidade Estadual de Campinas (Unicamp), 1994; e

Pós-Doutorado na Universidade de Paris 13 *Nord*, 2008-2009. Atualmente é pesquisador e professor titular permanente da PUC-RS. Tem experiência na área de Economia, com ênfase em Economia dos Programas de Bem-Estar Social, atuando principalmente nos seguintes temas: exclusão social, economia brasileira, crescimento econômico, conjuntura e desenvolvimento econômico. Foi diretor administrativo e financeiro da Fundação de Amparo à Pesquisa do Rio Grande do Sul (2003-2006). Atualmente é diretor do Instituto de Pesquisa e Desenvolvimento (IDEIA), da PUC-RS. Publicou vários artigos em diferentes periódicos locais, regionais, nacionais e internacionais e os seguintes livros: *Fragmentos de uma metrópole: meninos e meninas em situação de rua*; *Responsabilidade social das empresas e balanço social: meios propulsores do desenvolvimento econômico*, e *Social e o sopro do Minuano: transformações societárias.*

CAROLA C. ARREGUI. Assistente social, doutora em Serviço Social pela PUC-SP. Realizou o seu pós-doutorado em Economia pela Universidade Pierre Mendès France em Grenoble, França. É pesquisadora da Coordenadoria de Desenvolvimento e Estudos de Projetos Especiais da PUC-SP e cocoordenadora do Núcleo de Estudos e Pesquisas: Cidades e Territórios da Universidade Cruzeiro do Sul (Unicsul). Possui experiência na área de pesquisa em políticas sociais, com ênfase em Serviço Social, atuando, principalmente, nos seguintes temas: desigualdade e pobreza, programas de transferência de renda, indicadores sociais e sistemas de monitoramento e avaliação. Destaca as recentes publicações: *Gestão social: desafios e perspectivas no uso da informação e dos indicadores sociais.* In: Luciano A. Prates Junqueira; Sylmara L. F. Gonçalves Dias; Mariangela Belfiore Wanderley; Patricia Mendonça. (Orgs.). *Gestão social: mobilizações e conexões.* 1. ed. São Paulo: LCTE, 2013. *Es posible construir una nueva pauta para la investigación y evaluación de políticas sociales?* In: Revista de Políticas Públicas, v. 17, 2013; *O debate sobre a produção de indicadores sociais alternativos: demandas por novas formas de quantificação.* In: Serviço Social & Sociedade, v. 111, 2012. *Vulnerabilidade social é atributo da pobreza?* Serviço Social & Sociedade, v. 97, 2009.

JORGE TRIPIANA. Licenciado em História pela Universidad Nacional del Centro de la Provincia de Buenos Aires (UNCPBA), Argentina. Mestrado em Investigação Social pela Facultad de Ciencias Sociales de la Universidad de Buenos Aires, Argentina. Atual Vice-decano e professor adjunto da Facultad de Arte (UNCPBA). Codirector do Programa de Investigación sobre Política y Sociedad, PROIEPS, FCH--UNCPBA. Doutorando em História pela Universidad Nacional de La Plata (UNLP), Provincia de Buenos Aires, Argentina. Tem como linha de investigação o processo de consciência da classe trabalhadora e as transformações do capitalismo contemporâneo. Entre suas publicações, destacam-se: *El cine y la clase obrera. Análisis del documental corazón de fábrica y el proceso de conciencia; Anuario La Escalera*, n. 22-23, 2014, UNCPBA; *La configuración actual del mundo del trabajo: transformaciones, sujetos y experiencias*. UNCPBA, 2013; La utilización del audiovisual en la investigación social y la construcción de sociedad. In: Silva y otros (Orgs.). *Ensayos sobre arte, comunicación y políticas culturales; E-book* UNCPBA, 2012. *Estado y sociedad. Autonomía y subalternidad en el capitalismo contemporáneo,* em coautoria com VV.AA. La universidad en el siglo XXI: retos estructurales y perspectivas de futuro. UNMdPlata, Dic. 2011. *Políticas sociales, trabajo y trabajadores en el capitalismo actual. Aportes teóricos y empíricos para una estrategia de emancipación,* em coautoria com Silvia Fernández Soto. Editorial Espacio. 2009.

Lista de Gráficos

Lista de Quadros

Lista de Tabelas

Lista de Siglas

AFAM-PE Nuevo Régimen de Asignaciones Familiares

AUH Programa Asignación Universal por Hijo para la Protección Social

BANADESA Banco Nacional de Desarrollo Agrícola

BANRED Rede de Caixas Automáticas

BDH Programa Bono de Desarrollo Humano

BF Bolsa Família

BIRD Banco Internacional de Reconstrução e Desenvolvimento

BM Banco Mundial

BSP Benefício para Superação da Extrema Pobreza na Primeira Infância

BVJ Benefício Variável Vinculado ao Adolescente

CAPES Coordenação de Aperfeiçoamento de Pessoal de Nível Superior

CEPAL Comissão Econômica para América Latina e o Caribe

CINTERFOR Centro Interamericano para o Desenvolvimento do Conhecimento na Formação Profissional

CNPQ Conselho Nacional de Desenvolvimento Científico e Tecnológico

CODENI Centros de Saúde, Instituições de registro civil, Conselho Nacional da Infância e Adolescência

CPC Comités de Promoción Comunitaria

CTE Comitê Técnico Estadual

DNI Documento Nacional de Identificação

DPS Departamento Administrativo para a Prosperidade Social

EBAIS Equipe Básica de Atenção Integral em Saúde

EUA Estados Unidos da América

FCH/UNICEN Facultad de Ciencias Humanas de la Universidad Nacional del Centro de la Provincia de Buenos Aires

FCS/UDELAR Faculdad de Ciencias Sociales de la Universidad de La Republica

FMI Fundo Monetário Internacional

FOSIS Fondo de Solidaridad e Inversión Social

GLP gás liquefeito de petróleo

IBGE Instituto Brasileiro de Geografia e Estatística

ICBF Instituto Colombiano de Bienestar Familiar

ICC Índice de Carências Críticas

IDH Índice de Desenvolvimento Humano

IGD Índice de Gestão Descentralizada

IMSS Instituto Mexicano de Seguro Social

INAU Instituto del Niño y Adolescente del Uruguay

IPEC Programa Internacional para a Erradicação do Trabalho Infantil

IPS Instituto de Previsión Social

MDS Ministério do Desenvolvimento Social e Combate à Fome

MEG Micro Enterprise Grant

MIES Ministerio de Inclusión Económica y Social

MIFAPRO Mi Família Progresa

MOEYC Ministerio de Gobierno Local y Desarrollo Comunitario, o Ministerio de Educación, Juventud y Cultura

MTSS Ministerio de Trabajo y Seguridad Social

NEA	Região Nordeste argentino
NOA	Região do Noroeste
ODM	Objetivos de Desenvolvimento do Milênio
OEA	Organização dos Estados Americanos
OIT	Organização Internacional do Trabalho
ONG'S	Organizações não governamentais
ONU	Organização das Nações Unidas
PANES	Plan de Atención Nacional a la Emergencia Social
PATH	Programa de Avance mediante la Salud y la Educación
PATI	Programa de Apoyo Temporal al Ingreso
PETI	Programa de Erradicação do Trabalho Infantil
PIB	Produto Interno Bruto
PMU	Unidade de Gestão do Projeto
PPGPP	Programa de Pós-Graduação em Políticas Públicas
PPGSS	Programa de Pós-Graduação em Serviço Social
PPS	Programa De Protección Social
PRAF	Programa de Asignación Familiar
PRAF/BID II	Programa Integral de Proteção Social
PROGRESA	Programa Educación, Salud y Alimentación
PROGRESO	Programa de Educación, Salud y Alimentación
PRONAA	Programa Nacional de Assistência Alimentar
PRONASOL	Programa Nacional de Solidaridad
PTRC	Programas de Transferência de Renda Condicionada
PUC-RS	Pontifícia Universidade Católica do Rio Grande do Sul
PUC-SP	Pontifícia Universidade Católica de São Paulo
RAS	Red de Apoyo Social
RMI	Rendas Mínimas de Inserção
RPS	Red de Protección Social
SAC	Sistema de Atención a Crisis
SAP	Servicio de Alcantarillado de Aguas Servidas

SCFV	Serviços de Convivência e Fortalecimento de Vínculos
SEDESOL	Secretaría de Desarrollo Social
SENAMA	Servicio Nacional del Adulto Mayor
SENARC	Secretaria Nacional de Renda de Cidadania
SEP	Secretaría de Educación Pública
SHARE	Programa Social Help and Rehabilitative Efforts
SHCP	Secretaria da Fazenda e Crédito Público
SIRBHO	Sistema de Registro de Identificação de Beneficiários
SIRC	Sistema de Informação de Registro de cumprimento das Condicionalidades
SMVM	Salário Mínimo Vital e Móvil
SSA	Secretaría de Salud
SUF	Subsidio Único Familiar
TCCTP	Programa de Transferências Monetarias Condicionadas Focalizadas
TIC	Tecnologia de Informações
TTCARD	SMART Card Programme
UCN	Unidad Coordinadora Nacional
UCR	Unidades Coordenadoras Regionales
UFMA	Universidade Federal do Maranhão
UNESCO	Organização das Nações Unidas para a Educação, a Ciência e Cultura
UNICEF	United Nations Children's Fund
USAID	United States Agency for International Development

Sumário

Prefácio

Com imensa satisfação apresento este livro, organizado por Maria Ozanira da Silva e Silva, que se situa no âmbito das análises críticas que buscam compreender e explicar as particularidades das transformações contemporâneas das políticas sociais em contexto de crise do capital em nosso continente.

Os países da América Latina e Caribe, em sua quase totalidade, implementaram sistemas de proteção social a partir das décadas de 1920/1930 assentados, fortemente, na lógica do seguro, como demonstra fartamente a leitura disponível. Esta lógica, que condiciona os direitos às aposentadorias e pensões ao exercício de um trabalho estável, ou de uma contribuição individual, se mostrou incapaz de garantir proteção social, tendo em vista o forte desemprego estrutural nesse continente. As determinações estruturais da economia capitalista, portanto, impuseram limites intransponíveis à universalização das políticas sociais que constituem o núcleo central desses sistemas, como as políticas públicas de emprego, previdência e saúde.

Os sistemas de seguridade social estruturados nos países da América Latina e Caribe são bastante diferenciados, e mesmo o termo Seguridade Social nem sempre é utilizado para se referir ao mesmo conjunto de políticas sociais. Em sua maioria, o termo *seguridad social* designa somente as aposentadorias e pensões, diferentemente do Brasil, em que agrega as políticas de previdência, saúde e assistência social. O comum, nesses países, foi a adesão ao pensamento keynesiano, sobretudo a partir da grande crise de 1929, que foi determinante para o desenvolvimento e a expansão das políticas públicas e da seguridade social em todos os países capitalistas, porque preconiza que o Estado tem uma função-chave no desenvolvimento econômico por meio da regulação das relações capitalistas de produção.

As determinações estruturais do capitalismo assentadas na relação capital-trabalho — sua lógica de acumulação centrada na lei do valor e exploração da força de trabalho — estão na base determinante de estruturação das políticas que conformam a seguridade social fundada na lógica securitária-assistencial. Nos marcos do capitalismo, em todos os países em que se desenvolveu, a seguridade social se estruturou com base na organização social do trabalho. Isso significa dizer que as transformações e mudanças no campo do trabalho afetam diretamente a composição e a abrangência da seguridade social.

A assistência social, no âmbito da seguridade social, constituiu um dos pilares da regulação do mercado e uma importante estratégia de manutenção do quase "pleno emprego"; de aumento do consumo, sobretudo daqueles que não conseguiam se inserir no mercado de trabalho (em decorrência de idade, desemprego, doença) por meio de prestações monetárias, ditas de substituição ou complementação de renda (aposentadorias, pensões, auxílios e programas de renda mínima); e de garantia de condições de vida dos chamados "segmentos" sem condições de trabalhar. Em contexto de ampliação da seguridade social, a assistência social assumiu o lugar do direito complementar ao conjunto da proteção social, cujo pilar central era o trabalho, os direitos trabalhistas, a saúde, a previdência, a educação. Dito de outra forma, a assistência social, no contexto do "Estado Social" ampliado, de tendências universalistas, ou social-democrata, participou ativamente no processo de reprodução ampliada da força de trabalho, mas na condição de política subsidiária nos regimes de proteção social, atuando para processar a universalização ao acesso a bens e serviços, cuja primazia era o direito ao trabalho.

A crise do capital que assolou a economia capitalista de norte a sul do globo provocou e vem provocando a destruição de milhares de vagas de emprego e de direitos sociais condicionados ao trabalho, como aposentadorias, seguro-desemprego e auxílios sociais. Trata-se de uma crise estrutural que provoca a redução dos investimentos públicos em políticas estruturantes e redireciona o fundo público para programas assistenciais focalizados, destinados a garantir a reprodução da força de trabalho e a ampliação do consumo, com vistas a assegurar a reprodução ampliada do capital.

A expansão de programas de transferência de renda assistenciais se situa nesse contexto de crise do capital e destruição dos direitos sociais. Sua implantação rápida no âmbito da seguridade social nos países da América Latina e Caribe não significa ampliação de direitos e dos sistemas de proteção social, mas se situa no contexto de contrarreformas implementadas em todo o continente sob orientação de organismos internacionais, como o Banco Mundial. Os Programas de Transferência de Renda Condicionada (PTRC), como são chamados, contudo, são saudados como uma nova forma de política social destinada ao combate à pobreza. Na verdade, tem como ponto comum em todos os países capitalistas a transferência dos custos da crise para a classe trabalhadora, por meio da redução dos direitos, da incitação às atividades e trabalhos sem direitos, do aumento do desemprego, da ampliação das contribuições sociais trabalhistas e dos impostos indiretos, de natureza regressiva, o que significa um bárbaro processo de expropriação social. Sua ampliação, portanto, se situa no contexto de restrição de políticas universais, de privatização das políticas sociais, a exemplo da privatização da saúde e previdência, e instituição das chamadas políticas de ativação para o trabalho, da qual fazem parte. Daí a tão festejada expressão, sempre associada aos objetivos dos PTRC, de que devem sempre buscar a "porta de saída".

Este livro, resultado de minuciosa e rigorosa pesquisa coletiva, realizada por pesquisadores com larga tradição na análise de política social, vem a público em momento oportuno, e descortina o significado dos programas de transferência de renda condicionada em contexto de crise de capital, de aumento de relações informais de trabalho e de aguda e persistente desigualdade social na América

Latina e Caribe. Os PTRC constituem amplamente a principal estratégia de política social de combate à pobreza nesses países, como demonstram os autores. Possuem natureza focalizada, se baseiam na perspectiva de "empoderamento" ou fortalecimento do "capital humano", descolando as condições de vida e de exploração do trabalho das suas determinações estruturais e são apresentados como estratégias do "neodesenvolvimentismo". Ainda que tenham a função de assegurar acesso a bens essenciais como alimentação, não são capazes de impactar significativamente na redução da pobreza e da desigualdade. Os PTRC limitam-se a mitigar seus efeitos e, como afirmam os autores, "as determinações estruturais geradoras da pobreza e da desigualdade social são desconsideradas".

A análise apresentada nesta obra nos convida a refletir sobre esta mais nova estratégia do capital para assegurar sua reprodução, enquanto se apresenta como política voltada para atender às necessidades básicas. Ajuda-nos, assim, a desvelar os mitos da possibilidade de enfrentamento da pobreza por meio de políticas focalizadas e individualizadas.

Brasília, agosto de 2014

Ivanete Boschetti

1

Introdução: a pesquisa e o conteúdo do livro

Maria Ozanira da Silva e Silva

1.1 O contexto da pesquisa

O livro *Programas de Transferência de Renda na América Latina e Caribe*, que ora apresentamos à comunidade acadêmica, aos profissionais das políticas sociais, aos usuários e interessados nas questões inerentes à proteção social, em geral, mais especificamente aos usuários dos Programas de Transferência de Renda Condicionada (PTRC) e ao público em geral, é produto de uma pesquisa desenvolvida no âmbito de uma cooperação acadêmica internacional, aprovada e financiada pela Coordenação de Aperfeiçoamento de Pessoal de Nível Superior (CAPES) e pelo Conselho Nacional de Desenvolvimento Científico e

Tecnológico (CNPq).[1] Trata-se de uma cooperação acadêmica, no âmbito do MERCOSUL, envolvendo três programas de pós-graduação no Brasil: Programa de Pós-Graduação em Políticas Públicas da Universidade Federal do Maranhão (PPGPP/UFMA), coordenador geral do projeto; Programa de Pós-Graduação em Serviço Social da Pontifícia Universidade Católica de São Paulo (PPGSS/PUC-SP); e Programa de Pós-Graduação em Serviço Social da Pontifícia Universidade Católica do Rio Grande do Sul (PPGSS/PUC-RS). Além destes, o projeto envolve o Programa de Doctorado en Ciencias Sociales de la Faculdad de Ciencias Sociales de la Universidad de La Republica (FCS/Udelar/Uruguai); e o mestrado en Ciencias Sociales de la Facultad de Ciencias Humanas de la Universidad Nacional del Centro de la Provincia de Buenos Aires (FCH/UNICEN) da Argentina.[2]

---

1. O Projeto de pesquisa para realização do estudo exploratório sobre PTRC em implementação na América Latina e Caribe e estudo comparado entre três PTRC: BF (Brasil), Nuevo Régimen de Asignaciones Familiares (AFAM) — P.E. (Uruguai) e Asignación Universal por Hijo para la Protección Social (Argentina) foi submetido e aprovado pelos seguintes editais: Programa Capes PPCP, Edital CGCI n. 072/2010, MERCOSUL e Edital Universal CNPq n. 14/2011.

2. A equipe central de pesquisadores do projeto mantém uma composição estável, mas no desenvolvimento dos estudos alguns outros pesquisadores vêm sendo incluídos e alguns poucos têm se afastado das atividades. Em abril de 2013, quando foi finalizado o estudo exploratório objeto desta publicação, a composição da equipe de pesquisadores era assim constituída: Pesquisadores do Brasil: Universidade Federal do Maranhão (UFMA): Maria Ozanira da Silva e Silva (coordenadora geral do projeto); Valéria Ferreira Santos de Almada Lima, Annova Miriam Ferreira Carneiro, Cleonice Correia Araújo, Salviana de Maria Pastor Santos Sousa, Maria Eunice Damasceno Pereira; Pontifícia Universidade Católica de São Paulo (PUC-SP): Maria Carmelita Yazbek (coordenadora da equipe da PUC-SP), Raquel Raichelis Degenszajn, Carola Carbajal Arregui, Valter Martins (doutorando), Evelyn Secco Furquin (doutoranda); Pontifícia Universidade Católica do Rio Grande do Sul (PUC-RS): Berenice Rojas Couto (coordenadora da equipe da PUC-RS), Carlos Nelson dos Reis, Dilceane Carraro (doutoranda); Pesquisadores do Uruguai: Programa de Doctorado en Ciencias Sociales de la Faculdad de Ciencias Sociales de la Universidad de La Republica: Mónica De Martino Bermúdez (cordenadora da equipe do Uruguai), María Laura Vecinday Garrido, José Pablo Bentura Alonso, María Ximena Baraibar Ribero, Laura Paulo Bevilacqua, Fátima Otormín, Adela Claramont, Alejandro Mariatti, Yoana Carballo (mestranda), Laura Caffaro (mestranda), Adela Claramunt Abatte (doutoranda); Pesquisadores da Argentina: Mestrado en Ciencias Sociales de la Facultad de Ciencias Humanas de la Universidad Nacional del Centro de la Provincia de Buenos Aires da Argentina: Silvia Fernández Soto (coordenadora da equipe da Argentina), Jorge Daniel Tripiana, Paula Ignacia Rodríguez Traiani (mestranda) e Cynthia Terenzio (mestranda).

A proposta de intercâmbio, em desenvolvimento desde julho de 2011, com extensão prevista para julho de 2015, agrupa atividades de pesquisa, de ensino e de formação de recursos humanos em nível de pós-graduação, tendo como eixo temático os Programas de Transferência de Renda enquanto mecanismos que vêm se tornando prevalentes para a proteção social na América Latina e Caribe a partir da segunda metade dos anos 1990, com grande destaque em países como Brasil, México, Argentina, Chile, Colômbia e Uruguai, entre outros, conforme fica demonstrado nos conteúdos que compõem o livro.

Nesse contexto, os PTRC constituem o que vem sendo denominado de *Rede de Proteção Social*, formada por transferências monetárias e um conjunto de intervenções compensatórias de natureza focalizada na pobreza e na extrema pobreza. Vêm sendo considerados o principal mecanismo para combater a pobreza intergeracional na região. Para cumprir esse objetivo maior, a população beneficiária situa-se em famílias qualificadas como pobres e extremamente pobres, submetidas a complexos sistemas de identificação, seleção e acompanhamento, mediante o emprego de modernas tecnologias da informação, com consequente tecnificação do campo assistencial e com submissão do público-alvo a diversificados testes de meios que caracterizam as políticas sociais focalizadas. São famílias e pessoas que, na sua maioria, recebem transferência monetária sob a condição de atenderem alguns requisitos para desenvolver certas qualificações e melhorar seu nível educacional, de saúde e nutricional. Assim, os PTRC contêm uma proposta de oferecer proteção aos ciclos iniciais da vida, consistindo de transferência monetária com atendimento à saúde e a oferta de condições educacionais para crianças e adolescentes. São também público-alvo de programas de transferência de renda, em alguns países, pessoas idosas, pessoas com deficiências e adultos pobres em idade de trabalho, sendo que alguns destes programas não apresentam condicionalidades.[3] São programas associados

---

3. O Brasil desenvolve, desde 1996, o Benefício de Prestação Continuada (BPC) destinado a pessoas idosas a partir de 65 anos e pessoas com deficiência, desde que vivam em famílias

ao incentivo da demanda e da oferta de serviços sociais, registrando significativo crescimento em número e em cobertura na primeira década do século XXI, com ampliação de recursos a eles destinados. Em 2010, já eram implementados em 18 países, voltando-se largamente para a inclusão da população pobre, constituindo-se na política do campo assistencial, portanto, não contributivo, para o enfrentamento da pobreza e extrema pobreza na agenda pública dos países da região (Comissão Econômica para América Latina e o Caribe, 2012b). Dados também da Cepal revelam que a cobertura dos PTRC, considerando 19 países da América Latina e Caribe, cresceu de 5,7%, em 2000, para 19,3%, em 2010, se considerada a população total desses países. Em termos de inversão do PIB, houve um incremento de 0,19%, em 2000, para 0,40%, em 2010 (Cecchini e Madariaga, 2011). Esses dados revelam que, embora os recursos não venham acompanhando a ampliação da cobertura dos programas, estes vêm se destacando em número e em cobertura como formas de proteção social dos extremamente pobres.

Por conseguinte, os PTRC materializam uma política central quando nos voltamos para o estudo da proteção social não contributiva direcionada para o enfrentamento à pobreza na região, precisando ser desvendados não só na sua aparência, mas também nos seus significados explícitos e implícitos e nas contradições reveladoras de limites e potencialidades, considerando os objetivos que orientam esses programas. Essa é a proposta deste livro.

1.2 A proposta metodológica da pesquisa

Partindo dos pressupostos de que os PTRC em desenvolvimento na América Latina e Caribe são marcados por especificidades

---

com renda *per capita* familiar inferior a um quarto do salário mínimo, também sem condicionalidade.

históricas e contextuais da realidade de cada país, apresentando, todavia, elementos comuns que precisam ser analisados e problematizados e que esses programas representam estratégias relevantes de políticas direcionadas para o enfrentamento da pobreza na região, foi definido o estudo referido considerando duas modalidades de investigação, articuladas, mas orientando-se por objetivos e propostas metodológicas específicas: um estudo de natureza exploratória e um estudo comparado entre três PTRC: Bolsa Família (BF) (Brasil), Nuevo Régimen de Asignaciones Familiares (AFAM) — P.E. (Uruguai) y Asignación Universal por Hijo para la Protección Social (Argentina), representativos da relevância que esses programas assumiram no âmbito da proteção social assistencial não contributiva, a partir da segunda metade dos anos 1990.

O livro *Programas de Transferência de Renda na América Latina e Caribe*, ora disponibilizado, apresenta os resultados do estudo exploratório, tendo como objetivos proceder a uma contextualização socioeconômica e política da realidade da América Latina e Caribe, considerando as determinações estruturais e conjunturais que propiciaram o surgimento e o desenvolvimento dos programas, tomando por referência o período situado dos anos 1990 à atualidade. Outro objetivo foi desenvolver uma análise problematizadora sobre esses programas, considerando um conjunto de dimensões qualificadoras definidas a partir das informações levantadas no estudo.

O procedimento de pesquisa utilizado para elaboração da contextualização socioeconômica e política dos PTRC na América Latina e Caribe foi centrado em estudo bibliográfico e documental e na utilização de dados secundários sobre os diversos aspectos da realidade abordada. O texto elaborado integra o primeiro capítulo do livro, sob o título "Contextualização Socioeconômica e Política dos PTRC na América Latina e Caribe".

Para elaborar a pretendida caracterização e problematização dos PTRC na América Latina e Caribe, inicialmente foi realizado, mediante uso da internet, um levantamento geral desses programas. Uma vez identificados os programas, o levantamento de informações pertinentes a cada um deles foi feito mediante acesso aos *sites* dos respectivos programas, complementado com fontes documentais e bibliográficas, via de regra, identificadas ou disponibilizadas nos próprios *sites* acessados. A partir das informações obtidas, foi elaborado um quadro em que foram listados os programas identificados em 18 países da região (Quadro 1), sendo organizados seguindo a ordem do ano de sua respectiva criação. Esse quadro é disponibilizado no capítulo referente à caracterização dos PTRC na América Latina e Caribe, ressaltando-se, porém, que alguns deles se constituem de mais de um componente e às vezes, considerados programas independentes. Também não integram o quadro programas de países como a Nicarágua que manteve o Programa Red de Protección Social (RPS), implementado de 2000 a 2006, e o programa da Guatemala mais conhecido como *Mi Família Progresa* (MIFAPRO), implementado de 2008 a 2011, por ter sido substituído, em 2012, pelo Mi Bono Seguro. Ademais, a relação de programas é restrita aos que mantêm condicionalidades para sua implementação, deixando de incluir alguns programas importantes, mesmo que de transferência de renda, como o Benefício de Prestação Continuada do Brasil, direcionado a idosos e a pessoas com deficiências. Assim, devido à complexidade e instabilidade, em razão de criação, desativação e programas às vezes com diferentes componentes, não foi possível, nesse estudo exploratório, incorporar todos os aspectos presentes nesses programas. De posse de informações sobre cada um dos programas que compõem o Quadro 1 mencionado, foi elaborada uma caracterização preliminar de cada programa, sendo consideradas onze dimensões centrais qualificadoras dos PTRC na América Latina e Caribe, assim designadas: eixos impulsionadores do surgimento e desenvolvimento, público-alvo, objetivos, abrangência, critérios de ingresso, condicionalidades, benefícios monetários, benefícios não monetários, gestão e implementação, impactos e autonomização. A caracterização específica de cada programa, considerando as dimensões indicadas, permitiu a elaboração de um quadro síntese incluindo os 18 programas. A partir desse quadro, considerando as dimensões indicadas, foram elaboradas análises das dimensões selecionadas para construir uma caracterização dos referidos programas, sendo as análises ilustradas com aspectos identificados em cada um deles.[4] Obteve-se então, um texto síntese preliminar que foi submetido à análise e discussão em missão de trabalho realizada como procedimento de encaminhamento dos estudos e pesquisas que compõem o projeto. Considerando as indicações e sugestões decorrentes desse debate coletivo, foi elaborada a versão final do texto que recebeu o título de "Caracterização e Problematização dos Programas de Transferência de Renda na América Latina e Caribe".[5]

Por se tratar de um estudo de caráter exploratório, referenciado em fontes de informação e documentos, chamamos a atenção para a relatividade e até incompletude de alguns dos conteúdos apresentados. Todavia, consideramos que o estudo desenvolvido permitiu a identificação e a análise de aspectos importantes para qualificação e compreensão dos PTRC na América Latina e Caribe. O objetivo do estudo aqui apresentado foi, por conseguinte, desenvolver uma reflexão e problematização geral sem a pretensão de produzir uma caracterização profunda sobre cada programa isoladamente, mas levantar informações pertinentes e suficientes para permitir uma compreensão geral, mas profunda, do conjunto desses programas, identificando conteúdos, similaridades, divergências e, sobretudo, os significados implícitos e explícitos presentes nesse conjunto de

---

4. O quadro mencionado com informações de cada programa está sendo organizado em formato de livro a ser disponibilizado nos *sites* dos programas de pós-graduação e grupos de pesquisa envolvidos no projeto de pesquisa mencionado. Portanto, ressaltamos que não foi pretensão apresentar uma caracterização completa de cada programa, e obtivemos informações mais completas de uns e de outros não. Todavia, consideramos que as informações obtidas foram suficientes para construirmos uma análise problematizadora do PTRC na América Latina e Caribe, conforme apresentado no segundo capítulo do livro.

5. Os dois textos, produtos do estudo exploratório, foram submetidos a um amplo debate desenvolvido numa missão de trabalho do projeto realizada em Porto Alegre, no período de 7 a 14 de março de 2013, da qual participaram os seguintes pesquisadores integrantes da equipe do projeto: Brasil: Maria Ozanira da Silva e Silva, Valéria Ferreira dos Santos Almada Lima, Maria Carmelita Yazbek, Carola Carbajal, Berenice Rojas Couto, Carlos Nelson dos Reis e Dilceane Carraro. Argentina: Silvia Fernandez Soto e Jorge Tripiana. Uruguai: Mónica De Martino Bermúdez e Laura Beatriz Paulo Bevilacqua.

programas sociais, de modo a desvendar seu real significado e limites para o enfrentamento da pobreza na região.

1.3 O conteúdo do livro

Esta obra compõe-se essencialmente de dois capítulos. O primeiro, denominado "Contextualização Socioeconômica e Política dos Programas de Transferência de Renda na América Latina e Caribe", visa identificar e problematizar as determinações que ensejaram o surgimento e o desenvolvimento de PTRC no continente, constituindo-se os programas centrais na composição de um sistema de proteção social não contributivo, destinado ao enfrentamento da pobreza a partir da segunda metade dos anos 1990. Para construir a contextualização pretendida, são abordados fatores de ordem econômica, social e político-ideológica que determinaram a inclusão de tais programas nos Sistemas de Proteção Social da grande maioria dos países latino-americanos e caribenhos, como estratégia privilegiada de enfrentamento à pobreza e às desigualdades sociais, que se constituem em características histórico-estruturais da região. São, ainda, tecidas considerações sobre as características históricas dos Sistemas de Proteção Social latino-americanos, com destaque para as tendências da atualidade, dentre as quais sobressaem os PTRC. Nesse contexto, são apresentados e analisados dados estatísticos sobre o comportamento de indicadores relacionados à pobreza e à desigualdade, bem como ao trabalho, à educação, à saúde e o acesso a serviços públicos de infraestrutura na América Latina e Caribe, tendo como recorte temporal as décadas de 1990 e 2000, período marcado pela emergência e expansão dos PTRC na região em estudo.

O segundo capítulo do livro, denominado "Caracterização e Problematização dos Programas de Transferência de Renda Condicionada (PTRC) na América Latina e Caribe" apresenta uma análise dos PTRC considerando 11 dimensões qualificadoras selecionadas para configurar a realidade desses programas na região: eixos impulsionadores do surgimento e desenvolvimento, público-alvo, objetivos, abrangência, critérios de ingresso, condicionalidades, benefícios monetários, benefícios não monetários, gestão e implementação, impactos e autonomização.

Logo na introdução do segundo capítulo, são apresentadas duas categorias teóricas que perpassam todo o processo de compreensão e análise dos PTRC: concepção de pobreza e teoria do capital humano. Pobreza concebida como um fenômeno estrutural e multidimensional, portanto, é mais que insuficiência de renda. É desigualdade na distribuição da riqueza socialmente produzida; não acesso a serviços básicos; à informação; ao trabalho e à renda digna; é não participação social e política (Silva, 2012). A partir dessa concepção, indicamos a insuficiência da concepção multidimensional de pobreza que fundamenta o desenho e a implementação dos PTRC na região, destacando sua omissão em considerar o conteúdo estrutural da pobreza, o que termina levando esses programas a buscar o dito enfrentamento da pobreza tão somente pela mediação de melhorias imediatas das condições de vida dos pobres (criação de oportunidades para gerar capacidades), atribuindo a eles mesmos a responsabilidade pela superação da pobreza intergeracional a que se encontram submetidos.

Verificamos que a teoria do capital humano é central para orientar os fundamentos e a prática dos PTRC. Teoria essa que surge para explicar os ganhos de produtividade gerados pelo *fator humano*. Na sua aplicação ao campo educacional, como é assumida pelos PTRC, a ideia de capital humano reveste-se de uma conotação tecnicista que serve para mistificar os objetivos da educação, considerada pressuposto do desenvolvimento econômico e do desenvolvimento do indivíduo, em particular. Assim, a educação é assumida como condição para inserção social no mercado de trabalho e para o desempenho profissional, sendo considerada numa perspectiva que legitima a educação como investimento, ao ser reduzida a um fator econômico, essencial para o desenvolvimento, portanto para a ultrapassagem da pobreza intergeracional. Partindo dessa perspectiva, a educação é deslocada de uma concepção teórica de análise histórica, que a situa no plano das determinações e das relações sociais, enquanto prática social de disputa hegemônica nas diferentes esferas da vida social (Frigotto, 2010).

Ainda nesse capítulo, é também demonstrada a centralidade da categoria teórica: focalização para a compreensão dos PTRC. Entendemos que a focalização na pobreza é, juntamente com a concepção de pobreza e da teoria do capital humano, um qualificador central para compreensão dos PTRC na América Latina e Caribe. Como mencionado nas análises desenvovidas, a focalização adotada pelo PTRC em implementação se distancia de uma concepção de focalização enquanto discriminação positiva, de caráter distributivo, redistributivo e voltada para correção de distorções do passado, geradoras de injustiça, que seja capaz de distribuir e redistribuir recursos e serviços para o conjunto total de um público-alvo selecionado como foco de intervenção. O que prevalece na prática dos PTRC é uma focalização *pobre* que mais fragmenta do que focaliza a pobreza. Os processos de seleção dos pobres, mesmo com a pretensão de multidimensinalidade, terminam privilegiando a variável renda. Ademais, são dimensionados por procedimentos técnicos quantitativistas, orientados pela eficiência, não sendo capazes, porém, na maioria dos programas, de incluir todo o seu público-alvo, mesmo utilizando-se de critérios por demais restritivos de elegibilidade. Portanto, representa mais uma focalização residualista que não dá conta de realizar uma discriminação positiva que se centre naqueles que foram deixados à margem do direito ao acesso a políticas e programas universalizantes e de qualidade.

É importante ressaltar que as análises e problematizações desenvolvidas em relação a cada uma das onze dimensões objeto do estudo foram fundamentadas em concepções teórico-conceituais que orientaram o conteúdo de cada dimensão. Assim, além das três categorias teóricas mencionadas, outras orientaram todo o esforço da análise desenvolvida, como concepções de condicionalidades, de gestão, de impacto e de autonomização para que as reflexões superassem o campo descritivo, buscando construir interpretações e problematizações sobre as múltiplas realidades dos PTRC.

Finalmente, entendemos que a temática proposta para estudo é atual e de extrema relevância para as Ciências Humanas e Sociais e, sobretudo, para os profissionais que investigam e implementam a Política Social e, em especial, para o público usuário dos Programas de Transferência de Renda. Assim, esperamos que este livro possa contribuir para o aprofundamento do debate e da implementação de políticas direcionadas para o enfrentamento à pobreza, desvelando a realidade, contradições e limites dessas políticas.

2

Contextualização socioeconômica e política dos PTRC na América Latina e Caribe

Valéria Ferreira Santos de Almada Lima
Carlos Nelson dos Reis
Carola C. Arregui
Jorge Tripiana

2.1 Introdução

O presente texto se constitui em um dos produtos resultantes de estudo exploratório acerca dos Programas de Transferência de Renda Condicionada em desenvolvimento na região da América Latina e Caribe, o qual, por seu turno, situa-se no âmbito de um Projeto de Pesquisa financiado pela Capes e pelo CNPq intitulado Programas de Transferência de Renda Condicionada na América Latina: estudo comparado — Bolsa Família (Brasil), Nuevo Régimen de Asignaciones Familiares — AFAM-PE (Uruguai) e Asignación Universal por Hijo (Argentina).

Portanto, a reflexão aqui desenvolvida tem como objetivo central contextualizar a emergência e o desenvolvimento dos PTRC na região em foco. Para tanto, aborda, em primeiro lugar, os fatores de ordem econômica, social e político-ideológica que determinaram a inclusão de tais programas nos Sistemas de Proteção Social da grande maioria dos países latino-americanos, como estratégia privilegiada de enfrentamento à pobreza e às desigualdades sociais, que se constituem em características histórico-estruturais da região. Em segundo lugar, são tecidas considerações sobre as características históricas dos Sistemas de Proteção Social latino-americanos, com destaque para as tendências da atualidade, dentre as quais sobressaem os PTRC como forma prevalente de enfrentamento à pobreza e às desigualdades sociais. Em terceiro lugar, são apresentados e analisados alguns dados estatísticos sobre o comportamento de indicadores relacionados à pobreza e à desigualdade, bem como ao trabalho, à educação, à saúde e o acesso a serviços públicos de infraestrutura na América Latina e Caribe, tendo como recorte temporal as décadas de 1990 e 2000, período marcado pela emergência e expansão dos PTRC na região em estudo.

2.2 Determinantes econômicos, sociais e político-ideológicos do surgimento dos PTRC na América Latina e Caribe

Na virada do século XIX para o século XX, com o esgotamento do ciclo britânico de acumulação (no qual predominavam as pequenas unidades de produção e um padrão de competição tipicamente concorrencial), tem início um novo ciclo liderado pelos Estados Unidos. Este tem como base, por um lado, um extraordinário desenvolvimento das forças produtivas, impulsionado por inovações tecnológicas e, sobretudo, organizacionais, inspiradas nos princípios tayloristas e fordistas de organização do trabalho e da produção; por outro lado, um concomitante movimento de concentração e centralização do capital do qual emerge um padrão oligopolista de competição.

Nesse contexto, assiste-se a uma mudança no padrão de regulação econômica em direção a uma maior intervenção do Estado na economia, seja como investidor, seja como regulador do funcionamento dos mercados, cujo principal objetivo era assegurar a unidade entre produção e consumo de massa, por meio da elevação do nível de emprego e da sustentação da demanda agregada, no âmbito de economias nacionais protegidas da concorrência internacional.

Paralelamente, verifica-se também uma mudança no padrão de regulação social do capitalismo, passando o Estado a desempenhar um papel mais ativo em suas funções distributivas, mediante o provimento direto de bens e serviços públicos necessários à reprodução da força de trabalho, a ampliação dos direitos de proteção ao trabalho assegurados por lei e a institucionalização de um sistema público de proteção social. Tal padrão de regulação, por um lado, atende às novas exigências do regime de acumulação, via socialização de parte dos custos de reprodução da força de trabalho e a consequente liberação dos salários diretos para alimentar o consumo de massa. Por outro, resulta da necessidade de revisão da estratégia estatal de legitimação, em um contexto marcado pela Guerra Fria e pelo avanço de forças sociais de contestação da ordem vigente, cujos principais canais de expressão e representação são o emergente sindicalismo de massa e os partidos políticos de esquerda.

Tal expansão do Estado, tanto no campo do bem-estar social como no campo da regulação econômica, impõe o redimensionamento do seu aparato produtivo e administrativo em direção ao aprofundamento da tendência à burocratização inaugurada na origem do Estado Moderno e à incorporação do padrão fordista de massificação e padronização da produção na oferta de bens e serviços públicos, assim como dos princípios tayloristas de organização do trabalho no modelo de administração burocrática centralizada (Lima, 2002).

Essa modalidade *social burocrática* de Estado, de inspiração keynesiana, começa a dar sinais de esgotamento a partir do final dos anos 1960, como uma das manifestações de mais uma crise estrutural do capital, ocasionada pela queda da taxa de lucro, em um contexto de acirramento da concorrência intercapitalista em âmbito mundial, de elevação dos preços das matérias-primas básicas e de esgotamento do paradigma produtivo e tecnológico taylorista-fordista para fazer face às exigências de elevação da produtividade e de adequação aos novos padrões de competitividade.

De fato, nesse período, a economia capitalista mundial experimenta uma inflexão cujos sintomas mais evidentes são a desaceleração da taxa de crescimento do produto industrial, a retração do valor do comércio internacional e a concomitante expansão financeira, a qual embora na visão de Arrigh (1996) não represente uma novidade no desenvolvimento do capitalismo, assume uma dimensão e uma sofisticação técnica sem precedentes na história desse sistema de produção.

Tal explosão financeira, que marca os últimos decênios do século XX, torna-se o mais importante fator desestabilizador do sistema monetário internacional, pondo em xeque a própria autonomia dos Estados nacionais, sobretudo no que concerne à gestão da moeda e da força de trabalho. Com efeito, as políticas econômicas e sociais implementadas pelos Estados nacionais atualmente encontram-se fortemente condicionadas pelos movimentos do capital financeiro especulativo, extremamente volátil e livre de qualquer controle por parte de instituições reguladoras nacionais ou internacionais.

Por outro lado, o capital que se mantém na esfera produtiva vem experimentando, principalmente a partir dos anos 1980, um conjunto de estratégias de reestruturação como forma de contrarrestar a tendência à queda da taxa de lucro.

Algumas dessas estratégias incidem mais diretamente sobre a organização do trabalho e da produção, visando superar os já mencionados limites intrínsecos aos princípios tayloristas-fordistas, bem como a sua excessiva rigidez face aos novos padrões de competitividade e ao caráter mais instável e diferenciado da demanda, em um contexto de acirramento da concorrência mundial intercapitalista.

O paradigma voltado para a produção de massa mostrou-se eficaz enquanto predominou um quadro geral de estabilidade dos mercados, característico do regime de acumulação e do padrão de regulação até então vigentes. Entretanto, com o aprofundamento das mudanças no cenário econômico internacional, o requisito básico de competitividade deixou de se pautar na produção em grande escala de produtos padronizados (busca de economias de escala), passando a apoiar-se na capacidade de adaptação e inovação de produtos e processos (busca de economias de escopo).

Nessa perspectiva, as estratégias empresariais de reestruturação voltam-se para a flexibilização das formas de organização do trabalho e da produção, através da introdução de novos equipamentos de base microeletrônica e de inovações organizacionais, inspiradas, sobretudo, no modelo de produção japonês.

Além dessas estratégias de reestruturação produtiva direcionadas para a flexibilização interna (do processo de trabalho e do padrão de uso da força de trabalho) é importante destacar as medidas de racionalização implementadas pelas empresas com vistas à flexibilização externa (das relações de trabalho e do mercado de trabalho). Estas consistem, essencialmente, na adoção de formas atípicas de contratação da força de trabalho, tais como: trabalho temporário, trabalho em tempo parcial, subcontratação de trabalho a domicílio; na realocação de plantas para regiões de fraco poder de organização sindical; na incorporação de um padrão de relação de trabalho que privilegia a negociação direta e individualizada entre patrão e empregado; e na terceirização (Antunes, 1995).

Todas essas transformações experimentadas pelo sistema capitalista mundial nos planos financeiro e produtivo têm rebatimentos importantes do ponto de vista da classe trabalhadora, na medida em que afetam as condições de uso da força de trabalho no processo produtivo, seu poder de organização, bem como a configuração do mercado de trabalho.

Com efeito, as recentes tendências de flexibilização das relações de trabalho têm possibilitado que as empresas tomem para si a prerrogativa de alocar e utilizar a força de trabalho no processo produtivo de acordo com suas necessidades. Dessa forma, ao espaço público de regulação sobrepõe-se um espaço privado, fundado na relação direta e individualizada entre patrão e empregado. É nesse espaço privado de regulação que a qualificação do trabalhador para o desempenho de uma ocupação específica perde importância, requerendo-se um conjunto de competências que o possibilite transitar por diversas ocupações, com baixos custos para a empresa (Dedecca, 1998).

Peliano (2002) ressalta ainda que a adoção do conceito de competência para configurar o novo perfil do trabalhador está associada às crescentes exigências de flexibilização das relações de trabalho impostas pela emergência do neoliberalismo, no bojo do processo de globalização e reestruturação produtiva. De fato, tal conceito descaracteriza a noção de profissão, enfraquecendo, por consequência, o papel dos sindicatos como porta-vozes das categorias profissionais.

Conforme salientado anteriormente, além das mudanças nas condições de uso do trabalho e no seu poder de organização, transformações relevantes vêm se processando no mercado de trabalho em decorrência do processo de reestruturação capitalista em curso. Estas se expressam na elevação significativa das taxas de desemprego, na maior instabilidade dos contratos de trabalho, no crescimento do emprego informal e no surgimento de formas precárias de ocupação.

Mas as transformações que dão conformação a esse processo de reestruturação capitalista em escala global extrapolam a base produtiva e atingem as demais esferas da sociedade. Com efeito, em substituição ao regime fordista de acumulação, ganha espaço um regime de acumulação flexível, cujas implicações vão muito além da introdução de inovações tecnológicas e organizacionais nas unidades básicas que compõem a estrutura do sistema capitalista, afetando o padrão dominante de regulação econômica e social e a própria forma de organização do Estado (Lima, 2002).

Segundo Jessop (1991), com o esgotamento do regime de acumulação e do paradigma de organização industrial fordistas, o *Welfare State Keynesiano* perdeu sua eficácia, enquanto força estrutural e estratégica capaz de assegurar as condições de valorização do capital e de reprodução da força de trabalho. Em seu lugar, vem se configurando uma nova forma de Estado que o citado autor denomina de *Workfare State Schumpeteriano*.

A diferença entre ambos é que o primeiro objetivava, de um lado, promover o crescimento do emprego em economias nacionais relativamente fechadas, através de uma política econômica cujo foco centrava-se na demanda e, de outro, almejava generalizar a norma do consumo de massa, mediante uma política social voltada à ampliação dos direitos ao bem-estar e à criação de novas formas de consumo coletivo. Enquanto isto, o *Workfare State Schumpeteriano* visa promover a inovação da produção, dos processos de organização e dos mercados, em prol da elevação da competitividade de economias abertas, a partir de mecanismos de intervenção econômica que enfatizam o lado da oferta. Assim sendo, a política social torna-se subordinada aos imperativos da flexibilidade do mercado de trabalho e da competitividade estrutural (Jessop, 1991).

Tal mudança de orientação se traduz, no plano econômico, em primeiro lugar, em uma série de medidas que enfatizam a estabilização monetária e o equilíbrio orçamentário, em detrimento da elevação do nível de emprego, traduzidas, dentre outras, na privatização de empresas estatais e na redução dos gastos públicos, sobretudo na área social. Em segundo lugar, mas não menos importante, sobressai o reforço à competitividade e à inserção da economia nacional na nova ordem mundial globalizada, por meio de medidas tais como: a desregulamentação dos mercados, a redução e flexibilização dos custos trabalhistas, dentre outras (Lima, 2002).

Por outro lado, no plano social, o novo padrão de regulação estatal substitui as *políticas de integração* de cunho universalista e distributivo pelas chamadas *políticas de inserção*, de caráter residual, focalizadas nos segmentos sociais mais vulneráveis. Segundo Castel

(1998), as primeiras, tendo como objetivo a homogeneização da sociedade a partir do centro, compreendiam ações voltadas para a ampliação do acesso aos serviços públicos, a redução das desigualdades, o desenvolvimento das proteções e a consolidação da condição salarial. Já as segundas visam reduzir o *déficit de integração* dos segmentos mais vulneráveis, pautando-se na lógica da discriminação positiva, cujo horizonte é a promoção da igualdade de oportunidades tão cara à tradição liberal (Lima, 2008).

Cumpre ressaltar que todas essas transformações experimentadas pelo sistema capitalista nos três últimos decênios do século XX puderam proliferar a partir do centro favorecidas por um contexto sociopolítico marcado pela queda do muro de Berlim e pelo fim da Guerra Fria, com a consequente ascensão ao poder de partidos e governos conservadores, encabeçados por Thatcher na Inglaterra e Reagan nos Estados Unidos, demarcando a vitória do pensamento neoliberal.

Centrando o foco da análise nas *políticas de inserção* anteriormente referidas, merecem aqui destaque os Programas de Transferência de Renda Condicionada, objeto central do presente estudo, também denominados de Programas de Renda Mínima, os quais no contexto europeu se desenvolveram em três momentos, conforme destaca Stein (2009) baseada em uma periodização estabelecida por Ayala (2000): em um primeiro momento emergem as experiências pioneiras no bojo da fase expansiva do modelo de acumulação europeu, como parte do processo de expansão dos Estados de Bem-Estar modernos em países como Dinamarca, Áustria, Suécia, dentre outros (Ayala, 2000, apud Stein, 2009). Em um segundo momento, as experiências assumem um caráter emergencial para fazer face à eclosão da crise econômica. O terceiro momento, iniciado em meados dos anos 1980, é marcado pela evolução dos Programas de Renda Mínima para as chamadas Rendas Mínimas de Inserção (RMI), as quais associam a garantia de renda ao apoio público para facilitar a inserção dos beneficiários no mercado de trabalho.

Entretanto, diante das novas condições de acumulação do capitalismo globalizado, as características mais marcantes e perturbadoras da atualidade são a redução das taxas de crescimento e sua maior instabilidade, refletida na alternância de curtos períodos de expansão com períodos de recessão, destacando-se como os principais determinantes do desemprego. Ademais, considerando-se o novo padrão de regulação econômica e social do capitalismo, inspirado na ideologia neoliberal, vale lembrar a afirmação de Gentili (1998, p. 89) segundo o qual

> a garantia do emprego como direito social (e sua defesa como requisito para as bases de uma economia e uma vida política estável) desmanchou-se diante da nova promessa de empregabilidade como capacidade individual para desfrutar as limitadas possibilidades de inserção que o mercado oferece.

Inspirada na Teoria do Capital Humano,[1] revista e atualizada, sobretudo a partir da segunda metade dos anos 1980, a promessa da empregabilidade, de caráter essencialmente privado, recupera a concepção individualista dessa teoria em sua versão original. Entretanto, ela elimina o nexo que tal teoria estabelecia entre o desenvolvimento do capital humano individual e o capital humano social, já que o tão propalado incremento das *capacidades individuais* aumenta tão somente as condições de empregabilidade, estando a efetiva inserção no mercado de trabalho condicionada ao êxito ou fracasso de cada um (Lima, 2008).

Dada a condição *inimpregável* de grande parte da população à qual se destinam os Programas de Transferência de Renda Condicionada, assim como as demais políticas de inserção, e considerando-se seus limites para reintegrar segmentos sociais que são *inintegráveis* (face às novas exigências do mercado de trabalho e às especificidades

---

1. A Teoria do Capital Humano, uma das mais importantes referências teóricas da economia da educação, despontou nos anos 1950-60, tendo como pressuposto o de que o Estado, ao investir na promoção de políticas planejadas de educação e formação de mão de obra, estaria contribuindo, por um lado, para o aumento da renda individual (derivada do incremento do capital humano individual) e, por outro, para o aumento da riqueza social (derivada do incremento do capital humano social).

do atual regime de acumulação), tais políticas vêm perdendo seu pretenso caráter transitório para se tornarem permanentes. Nesse sentido, segundo Castel (1998), a inserção deixa de representar uma etapa provisória, transformando-se em um *Estado* ou em uma *nova modalidade de existência social*, situada entre a completa exclusão e a integração (Lima, 2008).

Especificamente na região da América Latina e Caribe,[2] espaço geográfico objeto da presente pesquisa, a literatura econômica e a de ciências sociais em geral são muito fartas em estudos e análises que buscam mostrar suas particularidades. Independente do referencial teórico utilizado fica, por um lado, na grande maioria dos estudos, a noção das vigorosas potencialidades da região, e, por outro lado, os problemas e as intrínsecas, bem como as extrínsecas, dificuldades que permeiam sua historicidade.

Em linhas gerais, a história política, econômica e social da América Latina pode ser dividida em dois importantes períodos: o primeiro que vai desde a descoberta da região até o final do século XIX. Decorrem desse intervalo temporal duas importantes caracterizações: uma que compreende a denominada economia colonial, que teve como marca a exploração predatória com extração de vegetais e minerais e, na sequência, com o objetivo de libertar-se do mando do colonizador, tem-se as Guerras de Independência, cujo principal resultado foi o ingresso paulatino das economias latino-americanas nos mercados internacionais, o que vai resultar na fase que se caracteriza como economia primário-exportadora (Quadro 1).

É importante ressalvar que, no primeiro período histórico, as economias da região se regiam por uma relação econômica puramente mercantil. A partir de um legado colonial: "La organización de la economia colonial sufrió muchos câmbios tras la llegada de los

---

2. A região é composta por 12 repúblicas da América do Sul (exceto Guiana Francesa), 6 repúblicas da América Central (incluindo Panamá, mas excluindo Belize), México, República Dominicana e Haiti, num total de 23 países. Os idiomas predominantes são o espanhol e o português (Bulmer-Thomas, 2010).

Quadro 1

Síntese histórica dos aspectos relevantes das economias da América Latina

Período	Caracterização	Período	Comentário
I	Colônia	1500-1700	Exploração predatória: extração de vegetais e minerais.
	Guerras de Independência	1810-1870	Como resultado econômico: algumas economias, já independentes, iniciam seu ingresso nos mercados mundiais, na condição de economias primário-exportadoras.
II	Crescimento com base em exportações de bens primários	1870-1914 1915-1930	Idade do ouro. Progresso paralisado.
	Crescimento com base na produção industrial	1930-1970 1970-2000	Substituição de importações. Crise e reestruturação produtiva.

Fonte: Adaptado de: REIS, Carlos Nelson dos. Crescimento econômico e exclusão social na América Latina: digressões a partir de uma relação assimétrica. In: ______ (Org.). *América Latina*: crescimento no comércio mundial e exclusão social. Porto Alegre: Palmarinca, 2001.

conquistadores, pero siempre se guió por los princípios del mercantilismo"[3] (Bulmer-Thomas, 2010, p. 39). Ou seja, as condições para uma relação de produção e reprodução na lógica capitalista ainda não estão concretamente definidas, pois as principais economias têm como característica o trabalho servil ou escravo, ainda que algumas partes já se organizem como trabalho assalariado.[4] Em paralelo, o contexto

3. Na realidade, segundo a doutrina do mercantilismo: "[...] la prosperidade de una nación estaba relacionada con la acumulación de capital; y el capital solía identificarse con los metales preciosos. En el caso de España y de Portugal, donde no había oro ni plata en cantidade apreciables, la doctrina exigió, por lo tanto, la acumulación de metales preciosos a través del comercio exterior" (Bulmer-Thomas, 2010, p. 39).

4. Na literatura encontra-se uma importante discussão a respeito das relações econômicas deste período. Encontram-se classificações, tais como: economia mercantil escravista, economia exportadora capitalista, entre outros. Para maior aprofundamento ver: MELLO, João Manoel Cardoso de. *O capitalismo tardio*. São Paulo: Brasiliense, 1982.

mundial dos séculos XVIII ao XX já se desenvolvia plenamente sob a égide da lógica de acumulação capitalista. De forma que o legado histórico desse período também contempla as concepções que delinearam os destinos políticos e econômicos da região, forjando comportamentos sociais desde o caudilhismo e o coronelismo até incorporar-se ideologicamente sob a figura do populismo que na prática se materializam em ações paternalistas, clientelistas e mais recentemente cartorialistas. Todos esses movimentos e formas, sem dúvida, são marcas históricas da maioria das Repúblicas da América Latina. Essas combinações locais somadas aos acontecimentos internacionais são fortes indicativos das origens das desigualdades sociais latino-americanas.

O segundo período em que, no contexto internacional, o capitalismo já está consolidado e em fase de esgotamento do ciclo de acumulação britânico, também apresenta duas possibilidades de caracterizações, ambas, agora, já sob a lógica da reprodução capitalista: o crescimento econômico por meio de exportações de produtos primários e extração mineral; e o crescimento com base na produção industrial, momento em que é forjado o modelo de substituição de importações, que ao esgotar-se em finais dos anos 1970 e início dos anos 1980 resulta em vigorosa crise econômica, que requer, ao longo dos anos 1990, uma reestruturação produtiva (Quadro 1).

Portanto, no que diz respeito à transição da forma mercantil para a capitalista, é fundamental destacar a importância desse segundo período, pois é nele que as economias da região vão definitivamente adaptar-se de forma organizacional e estrutural em bases produtivas configuradas na lógica da produção e reprodução capitalista. É evidente que é uma transição longa e repleta de restrições internas e externas à estrutura produtiva da região. É também, nesse período histórico, permeado por desigualdades sociais e embates políticos ideológicos, que se fundamenta a discussão sobre a concepção teórica que formatou o conceito de centro e periferia que será um dos principais suportes da Teoria da Dependência. Dessa discussão retira-se a ideia de serem as economias periféricas reflexas às economias centrais, à medida que flutuações ocorridas no centro do capitalismo vão se refletir na periferia após um determinado período de tempo.

Sem entrar em comentários aprofundados, é possível perceber, na região, movimentos reflexos ao contexto internacional, tais como: a Grande Depressão, que ao limitar os mercados externos aos produtos primários de exportação da região, refletiu na pauta de suas importações à medida que as manufaturas e os bens de capitais escassearam no mercado internacional, o que regionalmente gerou necessidade, espaço e condições para que se forjasse o modelo de substituição de importações. Seguindo essa mesma linha de raciocínio, é possível observar os reflexos da crise capitalista dos anos 1970.

A crise mundial iniciada ao final dos anos 1960, as grandes transformações societárias ocorridas ao longo dos anos 1970 e seguintes, no contexto do processo de globalização dos mercados e mundialização do capital, a *crise da dívida externa* e a presença de vigorosos desequilíbrios macroeconômicos na América Latina, na década de 1980, impuseram sob a regência dos países centrais e de agências multilaterais a adoção de novas medidas de gestão da política econômica por parte dos países periféricos.

Foi nessa perspectiva que o Fundo Monetário Internacional (FMI) e o Banco Mundial (BM) reordenaram suas funções e iniciaram uma nova postura junto aos países do *antigo Terceiro Mundo*, como instituições balizadoras da gestão e da coordenação das *novas* políticas econômicas mundiais. Consolidou-se e generalizou-se uma nova estratégia econômica para a periferia capitalista e para todos os que deixaram de ser *países em desenvolvimento* para se transformarem em *mercados emergentes* (Fiori, 1998). O FMI e o Bird tornaram-se, assim, "[...] as novas instituições missionárias, por meio das quais essas ideias eram impostas aos relutantes países pobres, que, via de regra, precisavam muito de seus empréstimos e concessões" (Stiglitz, 2002, p. 39).

Nessa perspectiva, reiteram-se análises na América Latina às proposições e à operacionalização do ajuste estrutural através de um conjunto de reformas que devem ser examinadas, juntamente com o princípio norteador do capitalismo globalizado que, desde os anos

1980, reassume a posição liberal de livre mercado, isto é, um mercado livre das interferências estatais em suas articulações. Ou seja, o princípio definidor dessa lógica é "[...] o da soberania absoluta do mercado autorregulável nas relações econômicas tanto internas quanto externas" (Batista, 1994, p. 119).

Em vista disso, o ajuste estrutural tem como uma de suas características centrais: legar maior importância ao papel dos mecanismos de mercado e por consequência do setor privado; redefinir o papel do Estado na sua ação interventora; e integrar os países periféricos, nesse caso, os da América Latina na economia mundial.

As reformas contidas nos planos de ajuste estrutural marcaram a implantação de um novo modelo de desenvolvimento econômico efetivado pelos governos da América Latina, sobretudo nos anos 1990. Assim, "[...] chegava à periferia capitalista endividada e em particular à América Latina uma versão adaptada das ideias liberal-conservadoras" (Fiori, 1998, p. 121-122).

As orientações de políticas econômicas visando e projetando o ajuste para a América Latina encontram-se bem definidas no documento denominado Consenso de Washington,[5] o qual foi respaldado por organismos internacionais e pelos países centrais, controladores da globalização. Nesse documento, consta a série de reformas que as economias estatizadas da América Latina deveriam aplicar para atrair novamente os capitais privados depois da arrasadora crise da dívida dos anos 1980, a *década perdida*, como ficou registrada na literatura.

O Consenso tinha como intento, através de uma proposta de política econômica, desencadear as necessárias mudanças, por meio de: a) um pacote de reformas estruturais, comportando a liberalização

5. Entende-se que o Consenso de Washington "[...] condensava e traduzia as ideias neoliberais, já hegemônicas nos países centrais, na forma de um *pacote terapêutico* para a 'crise econômica' da periferia capitalista" (Fiori, 1998, p. 122). O Consenso concretizou-se com aprovação e respaldo do Tesouro dos Estados Unidos da América (EUA) e de instituições com reconhecimento público quanto a seu vínculo com o capital hegemônico internacional (FMI, BM, Banco Internacional de Reconstrução e Desenvolvimento (Bird) e Objetivos de Desenvolvimento do Milênio (ODM)).

da conta corrente do balanço de pagamentos e de sua conta de capitais, a desregulamentação dos controles de preços na economia (particularmente, salários, taxas de juros e taxa de câmbio) e a privatização de áreas importantes da atividade produtiva; e, b) de políticas macroeconômicas de estabilização, com o objetivo de superar a *crise da dívida* externa, eliminando os desequilíbrios econômicos, com alto déficit e alta inflação (Williamson e Kuczynski, 2004).

Em síntese, o conjunto de políticas implantado na região, ao longo dos anos 1990 pode, concisamente, ser dividido em três ordens de proposições. A primeira era relativa às políticas macroeconômicas, com recomendação de uma intensa austeridade fiscal e disciplina monetária, articulada a um programa de corte nos gastos públicos, além de reformas administrativas, previdenciárias e fiscais. A segunda, atinente a políticas microeconômicas, colocava a necessidade de desonerar o capital, na perspectiva de que, assim, aumentaria sua competitividade em um mercado internacional aberto e desregulado. Para isso, era imprescindível que as empresas dos países periféricos entrassem no *jogo global*, sendo obrigatório expô-las à competição internacional aberta, o que demandava suprimir políticas de proteção e subsídio. O entendimento era de que isso seria constituído "[...] com a diminuição dos encargos sociais e a racionalização das intervenções nos sistemas de crédito público e fiscal" (Fiori, 1998, p. 85). A terceira mencionava a necessidade de mudança radical no modelo de industrialização adotado pela maioria dos países da região desde meados dos anos 1950, o que permitiria a retomada dos investimentos e do crescimento econômico.

Entretanto, em que pesem todas essas ações, o tão esperado crescimento econômico não se efetivou, pelo menos não como o idealizado, pois apresentou um comportamento apenas modesto em relação ao dos anos 1970: aumento real escasso do PIB, de apenas 3% anual, em toda a década de 1990, sendo de 1,5% o aumento *per capita* (Birdsall, La Torre e Menezes, 2001). Por outro lado, é notório que, em relação aos anos 1980, houve uma recuperação do crescimento, pois mesmo que sem "[...] nenhum pico (ou queda) generalizado na produção;

muitos países cresceram abaixo das taxas que haviam alcançado no período base de 1950-1980" (Stallings e Peres, 2002, p. 234).

Com base nessas informações, pode-se especular que esse reduzido crescimento foi reinvestido na própria atividade produtiva, muito pouco ou quase nada sendo transferido para a sociedade em termos de gasto público social, o que resultou no esvaziamento do discurso dos formuladores e apoiadores das reformas. Ou seja, pelo menos ao longo da década de 1990 e até os primeiros anos da década de 2000, o crescimento ocorrido em nada contribuiu para diminuir o número de pessoas em condição de pobreza na região, o que certamente ampliou a desigualdade social, trazendo, até mesmo, novas expressões.

Na realidade, esse discurso de crescimento como meio para encaminhar soluções para os problemas advindos das desigualdades da região não é novo e muito menos é invenção dos formuladores e apoiadores das reformas. Ele está escrito na historiografia da região e continua sendo utilizado repetidamente, seja por governos de tradição ideológica conservadora, seja pelos de concepção progressista, sendo que, esta última concepção vem elegendo governos em diversos países latino-americanos nos últimos anos. A título de exemplificação, no Brasil observa-se, a partir de 2002, uma ascensão de governos progressistas. O que chama atenção é que tanto os governos conservadores quanto os progressistas se utilizam dos mesmos referenciais teóricos para a formulação de suas políticas econômicas e sociais. Inclusive, é possível detectar que, mesmo em períodos de alto crescimento do Produto Interno Bruto (PIB), como, por exemplo, nos anos 1970, no Brasil, a cobertura dos gastos públicos sociais foi programada e executada de forma residual.

Ainda no que se refere à questão da desigualdade, pesquisadores e organismos internacionais, principalmente a partir da metade da década de 1990, consideram ser primordial vincular a pobreza ao tema desigualdade. Sob esse aspecto, há uma unanimidade sobre ser essa região a mais desigual do mundo, com exceção da África Subsaariana, a região do mundo com maior índice de desigualdade:

> [...] essa afirmação é verdadeira em relação à quase totalidade dos indicadores estabelecidos, desde renda ou gastos com consumo até a dimensão da influência e participação política, além da maioria dos resultados referentes à educação e saúde (Banco Mundial, 2003, p. 6).

Essa perspectiva de vinculação é um elemento novo, uma vez que o pensamento econômico tradicional negou tal conjugação. Esse pensamento considera, historicamente, a desigualdade como uma fase indispensável ao desenvolvimento. No entanto, na atualidade, uma das justificativas com crescente consenso científico ao discreto crescimento econômico e aos déficits sociais tão grandes em um continente com tantas possibilidades econômicas e humanas tem sido o peso da desigualdade (Kliksberg, 2001).

Nesse sentido, os mesmos organismos internacionais que vêm levantando indicadores econômicos e sociais, sobre os quais diagnosticam vulnerabilidades, riscos, miséria, desigualdade etc., são os que propuseram e controlam a execução do ajuste estrutural, que analisam a pobreza e propõem alternativas de sua *erradicação*.

Aponta-se que as dificuldades enfrentadas pelos países da região para melhorar sua distribuição de renda são de diversas ordens. Apesar da *esperança* de que as reformas estabeleceriam maiores e mais rápido crescimento econômico e alavancariam ganhos de produtividade, isso não ocorreu. Os resultados foram, inclusive, *desalentadores*, de acordo com as pesquisas e as simulações desenvolvidas pela Comissão Econômica para América Latina e o Caribe (Cepal), o que restringe em muito as metas dos ODM[6] para a região, sendo o principal a erradicação da pobreza extrema.

No âmbito das políticas sociais latino-americanas, em geral, elas também passam a ter suas definições a partir das orientações presentes

---

6. Os ODM foram fixados para o período 1990-2015. Ao todo são oito objetivos, abrangendo desde a erradicação da pobreza e preocupações como ensino, saúde e igualdade de gênero até aspectos relacionados ao meio ambiente e ao estabelecimento de uma aliança mundial para o desenvolvimento. O alcance está associado à execução de 18 metas, divididas em 48 indicadores.

nos *receituários* de recorte teórico neoliberal, o que repercute nos compromissos sociais realizados pelos Estados nacionais, ampliando as dificuldades econômicas e sociais, ao mesmo tempo em que começam a sofrer com vigorosos *cortes* e interrupção (Valla, 2005).

Portanto, é importante indicar que é a partir desse cenário que se prolifera na região a implantação de PTRC, cujo objetivo, nos discursos dos Chefes de Estado e de seus executivos e formuladores de políticas sociais, são o de *erradicação da pobreza*. No entanto, por detrás desse discurso é plenamente possível a percepção de que esses Programas são resultantes de imposições dadas por restrições de natureza interna e externa. As internas estão no alinhamento do gasto público estatal em razão da redefinição do papel do Estado e da governança macroeconômica exigida pelo ajuste estrutural, e as externas estão materializadas nos compromissos firmados pelos Chefes de Estado tanto na I Cúpula das Américas, da Organização dos Estados Americanos (OEA), realizada no ano de 1994 em Miami, quanto nos Objetivos de Desenvolvimento do Milênio de setembro de 2000.

2.3 Desenvolvimento histórico dos Sistemas de Proteção Social na América Latina e Caribe: aspectos predominantes e tendências recentes

A forma que adquirem os sistemas de proteção social nos países da região latino-americana e no Caribe, suas características e pressupostos, seus significados e consequências são relacionados com as características dominantes do capitalismo em cada momento histórico e com a forma com que as mesmas se concretizam na região e em cada um dos Estados-Nação que a integram. Isso implica em não ser possível registrar uma única experiência na construção dos sistemas de proteção social. A construção histórica das formas de proteção social remete, portanto, a complexos processos relacionais dos quais participam múltiplos elementos. Existirão e existem enormes variações nos sistemas de proteção social nas diversas nações latino-americanas, as quais guardam relação com as características dos processos de acumulação/legitimação e com as heterogeneidades sociais concretas.

Essa parte do texto está centralizada em considerar os aspectos gerais deste desenvolvimento histórico, com ênfase nas transformações ocorridas nas últimas décadas.

2.3.1 O processo de desenvolvimento dos sistemas de proteção social na região

É preciso considerar os momentos pelos quais atravessa a região no seu desenvolvimento histórico, os quais se vinculam com os momentos pelos quais transita o sistema capitalista.

Nesse sentido, a periodização comentada anteriormente é pertinente para enfocar como se estrutura a proteção social em cada um dos períodos assinalados. A vinculação entre centro e periferia do sistema capitalista, o momento do desenvolvimento do capitalismo e a particular configuração de cada um dos Estados-Nação que compõem a região da América Latina e o Caribe sustentam a concretização particular do sistema de proteção social na região. Estes determinantes têm como resultado a configuração de diferentes matrizes de proteção social, observáveis em relação ao gasto social e à distribuição setorial, na cobertura populacional, na forma e no conteúdo dos serviços prestados, na qualidade dos mesmos, nos argumentos da legitimação que se constroem para sua sustentação, nos objetivos que perseguem, nas pautas de seletividade que sustentam, nos interesses e sujeitos aos quais respondem.

O sistema de proteção social na região adquire relevância no segundo período assinalado, quando o capitalismo aparece consolidado, e, em particular, no contexto do crescimento com base na produção industrial. A exportação de bens primários constituía o centro do desenvolvimento econômico regional no final do século XIX, mas esta possibilidade se esgota com a crise de 1929. Os efeitos da Grande Depressão na região originaram um processo em que o crescimento econômico passa a depender da industrialização por substituição de importações, que se desenvolve como forma predominante da economia capitalista até final da década de 1970 e início da década de 1980.

Distintos autores, orientados por perspectivas diversas de abordagem, indicam três momentos no desenvolvimento do sistema da proteção social na região:

a) o momento prévio à crise de 1929, ou *modelo liberal-primário;*

b) o momento pós-crise de 1929 até o início dos anos 1980, ou *modelo de substituição de importações;*

c) o momento neoliberal, dos anos 1980 à primeira metade da primeira década do século atual, de economia de mercado e globalização, ou *modelo de disciplina e austeridade fiscal* ou *neoliberal.*

Poder-se-ia agregar um quarto momento que abarcaria, aproximadamente, do início da década de 2000 até o presente, marcada pela coexistência de dois enfoques gerais sobre política social na região: um que é relacionado com a competitividade sistêmica, em que conceitos como capital humano e transmissão intergeracional da pobreza tornam-se relevantes; outro, vinculado ao enfoque de direitos e garantias de cidadania, sustentado nos pactos e tratados internacionais assumidos pelos Estados. Estes enfoques não são excludentes entre si, sendo que o segundo alcançou maior visibilidade nos anos recentes (Cecchini e Martínez, 2011).

Cada um destes períodos apresenta traços particulares quanto ao desenvolvimento das políticas de proteção social contributiva (seguro social), assim como sobre as principais diretrizes que regem a proteção social não contributiva (assistência social) e as políticas setoriais na região. Por sua vez, cada período apresenta uma diversidade de concepções específicas a respeito do papel do Estado e da proteção social.

Nesse sentido, Carmelo Mesa-Lago (1991) elaborou uma diferenciação das experiências latino-americanas, considerando os desenvolvimentos históricos e os graus de maturação dos sistemas de proteção social, a partir da qual propôs uma tipologia entre países *pioneiros*, *intermediários* e *tardios*. Essa classificação destaca o momento no qual cada país começou a ocupar-se da proteção social de seus habitantes por meio de suas políticas públicas. Observa ainda seus processos de maturação, considerando as trajetórias históricas, a cobertura alcançada e a relação com os modelos de desenvolvimento predominantes.

Os países pioneiros começam, nos anos 1920, o desenvolvimento de medidas de proteção social para sua população. Nestes casos, o desenvolvimento da proteção social esteve vinculado a um projeto de industrialização e às demandas de trabalhadores urbanos, com coberturas elevadas, todavia, fragmentadas. As experiências que podemos mencionar neste grupo são: Argentina, Uruguai, Chile, Brasil e Cuba. Os países intermediários iniciam suas ações de proteção social nos anos 1940. Têm alcances medianos de cobertura social e modelos duais de proteção social. Situamos aqui: Costa Rica, Panamá, México, Peru, Colômbia, Equador, Paraguai, Venezuela. Os países tardios só no final dos anos 1950 e início dos anos 1960 começam a desenvolver a proteção social. Caracterizam-se por sua baixa cobertura, alta centralização dos serviços e débil institucionalidade. As experiências nacionais que se encontram neste grupo são: República Dominicana, Guatemala, Haiti, El Salvador, Nicarágua e Honduras.

2.3.2 O Modelo de Industrialização por Substituição de Importações (ISI) e a maturação dos Sistemas de Proteção Social na América Latina e Caribe

Uma forma específica de política *keynesiana* configurou os modelos de desenvolvimento na América Latina e no Caribe entre 1930 e 1970-1980, quando se consolida a produção e reprodução capitalista: o *modelo de industrialização por substituição de importações*. Nesta forma organizativa, os Estados na região assumem um papel importante nos processos de planejamento econômico e social, acompanhando as mudanças nos países centrais desde a grande depressão dos anos 1930. O Estado financia o crescimento de indústrias orientadas para a produção para o consumo interno, através de uma política de subsídios e diversas medidas protecionistas. Ao mesmo tempo, incorpora mão de obra excedente, participando na construção de obras básicas de infraestrutura econômica e social.

Neste momento histórico, são produzidos o desenvolvimento e a maturação dos sistemas de proteção social na região naquelas experiências nacionais com maior alcance. Essa maturação dos sistemas de proteção social assume traços preponderantes: centralmente orientados para os setores urbanos e com cobertura estratificada[7] incorporando principalmente os trabalhadores integrados no mercado de trabalho formal. Isto implica na exclusão destes sistemas de proteção dos trabalhadores rurais e daqueles empregados/as nos mercados informais. Daqui surge também outra tipologia que apresenta três formatos nos quais são incluídos os distintos países da região: universalismo estratificado (Uruguai, Argentina, Chile), regimes duais (Brasil, México), e regimes excludentes (República Dominicana, Guatemala, Honduras, El Salvador, Nicarágua, Bolívia, Equador) (Filgueira, 1998).

Em relação ao primeiro grupo, *universalismo estratificado,* cabe destacar que até 1970 todos os Estados protegiam, de alguma ou outra forma, a maior parte da sua população mediante sistemas de seguro social, de serviços de saúde, ao mesmo tempo em que haviam estendido a educação fundamental e secundária inicial para toda a população. Esses países desenvolviam importantes processos de desmercantilização e universalização, mesmo que de maneira estratificada e diferencial e alcançavam importantes impactos sobre

7. Os contingentes de trabalhadores protegidos apresentaram claras pautas de estratificação no acesso, na cobertura de riscos e qualidade dos benefícios (Mesa-Lago, 1991).

variáveis relativas ao bem-estar social. Em relação aos *regimes duais, os Estados* apresentavam, até a década de 1970, universalização da educação fundamental e uma importante cobertura na saúde, mesmo que estratificada. Em matéria de seguridade social, alcançavam coberturas médias, mantendo também significativos níveis de estratificação. Um traço central refere-se à heterogeneidade territorial, que se apresenta com maior nitidez que no primeiro grupo. Em certos Estados e regiões, observa-se a maturação de instituições de proteção social, com o registro de mudança em outros e Estados com desproteção e baixa incorporação da maior parte da população. Os *regimes excludentes* correspondem centralmente às experiências dos países centro-americanos (com a exceção de Costa Rica) e também Bolívia e Equador. Nestes se desenvolvem sistemas elitistas de seguro social e saúde. Na educação alcançam maiores níveis de cobertura, mas mantêm fortes diferenças de qualidade em seus serviços. Caracterizam-se por altos níveis de pobreza e baixa cobertura da proteção social.[8]

Apesar destas realidades de desigualdade e pobreza, tem-se um avanço significativo em relação ao momento liberal-primário, quando surgem os primeiros exemplos de seguridade social do setor formal urbano e são introduzidas as políticas setoriais em educação e saúde, predominando ainda a noção de assistência como caridade, embora com regulação estatal inicial (Cecchini e Martínez, 2011, p. 28).

A característica central no desenvolvimento do sistema de proteção social na região é a vinculação entre benefícios sociais e a inserção no mercado formal de trabalho, o que faz com que os benefícios se estabeleçam centralmente sob um esquema contributivo, e que, portanto, se manifeste a exclusão de uma parte importante da popu-

8. A pobreza de renda em todos estes países excede a 50% até 1970. Honduras exibia 65% de pobreza e 45% de indigência e menos de 20% da população se encontrava coberta por programas básicos de proteção e seguridade social, com exceção da Guatemala (27%). Em matéria de saúde, a realidade era similar. Na educação, dá-se a expansão da matrícula do ensino fundamental, com fortes desigualdades na sua qualidade, alcançando mais da metade da população, chegando, em alguns casos, à cobertura universal (Filgueira, 1998).

lação, principalmente aquela que se encontra no meio rural e no mercado urbano e semiurbano informal.

2.3.3 O neoliberalismo e a desestruturação do modelo ISI

A reestruturação gerada pelo pensamento neoliberal no marco organizativo do capitalismo desde o final da década de 1970 teve importantes consequências na região da América Latina e Caribe. Os processos de privatização, ajuste fiscal, flexibilização da relação capital-trabalho, abertura dos mercados e deterioração dos recursos naturais e energéticos e dos serviços públicos provocou mudanças muito importantes nos diferentes países da região. Sob a orientação dos organismos multilaterais de crédito (FMI, BM e Banco Interamericano de Desenvolvimento (BID)) se generalizou na região, até a década de 1980, uma nova estratégia econômica de acordo com as modificações do capital em seu funcionamento global desde a crise do final dos anos 1960, tanto em relação ao desenvolvimento da financierização do sistema como às mudanças nas formas produtivas (novas formas de produção e controle do trabalho).

O sistema de proteção social adquire, assim, as características distintivas que lhe outorgam a retirada do Estado do lugar que ocupava na organização social geral, lugar ocupado, a partir das medidas de ajuste estrutural, pelo setor privado. Ocorreu o desenvolvimento na região do *Workfare State Shumpeteriano*, tal como o define Jessop (1991). As distintas medidas de flexibilização da compra e venda da força de trabalho, assim como dos processos de trabalho, configuraram novos mercados de trabalho nacionais na região. O novo período do sistema de proteção social responde a esta lógica de desestruturação dos mercados de trabalho, caracterizados pela pregação neoliberal como rígidos e obstaculizadores do crescimento econômico. As propostas e tendências centrais que se impõem no contexto neoliberal se expressaram na modificação das políticas sociais na região em direção a uma perspectiva *residual-liberal*. Os sistemas de políticas sociais centralizados, setorializados, com aspiração de universalidade e administrados estatalmente, configurados no marco do modelo de substituição de importações, são desestruturados e *reformados* por modelos de políticas sociais descentralizados e focalizados, com a ampliação de processos de privatização. Essas intervenções na questão social na perspectiva liberal se apoiam na ideia de que é o mercado, através do crescimento econômico e *a teoria do derrame*, que cumprirão o papel fundamental de incorporação social das pessoas. Dessa maneira, é possível distinguir diferentes momentos no período aberto com o predomínio neoliberal na região. Assim, Midaglia (2012) indica três perspectivas nos tipos de prestações desenvolvidas. A primeira ocorreu entre meados da década de 1980 e a primeira metade de 1990, sendo dominantes as intervenções sociais compensatórias e conjunturais, dirigidas fundamentalmente para os indigentes. Seriam medidas transitórias que alcançariam também os setores marginais. Uma segunda fase começou na segunda metade dos anos 1990, com a implementação de planos sociais de certa permanência e objetivando abarcar a diversidade das causas da pobreza. A pauta central segue sendo a focalização em setores da população, ampliando-se a cobertura com a incorporação de novos segmentos da população carente. A terceira fase definida por Midaglia seria a que supõe a implementação dos programas de transferência de renda condicionada, que convivem com diversos programas preexistentes, adquirindo predomínio na região durante a década de 2000.

Em termos gerais, o pacote de medidas a favor do setor privado da economia se impõe com a intenção política de construir uma alternativa eficiente de remoção dos fatores estruturais que obstaculizavam, na óptica do capital, o crescimento econômico e uma melhor distribuição da riqueza na região. Estas medidas expressam uma das diversas facetas da reação contra a organização da classe trabalhadora, que sofreu múltiplos embates no marco deste processo geral de mudança do capitalismo em nível global e regional.

2.3.4 *A proteção social em debate: tendências na atualidade*

As mudanças gerais do capitalismo, com predomínio de sua fração financeira, somado ao desenvolvimento tecnológico incorporado na produção, tem tido como resultado mudanças significativas nas configurações sociais nacionais. As consequências no sistema de proteção social são importantes, considerando, em primeiro lugar, que esta tem sido historicamente construída em relação ao emprego formal. Assim, a proteção social pela via contributiva abarca atualmente só uma fração dos trabalhadores e trabalhadoras. A desproteção é particularmente complexa nos setores rurais e no setor informal da economia. Ademais, nem sequer todos os trabalhadores inseridos em empregos urbanos formais e em setores de alta produtividade contam com uma proteção garantida pela via contributiva. A desigualdade da proteção social ocorre mediante múltiplas formas, como mostra uma análise conjunta da filiação da seguridade social contributiva e não contributiva dos membros dos domicílios que recebem as transferências de assistências públicas (Cepal, 2011). Existe claramente um setor integrado pela via contributiva nos distintos países, que, em média, cobre 43% dos domicílios da região. Mas um contingente muito importante não recebe transferências e tampouco está filiado à proteção social.

A primeira década do século XXI mostra na América Latina — com suas heterogeneidades e complexidades — algumas inflexões em relação às décadas finais do século XX, quando predominou claramente a prática neoliberal. Em um contexto de crescimento econômico se observam melhorias em alguns indicadores sociais, centralmente na pobreza, na indigência e na desocupação. Ao mesmo tempo, observam-se críticas às orientações das reformas neoliberais. Todavia, apesar destas melhorias, permanecem enormes dívidas estruturais em matéria de igualdade e de bem-estar universal. É neste contexto que adquirem centralidade formas de proteção social não contributivas, centralmente os denominados programas de transferência de renda condicionada (PTRC), os quais estão presentes atualmente em muitos países da região.

Nesse contexto de mudanças e disputas, apresentam-se distintas perspectivas em matéria de proteção social, desde aquelas posições que recriam concepções e cursos de ação política residual centrada na emergência da pobreza. Outras que se direcionam a um horizonte universalista, a favor de garantias de coberturas universais para o conjunto dos membros da sociedade. É um debate que se formula a partir de concepções e interesses diferentes e que respondem a projetos de sociedade distintos. Os PTRC, como instrumentos de política social, encontram-se tensionados por estas lógicas e sentidos de construção de sociedade.

2.4 O legado social dos anos 1990 e 2000 na América Latina e Caribe

A análise da situação social da América Latina e o Caribe nas últimas décadas, por meio da seleção de um conjunto de indicadores sociais, requer estabelecer o diálogo com os aspectos estruturais e históricos trabalhados anteriormente para identificar e compreender o que vem se processando em termos de mudanças, inflexões, persistências ou agravamento nas condições em que se configuram as bases sociais e econômicas da região, como contexto necessário para analisar os PTRC.

Como já apontado, a implementação do projeto e das políticas neoliberais durante a década de 1990 resultou no agravamento do quadro de crise social no continente latino-americano, com a expansão do desemprego, a intensificação da precarização do emprego e das condições de trabalho e a concentração econômica e a distribuição regressiva da renda.

Entre 1990 e 2002, a taxa média do desemprego na América Latina quase triplicou, de 4,5% para 11,1%. No mesmo período, nos países do Cone Sul, por exemplo, o desemprego aumentou na Argentina de 7,4% para 19,7%, no Brasil, de 4,3% para 11,7%, no Paraguai, de 6,6% para 14,7% e no Uruguai de 8,5 para 17,0%, conforme pode ser observado na Tabela 1, a seguir.

Tabela 1

América Latina: evolução da taxa de desemprego em 10 países, 1990-2010 (em percentuais)

	1990	1999	2002	2008	2009	2010
Argentina	7,4	14,3	19,7	7,9	8,7	7,7
Bolívia (Estado Plurinacional de)	7,3	7,2	8,7	6,7	7,9	6,5
Brasil	4,3	7,6	11,7	7,9	8,1	6,7
Chile	7,8	10,1	9,8	7,8	9,7	8,2
Colômbia	10,5	19,4	18,1	11,5	13	12,4
México	2,7	3,7	3,9	4,9	6,6	6,4
Paraguai	6,6	9,4	14,7	7,4	8,2	7,8
Peru	8,3	9,2	9,4	8,4	8,4	7,9
Uruguai	8,5	11,3	17,0	7,9	7,6	7,1
Venezuela (República Bolivariana de)	10,4	15	15,8	7,3	7,8	8,6
América Latina e o Caribe	4,5	11	11,1	7,3	8,1	7,3

Fonte: Comissão Econômica para América Latina e o Caribe. *Panorama Social de América Latina 2012*: documento informativo. Santiago do Chile, 2012b.

O agravamento do desemprego, combinado com um processo sistemático de desregulamentação das relações de trabalho em prol da substituição do trabalho assalariado por formas mais flexíveis, resultou na diminuição do custo da mão de obra e na erosão dos mecanismos de proteção garantidos pelos direitos trabalhistas. A perda da estabilidade no emprego, a intensificação da precarização via trabalho terceirizado e ampliação de contratos por tempo determinado, a ampliação das jornadas de trabalho e a fragilidade no tecido de proteção social das amplas camadas da população tornaram-se denominador comum do mercado de trabalho latino-americano. Segundo o Relatório da Organização Internacional do Trabalho (OIT), oito de cada dez postos de trabalho criados nos anos 1990 correspondiam a ocupações de baixa qualidade no setor informal (Organização das Nações Unidas, 2002). Dessa forma, ao histórico problema do desemprego estrutural na América Latina, somou-se, na década de 1990, a expansão da precariedade do emprego e das condições de trabalho.

Esses processos de flexibilização e terceirização somente puderam ser possíveis no marco de profundas mudanças originadas nos regimes cívico-militares das décadas de 1960 e 1970 e aprofundaram-se nas décadas de 1980 e 1990, com diferentes graus de implantação e reação, representando um ataque frontal contra os direitos sociais historicamente conquistados pelos trabalhadores, que garantiram uma malha de regulação e proteção social, ainda que restrita à parcela vinculada ao trabalho formal.

Apesar da diversidade da América Latina, a similaridade observada nos velhos e novos problemas do emprego era incontestável e formava parte do legado social das reformas macroeconômicas ocorridas na região: entre 1980 e 1998 a proporção de trabalhadores assalariados em ocupações de caráter temporário passou, na Colômbia, de 6 a 20%; no Chile, de 11 a 17%; na Costa Rica, de 1 a quase 10%, enquanto que, no Equador, 45% do total dos trabalhadores estavam nesta condição no final da década. Paralelamente, em meados dos anos 1990, países como Paraguai, Brasil e Peru possuíam quase a metade dos seus trabalhadores urbanos sem contrato de trabalho.[9] Sem contrato e sem cobertura de qualquer tipo de previdência social. Em 1997, na Bolívia e Paraguai, mais de 60% dos trabalhadores não tinham acesso à seguridade social, proporção que aumentava a 90%

9. Situação que alcançava 65% no Paraguai, 46% no Brasil e 41% no Peru.

entre os trabalhadores de pequenas empresas. Na Argentina, Brasil, México e Venezuela essa situação afetava mais de um terço dos assalariados, com diferenças superiores a mais de 50%, para os trabalhadores das microempresas. Entre 1990 e 1997, a proporção de trabalhadores sem cobertura de seguridade social aumentou quase 10%, em países como Brasil e Argentina (Comissão Econômica para América Latina e o Caribe; Organização das Nações Unidas, 2000).

O que esses dados estatísticos não conseguem exprimir são as diversas situações e problemas de emprego, que passaram a ser comuns nos mercados de trabalho latino-americanos: a precariedade intrínseca dos trabalhadores autônomos, que transitam numa extraordinária improvisação pela busca de empregos, no geral precários e descontínuos; a crescente utilização de formas variadas de contratos temporários e/ou formas de subcontratação e a trama de ilegalidades às quais estão expostos os trabalhadores informais. Conforme Telles (1996, p. 90): "[...] é justamente a transitividade entre trabalho instável e desemprego que dá a medida da tragédia social engendrada no mercado de trabalho". Cenário de informalidade e precariedade, funcional ao sistema,

> [...] marcado pela ausência de energias políticas capazes de mobilização e de reivindicação de direitos, produzindo uma permanente e contínua erosão, por baixo da sociabilidade do trabalho, da universalização dos direitos e da prática de negociação dos termos do contrato social (Telles, 1996, p. 90).

Nesse sentido, a autora aponta que os trabalhadores do setor informal, terceirizados, com contratos pontuais ou sem contrato, passaram a ser excluídos não apenas do acesso a benefícios sociais, mas também dos espaços de participação, negociação e decisão da arena política, tornando-se invisíveis enquanto atores ou sujeitos de disputa social. Nesse contexto, o projeto neoliberal, como afirma Oliveira (1997), apontou para uma reedição de uma *ambiência social conservadora*, na qual as mudanças foram conduzidas para reproduzir uma pesada tradição de desigualdades e exclusão; ao mesmo tempo em que o cerceamento da capacidade dos grupos sociais de organizar-se para disputar e negociar as condições do contrato social pressupôs um ataque aos princípios democráticos.

Mesmo, apesar do aumento, nos últimos 20 anos, da participação da força de trabalho feminina, uma das mudanças mais drásticas nos mercados de trabalho latino-americanos, a marcada estratificação opera com uma pauta regressiva que reproduz as desigualdades na região, afetando, sobretudo, as trabalhadoras pobres que têm crianças sob sua responsabilidade e cuidado. A inserção das mulheres no mercado de trabalho aumentou, mas isso não significou aumento da renda familiar, o que está relacionado, de certa forma, à incorporação do trabalho infantil como estratégia de sobrevivência das famílias. Em 1996, levantamento da OIT revelava que um quarto das crianças e adolescentes latino-americanas de 6 a 14 anos estava trabalhando, questão que originou um ano mais tarde a criação do Programa Internacional para a Erradicação do Trabalho Infantil (IPEC) da OIT, instituindo os programas de transferências monetárias na nossa região, vinculados à retirada das crianças e adolescentes do trabalho (Organização das Nações Unidas, 1999).

Como saldo desse processo, a América Latina e o Caribe fechava o século XX com quase a metade de sua população em situação de pobreza e sendo considerada uma das regiões mais desiguais do mundo. Em 1999, 44% da população latino-americana encontrava-se em situação de pobreza do ponto de vista dos indicadores monetários, o que representava 220 milhões de pessoas e apenas 5 pontos percentuais abaixo do patamar existente nos finais da década perdida de 1980. Segundo os relatórios da Cepal, durante toda a década, a flutuação no tempo dos indicadores de pobreza e de indigência no interior de cada país e a heterogeneidade entre os diversos países impedia firmar uma clara tendência de descenso enquanto região. Independentemente dos momentos de recuperação e crescimento econômico, a América Latina demorou mais de duas décadas para chegar ao patamar de pobreza existente no ano de 1980. Até início dos anos 2000, os momentos de crescimento econômico não implicaram progressos substantivos de redução da pobreza e da desigualdade de renda (Comissão Econômica para América Latina e o Caribe, 2010).

Os impactos sociais, a partir das crises do México em 1994, dos Tigres Asiáticos, em 1997, do Brasil, em 1999, e da Argentina, em 2001, eram inocultáveis e o descontentamento popular crescia. A rejeição do eleitorado latino-americano aos partidos políticos que implementaram as políticas e o modelo neoliberal na região, redesenhou o mapa geopolítico do sul. A América Latina deixou de ser o laboratório continental de experiências neoliberais — iniciado no Chile com a ditadura-militar de Pinochet, estendendo-se para toda a América Latina —, a representar o epicentro de derrocadas dos governos que implementaram o projeto na região, sob a forte influência da pressão popular e das organizações sociais e sindicais, e diante da imensa dívida social na nossa região (Sader e Jinkings, 2006).

De fato, um dos elementos que se destacam durante a década de 2000, expresso tanto nas estatísticas nacionais como em todos os informes internacionais, é a melhoria nos indicadores de desigualdade de renda e de pobreza, do ponto de vista monetário, embora permaneçam intocadas as condições estruturais da questão social latino-americana e do Caribe.

O período entre 2003 e 2010 representa a primeira vez em duas décadas em que é possível observar uma relação entre o crescimento do PIB, a diminuição da taxa de desemprego, com o consequente aumento da taxa de ocupação e a recuperação do salário real, sobretudo, dos salários mínimos nacionais, que aumentaram, em média, cerca de 40%. Situação inversa da década de 1990, quando com um crescimento quase similar do PIB, o desemprego aumentou e os salários mínimos caíram, conforme pode ser observado na Tabela 2, a seguir. Também, em contraposição com a década anterior, os anos 2000 representaram uma leve recuperação do emprego assalariado (de 65,2%, em 1990, para 69% em 2010) e uma leve queda da informalidade (de 48,1%, em 1990, para 42,7% em 2009), bem como da retomada do processo de fortalecimento dos conselhos de salários, com o consequente aumento das taxas de sindicalização (Comissão Econômica para América Latina e o Caribe, 2012a).

Tabela 2

América Latina e o Caribe: variação do PIB e de indicadores de mercado de trabalho, 1991-2010

	1991-1997	1998-2002	2003-2010
Médias anuais (em percentuais)			
Variação do PIB	3,4	1,7	3,9
Variação do desemprego	2,4	3,8	–5,2
Variação da taxa bruta de ocupação	0,2	–0,1	0,7
Variação do salário real	14,9	3,1	14,3
Variação do salário mínimo	–6,8	5,7	38,2

Fonte: Comissão Econômica para América Latina e o Caribe. *Cambio estructural para la igualdad*: una visón integrada del desarrollo. Santiago de Chile, 2012a.

A redução da pobreza e da desigualdade na região precisa ser entendida nesse contexto. Além do peso dos programas de transferências de renda, as mudanças ocorridas no mercado de trabalho e o aumento do piso salarial, exerceram uma função importante na diminuição das taxas de pobreza, do ponto de vista monetário, e nas desigualdades de renda. A partir de 2003, detecta-se a redução sistemática das taxas de pobreza e de indigência na região, que se manifesta em praticamente todos os países do continente. A proporção de pobres cai de 42% em 2004, para 28,8%, em 2012, e a indigência de 16,9 para 11,4% (Comissão Econômica para América Latina e o Caribe, 2012a). Nesse mesmo período, a região vivenciou uma queda sistemática nos índices de concentração de renda, contrapondo-se ao aumento das desigualdades de renda dos anos 1990. Enquanto 11, de 18 países estudados, tiveram aumento do coeficiente Gini durante o período de 1990 a 2002, de 2002 a 2008 a tendência foi a sua diminuição, com exceção da Guatemala e República Dominicana. Note-se, inclusive, que, com exceção da República Dominicana, do Paraguai e do Equador,

Gráfico 1

América Latina: evolução do Índice Gini, 1990-2010 (em pontos percentuais)

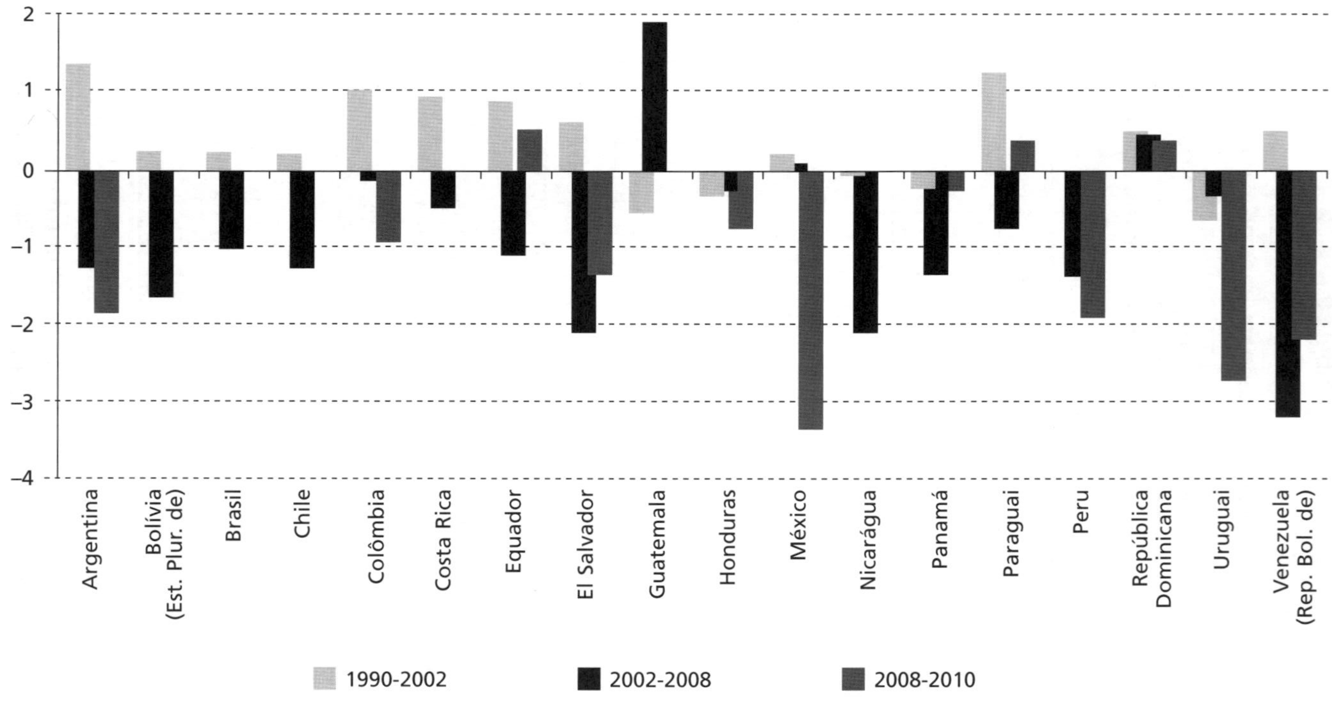

Fonte: Comissão Econômica para América Latina e o Caribe; Organização das Nações Unidas. Organização Internacional do Trabalho. *Coyuntura Laboral em América Latina y el Caribe*. Santiago de Chile, 2011. Dados correspondentes a 18 países.

a melhoria distributiva se manteve depois das crises econômicas internacionais, de 2008, contrapondo a situação latino-americana à tendência observada no cenário internacional.

Desta forma, conforme afirma o Relatório Panorama Social de 2012:

> [...] o balanço com relação à década de 2000 revela uma clara tendência de redução da concentração de renda, dinâmica que vem distinguindo o processo de desenvolvimento da América Latina e que implica uma mudança na situação que imperou durante no mínimo os dois decênios anteriores (Comissão Econômica para América Latina e o Caribe, 2012b, p. 21).

Entretanto, a América Latina e o Caribe continua sendo uma das regiões mais desiguais do mundo. Todas as regiões, excetuando a África Subsaariana apresentam um coeficiente Gini inferior ao latino-americano. Em 2011, na América Latina e Caribe, 10% da população mais rica acumulava um terço das rendas totais, enquanto 40% dos mais pobres recebiam apenas 15%, sendo a renda média do quintil mais rico 20 vezes maior que do quintil mais pobre (Comissão Econômica para América Latina e o Caribe, 2012b). Ainda na questão das disparidades de renda, pesquisadores franceses alertam para a necessidade de repensar as medidas pelas quais as distâncias de renda são capturadas, pois as metodologias tradicionais não são mais suficientes para apontar a forte divergência que se processa atualmente nas rendas dos que estão no topo da distribuição de renda e o resto da população. Nesse sentido, apontam a necessidade de maior desagregação entre as faixas de renda para capturar o imenso hiato entre os trabalhadores pobres e os segmentos muito ricos, que são os grandes beneficiários das transformações do capitalismo desde os anos 1980 (Arregui, 2012).[10]

---

10. Estudo na França, em 2008, revelou que nos anos 2000 a renda dos extratos mais pobres cresceu 5% e as do extrato mais rico aumentou 11%. Entretanto, ao desagregar mais os ingressos dos ricos, revelou que a renda dos 0,01% mais ricos tinha aumentado 43%.

Também é importante ressaltar que a concentração de renda na América Latina varia segundo os países da região, conforme pode ser observado no Gráfico 2, a seguir. Enquanto os níveis relativos de maior concentração estão situados em países como Brasil, Colômbia, Guatemala, Paraguai, República Dominicana, e ineditamente no Chile (filho dileto do projeto neoliberal), os de menor concentração se dão no Uruguai e na República Bolivariana da Venezuela.

Gráfico 2

Participação no ingresso por grupos de quintis, 2011 (em percentuais)

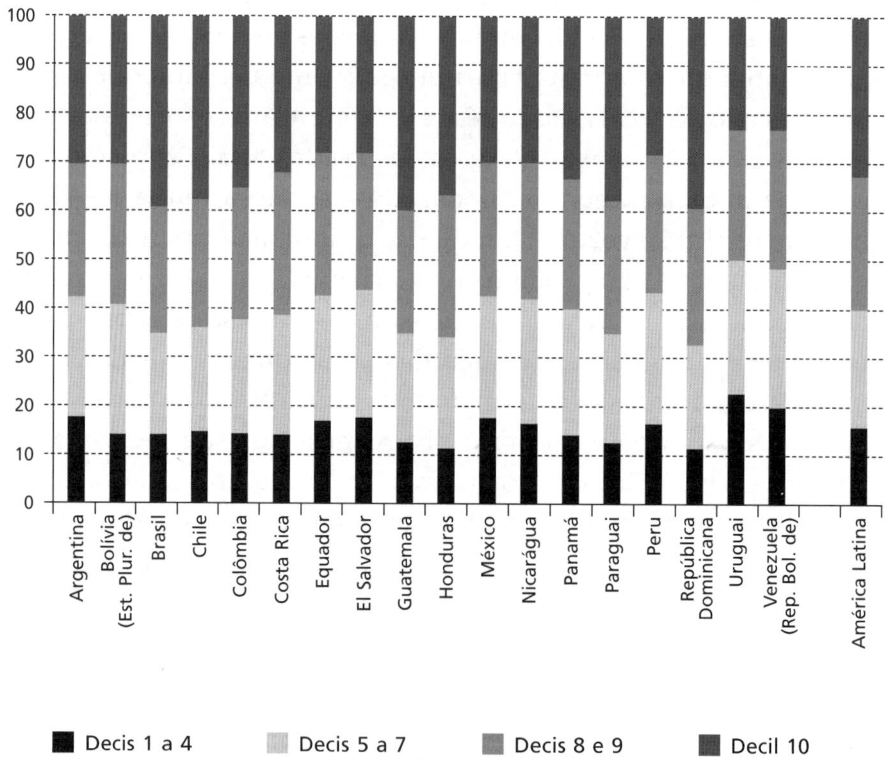

Fonte: Cepal (2011b). Estudo em 18 países.

Dessa forma, mesmo com a redução relativa nos índices de desigualdade de renda e nos percentuais de pobreza, a América Latina e o Caribe possuem quase um terço da sua população pobre, o que representa 167 milhões de pessoas e 41 milhões de pessoas a mais que o observado na década de 1980, conforme pode ser observado no Gráfico 3, a seguir.

Mesmo considerando a diminuição das taxas de desemprego e a recuperação dos salários mínimos nacionais, a região não sofreu nenhuma inflexão ou alteração no quadro mais geral do mundo do trabalho.

A informalização da força de trabalho e o aumento dos níveis de sua precarização continuam sendo traços estruturais dos mercados e das condições de trabalho na América Latina, tornando-os um fenômeno central no quadro de regressão social e precarização de vida da população. Ricardo Antunes refere-se a uma *nova era de precarização estrutural do trabalho*, expressa na erosão do trabalho contratado e regulamentado e sua substituição pelas diversas e inúmeras formas de trabalho precarizado; a intensificação da desconstrução dos direitos sociais do trabalho por meio dos mecanismos *participativos* típicos da flexibilidade toyotizada com a incorporação dos trabalhadores em cooperativas, como *parceiros*, *empreendedores* e/ou *voluntários*. A ponta do *iceberg* dessa precarização estaria expressa na explosão dos trabalhadores imigrantes, em escala global, e que se evidencia nas grandes cidades latino-americanas, como é o caso da contratação informal de trabalhadores bolivianos e peruanos no centro de São Paulo, na indústria de confecções, que fazem jornadas de trabalho de 17 horas, controlados, em geral, por patrões coreanos ou chineses (Antunes, 2013).

Assim, no final da década de 2000, o déficit do emprego formal na América Latina atingia 126 milhões de trabalhadores, o que representava 53% da população economicamente ativa, situação que se agravava nas mulheres e nos jovens (Berg, Ribeiro e Luebker, 2009), e mais da metade (56%) dos trabalhadores latino-americanos ocupados estavam fora dos sistemas de previdência social (Comissão Econômica para América Latina e o Caribe, 2012a). E mesmo com a extensão de mecanismos não contributivos de proteção social, que se tornaram estratégicos nas ações programáticas de redução da pobreza

Gráfico 3

América Latina: evolução da pobreza e da indigência, 1980-2012 (em percentuais e milhões de pessoas)

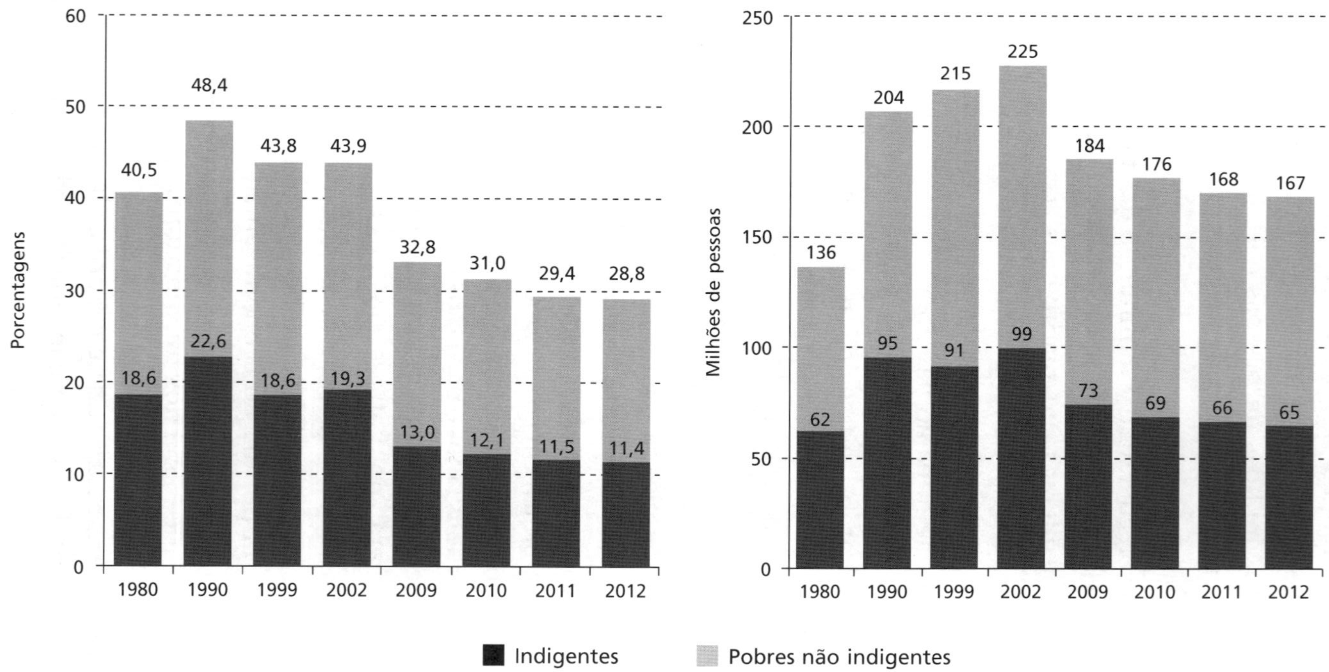

Fonte: Cepal (2012b).

Gráfico 4

América Latina (14 países): formas de acesso das famílias à proteção social. Média simples, 2009 (em percentuais)

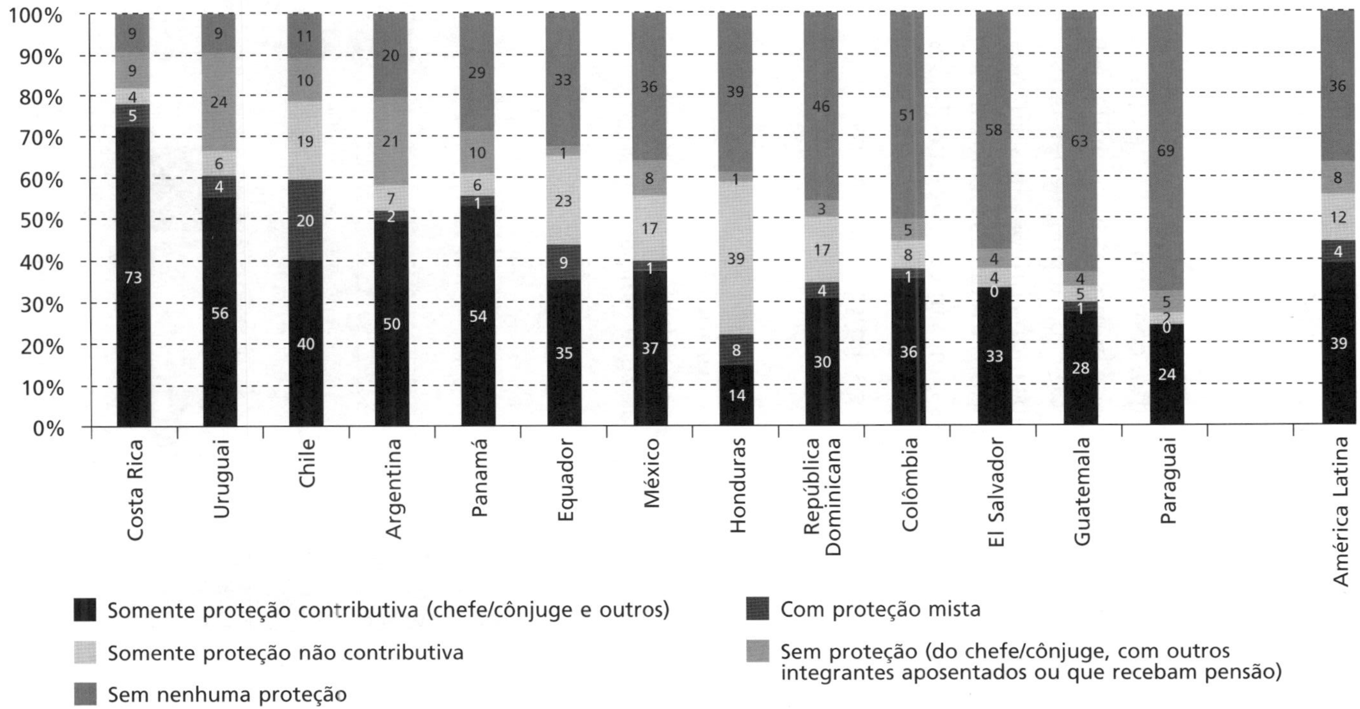

Fonte: Cepal (2011b).

e desigualdade durante a década de 2000, 36% dos domicílios da América Latina careciam, em 2009, de qualquer tipo de proteção contributiva ou não contributiva, evidenciando o caráter ainda residual dos nossos sistemas de proteção social.

Consequentemente, permaneceu inalterada a profunda segmentação do mercado de trabalho, com um setor de alta produtividade, associado, no geral, às grandes empresas e ao capital estrangeiro, que movimentando dois terços do PIB emprega apenas 19,8% dos trabalhadores, evidentemente alocando aqui os altos salários. No extremo oposto, o setor de baixa produtividade, associado ao segmento informal e às pequenas empresas, movimenta apenas 10,6% do PIB, mas emprega a metade (50,2%) da força de trabalho latino-americana, alocando, evidentemente, os salários mais baixos.

Gráfico 5

América Latina: indicadores de heterogeneidade estrutural, 2009 (em percentuais)

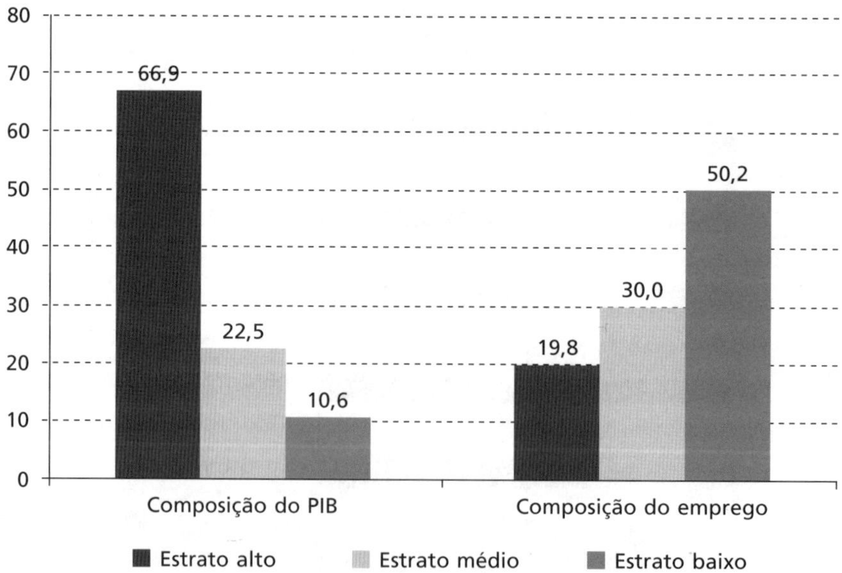

Fonte: Cepal (2011), com base em Infante (2011). Estudo realizado em 18 países.

Dessa forma, em que pese à melhoria dos indicadores de emprego, o traço na América Latina e o Caribe continua a ser o de uma profunda segmentação e disparidade, gerando e reproduzindo a dualização, precarização e instabilidade das condições de trabalho e de vida da população. Mesmo a produção de novos empregos no mercado formal, precisa ser ponderada cuidadosamente. No Brasil, um estudo realizado por Pochmann (2012) revelou que 9 em cada grupo de 10 novas ocupações tinham uma remuneração de até 1,5 salário mínimo, evidenciando o perfil dos novos trabalhadores assalariados.

A análise do perfil da população atendida pelos Programas de Transferência de Renda Condicionada precisa ser entendida no contexto de precarização do emprego e das condições de trabalho, pois, conforme o último relatório da Cepal, os desempregados representam apenas 8% entre os indigentes e 6% entre os pobres (Comissão Econômica para América Latina e o Caribe, 2012a).

Paralelamente, para além dos indicadores monetários de renda, é necessário entender como se expressam as desigualdades e privações nas condições de vida dos trabalhadores pobres, na área rural e na urbana, e mesmo no interior dos países nas quais há importantes diferenças regionais. Como também existem grandes discrepâncias em termos de desigualdades sociais no interior das cidades, que ficam ocultas nas médias estatísticas, mas que emergem nos estudos intraurbanos. Isto é especialmente importante se considerarmos que 81,2% da população latino-americana moram em cidades (Comissão Econômica para América Latina e o Caribe, 2011).

O *Relatório Estado das Cidades da América Latina e do Caribe*, da ONU de 2012, revela que se de um lado, a metade da população urbana vive em cidades com menos de 500 mil habitantes, no outro extremo, as oito maiores metrópoles da nossa região (Cidade do México, São Paulo, Buenos Aires, Rio de Janeiro, Lima, Bogotá, Santiago e Belo Horizonte) concentram 14% da população do continente, ou seja, 65 milhões de pessoas. A especulação imobiliária é um problema comum na maior parte dos países e tem contribuído para a expansão das periferias, que estão crescendo desordenadamente, sem infraestrutura e sem meios de transporte adequados. Dessa forma, o aumento da urbanização nas metrópoles veio acompanhado da deterioração das condições de vida na cidade. Na atualidade, um quarto da população das metrópoles vive em moradias precárias e as metrópoles latino-americanas encabeçam, junto com as africanas, a lista das mais desiguais do mundo na distribuição de renda (Organização das Nações Unidas, 2012).

Desigualdades que se traduzem na separação física evidente entre as zonas habitadas por ricos e pobres, pois enquanto os trabalhadores pobres são confinados em bairros cada vez mais afastados do centro e com infraestrutura urbana precária, as classes médias e altas, como pretensa reação à violência urbana, confiscam-se no que Caldeira (2003) denominou de *enclaves fortificados*, bairros privados com recursos, grades e guardas de segurança para todo tipo de consumidor. Esse tipo de segregação urbana, típica das grandes cidades, produziu, nas últimas duas décadas, profundas mudanças na noção de espaço público e contribuiu para a produção e reprodução das desigualdades no acesso aos serviços de infraestrutura urbana e serviços sociais como educação e saúde.

No acesso à educação, segundo Pablo Gentili (2006), a América Latina e o Caribe viveram um intenso conflito, pois, se de um lado os sistemas nacionais não pararam de crescer e ampliaram sua cobertura, incluindo parcelas historicamente excluídas, de outro tornaram mais intensa a segmentação, reproduzindo as persistentes formas de segregação que marcaram seu desenvolvimento histórico.

Assim, enquanto na década de 1950 a taxa de matrícula no ensino primário não alcançava a metade da população em idade escolar, em 1970 já era de 71%; na década de 1990 era 87%; e nos 2000, de 95%. A cobertura no ensino médio também cresceu de 30% em 1950, para 50% na década de 1970 e 70% nos anos 2000. No ensino superior passamos de 5% na metade do século XX para 25% nos anos 2000 (Comissão Econômica para América Latina e o Caribe, 2010).

Entretanto, para Gentili (2006), o acesso à educação, mesmo representando uma conquista histórica e social, não se converteu em direito efetivo, pois a escolaridade expandiu-se num contexto de injustiça social. A distância do acesso, permanência e qualidade do ensino entre ricos e pobres evidencia que as barreiras das desigualdades transferiram-se para o interior dos sistemas educacionais.

Assim, as condições de acesso e permanência definem-se pelas condições de vida, pelos recursos materiais e pelas eficazes formas de segregação reproduzidas socialmente. É o observado quando consideramos as desigualdades no acesso à educação de crianças, adolescentes e jovens, segundo as suas faixas de renda. Excetuando o grupo das crianças e adolescentes de 7 a 12 anos, que varia relativamente pouco, apontando uma incidência dos programas de transferência de renda condicionada, nas demais faixas etárias, quanto maior o nível de renda, maior a frequência na escola; situação que se agrava, progressivamente, segundo o ciclo de ensino.

Conforme pode ser observado na Tabela 3 adiante, nos adolescentes de 13 a 19 anos, excetuando a Bolívia e o Peru, há uma diferença em torno de 10 pontos percentuais entre a menor e a maior faixa de renda (é o caso da Argentina, Brasil, Chile, Colômbia, Equador, República Dominicana, Paraguai, Honduras e República Bolivariana de Venezuela), aumentando para 20 pontos percentuais no México, na Nicarágua, Panamá e Uruguai. As distâncias entre os jovens de 20 a 24 são ainda maiores: em 14 dos 18 países estudados, ou seja, os jovens pertencentes ao quintil de maiores rendimentos têm duas vezes mais chances de frequentar as instituições de ensino que os jovens do quintil de menores rendimentos.

Por outro lado, os dilemas da qualidade da educação na América Latina e Caribe estão fortemente vinculados às reformas educacionais empreendidas pelas ditaduras militares e consolidadas nas décadas de 1980 e 1990, quando a expansão da cobertura se deu num contexto de privatização e baixo investimento educativo, além da precarização dos salários e condições de trabalho dos docentes, da inadequação dos níveis de aprendizagens e do choque entre a educação tradicional

Tabela 3

Países de América Latina: crianças que frequentam escolas em áreas urbanas, segundo quintis de ingresso *per capita*, 2010* (em percentuais)

	Quintil 1			Quintil 5		
	07 a 12	13 a 19	20 a 24	07 a 12	13 a 19	20 a 24
Argentina	99,1	78,9	29,1	99,0	89,0	57,1
Bolívia (Estado Plurinacional de)	99,0	85,6	43,3	100,0	83,9	54,3
Brasil	98,2	77,7	15,4	99,4	88,5	51,6
Chile	99,0	77,9	24,1	99,8	88,9	60,3
Colômbia	96,8	73,8	16,5	96,1	84,9	53,8
Costa Rica	99,9	75,0	25,1	100,0	92,5	68,7
Equador	98,4	80,3	29,5	100,0	91,0	62,8
El Salvador	94,4	71,6	9,0	99,0	88,9	56,7
Guatemala	80,1	62,4	7,0	84,3	86,5	39,0
Honduras	95,2	64,1	16,9	90,3	78,0	48,6
México	96,6	63,6	14,3	99,5	86,4	47,2
Nicarágua	89,5	60,7	13,7	99,6	82,0	41,3
Panamá	99,4	79,0	24,8	99,9	92,9	40,7
Paraguai	97,5	70,1	17,3	99,5	78,5	52,2
Peru	82,1	60,7	18,8	81,0	62,1	41,3
República Dominicana	96,2	79,0	42,6	99,5	88,2	57,0
Uruguai	98,6	66,0	13,2	99,6	93,8	72,3
Venezuela (Rep. Bolivariana de)	97,4	76,1	34,2	98,7	85,5	49,5

Fonte: Cepal (2011b), anuário estatístico.

* Percentuais da população da mesma faixa etária.

e os códigos linguísticos e culturais dos setores populares. Gentili (2006) observa que o processo de privatização da educação na América Latina consolidou uma fronteira difusa entre o público e o privado, evidenciada, dentre outros, no investimento educacional que responsabiliza as famílias, na subvenção estatal às instituições privadas, nos subsídios educativos por meio de bolsas de estudo, na perversa distribuição de incentivos de produtividade e desempenho dos estabelecimentos educativos e dos sistemas de remuneração docente, baseados em resultados.

Desigualdade de destinos que ameaça os esforços que a região tem desenvolvido no combate ao trabalho infantil e que coloca as Américas como a região que mais reduziu o trabalho infantil na última década (Organização das Nações Unidas, 2010), embora possua ainda 8% das crianças de 5 a 14 anos nessa situação (United Nations Children's Fund, 2012).

Na saúde, pode ser apontado um processo similar. Como destaca Wright (2008), se, por um lado, a região avançou paulatinamente na abrangência dos cuidados com a saúde, por outro, há ainda fortes falhas na distribuição, acesso, qualidade e alcance dos padrões adequados de saúde e bem-estar para todos os latino-americanos.

Os avanços podem ser observados na queda substantiva das taxas de mortalidade infantil entre 1991 e 2009 e no aumento da proporção de crianças vacinadas, conforme pode ser observado na Tabela 4, a seguir, o que revela a incidência das pressões internacionais expressa nos objetivos do milênio e dos programas de transferência de renda condicionada. Assim, entre 1991 e 2009 houve uma queda da taxa de mortalidade de crianças menores de 5 anos de 45,9 por mil nascidos para 23,4%; a taxa de mortalidade infantil caiu de 34,4% por mil nascidos em 1991 para 18,3% em 2009 e a proporção de crianças de 1 ano vacinadas contra o sarampo aumentou de 79,7 em 1990 para 90,9%, em 2007.

Entretanto, a região ainda sofre forte disparidade no acesso a condições de infraestrutura urbana básica adequada, relacionada com acesso a água tratada e ao saneamento, se consideramos que, em 2010, quase a metade (44%) da população rural da América Latina e 15% da população urbana não tinham acesso a saneamento básico e 20% da população rural também não tinha acesso a fontes de água tratada (United Nations Children's Fund, 2012).

Tabela 4

América Latina e o Caribe: síntese de indicadores de saúde

	Taxa de mortalidade de crianças menores de 5 anos (por 1.000 nascidos vivos)		Taxa de mortalidade infantil (por 1.000 nascidos vivos)		Proporção de crainças de 1 ano vacinadas contra o sarampo (%)	
	Nível 1991	Nível 2009	Nível 1991	Nível 2009	Nível 1990	Nível 2007
América Latina e o Caribe	**45,9**	**23,4**	**34,4**	**18,3**	**79,7**	**90,9**
América Latina	**57,3**	**27,4**	**42,9**	**21,0**	**77,6**	**90,1**
Argentina	30,1	14,9	25,8	12,9	93,0	99,0
Bolívia (Estado Plurianual de)	114,6	57,1	82,6	42,6	53,0	81,0
Brasil	60,1	27,6	47,5	22,5	78,0	99,0
Chile	19,1	8,5	16,3	7,0	97,0	91,0
Colômbia	42,5	25,3	31,5	18,7	82,0	95,0
Costa Rica	18,4	11,2	16,0	9,7	90,0	90,0
Cuba	13,4	6,1	10,7	4,5	94,0	100,0
Equador	65,5	24,4	49,9	20,0	60,0	99,0
El Salvador	64,8	24,6	47,1	20,0	98,0	98,0
Guatemala	85,5	36,5	61,0	27,6	68,0	93,0
Haiti	137,3	68,2	92,7	46,6	31,0	58,0
Honduras	70,8	40,2	48,0	27,2	90,0	89,0
México	44,2	18,9	36,3	15,6	75,0	96,0
Nicarágua	75,9	23,8	56,5	20,0	82,0	99,0
Panamá	35,9	22,9	28,3	17,5	73,0	89,0
Paraguai	57,8	37,0	44,8	31,0	69,0	80,0
Peru	85,1	30,7	57,8	18,5	64,0	99,0
República Dominicana	64,2	31,3	55,3	28,0	96,0	96,0
Uruguai	24,3	15,8	21,4	12,7	97,0	96,0
Venezuela (República Bolivariana de)	31,6	21,1	25,0	16,4	61,0	55,0

Fonte: Comissão Econômica para América Latina e o Caribe. *Panorama Social de América Latina 2010*. Santiago de Chile, 2010.

De fato, as grandes cidades latino-americanas evidenciam o acesso precário à infraestrutura urbana, a concentração da extrema pobreza e dos trabalhadores pobres em assentamentos precários, em áreas de risco, com profundos déficits de mobilidade urbana. Para garantir condições efetivas de cidadania, é necessário muito mais do que ampliar as condições de consumo, é preciso promover mudanças estruturais ainda pendentes da nossa região, pois a despeito dos avanços observados, na última década, na redução da desigualdade de renda e da pobreza do ponto de vista monetário e, mesmo, apesar da especificidade nas condições de desigualdade sociais e econômicas nos diversos países, a concentração de renda, dos recursos produtivos, da terra, dos bens e serviços e do emprego permanece como traço central na configuração da desigualdade social na América Latina.

2.5 Conclusão

A partir da reflexão desenvolvida neste capítulo, pode-se concluir que os PTRC, incorporados, a partir da década de 1990, aos Sistemas de Proteção Social da grande maioria dos países que integram a região da América Latina e Caribe, como estratégia privilegiada de enfrentamento à pobreza e às desigualdades sociais, resultam de um conjunto de transformações experimentadas pelo sistema capitalista em âmbito mundial e em especial no continente latino-americano.

Dentre estas transformações, destaca-se a mudança no sentido geral que orienta o padrão de regulação econômica e social do capitalismo, cujo foco passa a se centrar em garantir as condições de flexibilidade necessárias ao atual processo de reorganização capitalista e compensar os efeitos perversos da globalização e da busca de eficiência e de competitividade a qualquer custo. O rebatimento de tal mudança em termos do padrão dominante de Política Social é a substituição ou pelo menos a secundarização das políticas de cunho universalista em favor das políticas de caráter residual, focalizadas em populações e regiões mais vulneráveis.

A manifestação concreta dessas transformações no âmbito da região da América Latina e Caribe foi a implementação, sobretudo a partir da década de 1990, de um conjunto de reformas estruturais, inspiradas no Consenso de Washington e impostas pelos Organismos Financeiros Internacionais, com vistas a favorecer a inserção das economias da região à nova ordem mundial globalizada.

As consequências desse ajuste estrutural foram deletérias do ponto de vista dos indicadores de mercado de trabalho, pobreza e desigualdade, sobrepondo-se a uma realidade já historicamente marcada pela heterogeneidade estrutural, pela forte segmentação do mercado de trabalho e pelo predomínio de Sistemas de Proteção Social que não lograram a universalização de importantes direitos sociais, posto que tinham no trabalho remunerado e, em particular, no acesso ao emprego formal o requisito essencial para o direito à proteção social em matéria de seguridade e também, em certos casos, em matéria de saúde. De fato, apesar de algumas melhorias experimentadas pelos indicadores sociais da região a partir da primeira metade dos anos 2000, a pobreza e a desigualdade ainda persistem como marcas histórico-estruturais da região a qual figura até hoje como uma das mais desiguais do mundo.

Foi, portanto, em um contexto de recrudescimento e de persistência da pobreza e das desigualdades sociais e de mudança do padrão de regulação econômica e social que emergiram os PTRC, os quais foram incluídos na agenda dos governos eleitos entre as décadas de 1990 e 2000, muitos destes de tendências progressistas, como principal estratégia para fazerem cumprir os compromissos assumidos relativos aos Objetivos de Desenvolvimento do Milênio, dentre os quais se destaca a erradicação da pobreza.

3

Caracterização e problematização dos Programas de Transferência de Renda Condicionada (PTRC) na América Latina e Caribe

Maria Ozanira da Silva e Silva

3.1 Introdução

Ao falar da América Latina e também do Caribe, é importante considerar tratar-se de uma região cuja situação atual guarda traços indeléveis da "[...] longa história que a condiciona: colonização, lutas pela independência, modos de produção, formas de dependência, planos de desenvolvimento, tipos de Estado, políticas sociais etc." Situação que nos impõe "[...] muita cautela na formulação de hipóteses e generalizações que sejam aplicáveis à realidade dessa parte da América, tendo em vista a diversidade de espaços, tempos e forças sociais em cada Estado-nação" (Wanderley, 2011, p. 56). A América Latina é una e diversa e, nesse sentido, apresenta características comuns e heterogêneas resultantes das formas diferenciadas como seus povos, com seus diversos fatores territoriais, étnicos, demográficos, vêm construindo sua história. Mas, no geral, as desigualdades que caracterizam o continente vão resultar das relações de exploração econômica e dominação política (Wanderley, 2011).

Situando-se nesse contexto, convém destacar inicialmente que todo o conteúdo apresentado e problematizado sobre os PTRC no presente texto é perpassado por duas categorias teóricas: pobreza e teoria do capital humano.

A categoria teórica pobreza, no ideário dominante, é concebida como um atributo negativo: carência, ausência, sendo destacada uma concepção monetarista que mede a pobreza tão somente pela carência ou ausência de renda. Todavia, a tendência mais recente é referenciar a pobreza como um fenômeno relativo, que depende do modo de vida dominante de cada país, fenômeno dinâmico, heterogêneo, multidimensional, pela interferência de aspectos quantitativos e qualitativos representados por um acúmulo de deficiências socioeconômicas e culturais. Além da renda, ao conceito de pobreza agregam-se problemas de saúde, educação, moradia, desemprego e grande dificuldade de fazer valer direitos no meio profissional e extraprofissional. Trata-se de uma situação durável de *não ter*, *não saber* e de *não poder* (Euzeby, 1991), apresentando características novas: é mais intensiva, extensiva e mais duradoura. É sempre um problema político, constituindo-se numa operação política de escolha de estratégias, quer por deficiência de recursos ou de possibilidades (Milano, 1988). Nessa perspectiva, não se pode falar de estabilidade do conceito de pobreza no tempo e no espaço, sendo ilusório pensar numa definição *científica*, objetiva e universal, pois se trata de uma situação construída historicamente e reproduzida com marcas das especificidades históricas de cada formação social. Assim, verifica-se que o consenso na atualidade é considerar a pobreza numa perspectiva de multifuncionalidade, vista como um fenômeno social complexo, decorrente de privações de necessidades materiais, de bem-estar e de negações de oportunidades de acesso a padrões socialmente aceitáveis (Sen, 1978, 1988, 1992). Inclui relações sociais com acesso ao trabalho e à assistência. Expressa um conjunto de problemas mais abrangentes, de caráter múltiplo e cumulativo (saúde, educação, direitos econômicos e sociais), igualdade entre os sexos, liberdade e participação política, referindo-se, portanto, a aspectos materiais e subjetivos, a dimensões políticas e sociais (Codes, 2008).

As análises desenvolvidas no decorrer do presente texto vão evidenciar que a pobreza é considerada no âmbito dos PTRC na América Latina e no Caribe a partir de uma concepção multidimensional, encontrando-se evidências dessa perspectiva nos critérios de elegibilidade das famílias e pessoas, nos objetivos dos programas, na fixação das condicionalidades e na oferta de benefícios não monetários e ações complementares. Todavia, num esforço de problematização dessas dimensões dos PTRC, na prática dos programas, o que de fato é realçada é uma concepção monetarista da pobreza ao destacar a renda como critério principal de inclusão e desligamento dos programas, com fortes marcas de um componente ideológico que conduz à fragmentação, categorização do público-alvo e à desuniversalização dos serviços ofertados, até mesmo nos campos da educação e saúde. Nesse aspecto, a noção de pobreza, aparente mobilizador dos PTRC, institui uma pseudo-homogeneização, ao mesmo tempo em que predomina uma fragmentação do público-alvo, categorizado como pobres, extremamente pobres, vulneráveis, excluídos.

Mesmo referenciando-se pela concepção de multifuncionalidade da pobreza, no discurso e na prática dos PTRC, não é considerada a determinação estrutural desse fenômeno, o que faz com que a busca seja por atenuar ou mitigar, tão somente a situação de pobreza do público beneficiário desses programas. Ressaltamos, porém, que toda problematização que desenvolvemos no decorrer do texto tem como referência uma concepção de pobreza que percebe esse fenômeno numa perspectiva multidimensional, mas tendo como determinação primeira a dimensão estrutural, ou seja, consideramos os fatores externos da pobreza, destacando as determinações estruturais que se colocam sobre o ambiente dos pobres, sem que individualmente, possam se livrar. Portanto, o comportamento do pobre é visto como consequência e não como causa da pobreza. Assim, é no campo do marxismo que buscamos os fundamentos para a explicação da pobreza, partindo de suas determinações estruturais, considerando as categorias classes sociais e, mais especificamente, o exército industrial de reserva, lupemproletariado, exploração e desigualdade social. O pressuposto é de que a exploração é intrínseca à constituição do sistema de produção capitalista que se funda na separação do trabalhador dos meios de produção, levando à concentração da propriedade nas mãos de poucos (os capitalistas), para gerar a *mais valia* enquanto apropriação do excedente do trabalho em decorrência do monopólio sobre a propriedade dos meios de produção, base da exploração social (Silva, Yazbek e Giovanni, 2012). Por conseguinte, toda nossa análise tem como referência a pobreza concebida como um fenômeno estrutural e multidimensional, portanto é mais que insuficiência de renda. É desigualdade na distribuição da riqueza socialmente produzida; não acesso a serviços básicos; à informação; ao trabalho e à renda digna; é não participação social e política (Silva, Yazbek e Giovanni, 2012).

Buscando compreender a Teoria do Capital Humano, enquanto categoria teórica central que orienta o discurso e a prática dos PTRC na América Latina e no Caribe, destacamos um verbete elaborado por Minto (2006), o qual considera que a Teoria do Capital Humano surgiu em meados dos anos 1950 nos Estados Unidos, relacionada ao surgimento da disciplina *Economia da Educação*, sendo Theodore W. Schultz considerado o principal formulador dessa disciplina e da ideia de capital humano. A Economia da Educação, segundo o autor, surgiu para explicar os ganhos de produtividade gerados pelo *fator humano* na produção, tendo como pressuposto a noção de que o trabalho humano, quando qualificado por meio da educação, constitui-se em um dos mais importantes meios para a ampliação da produtividade econômica, e, consequentemente, das taxas de lucro do capital. Na sua aplicação ao campo educacional, a ideia de capital humano revestiu-se de uma concepção tecnicista sobre o ensino e sobre a organização da educação, contribuindo para mistificação de seus reais objetivos. A partir dessa visão tecnicista, foi disseminada a ideia de que a educação é o pressuposto do desenvolvimento econômico, bem como do desenvolvimento do indivíduo. Nesse sentido, ao educar-se, o indivíduo estaria *valorizando* a si próprio, na mesma lógica em que o capital é valorizado. A partir dessa ótica, os problemas da inserção social, do emprego e do desempenho profissional foram deslocados para o âmbito individual, transformando a educação num *valor econômico*, inspirando-se nas teorias econômicas neoclássicas, que compõem uma equação perversa de equiparação capital e trabalho como se ambos fossem igualmente meros *fatores de produção*. Nessa perspectiva, é legitimada a ideia de que os investimentos em educação, considerada fator econômico essencial para o desenvolvimento, são determinados pelos critérios do investimento capitalista.

Em contraposição à teoria do capital humano, numa perspectiva histórica de análise da educação, situando-a no contexto das relações sociais, a realidade social é concebida como uma estrutura, ou seja, como uma totalidade de relações e o conjunto das relações sociais e econômicas formam a base sobre a qual se estrutura e se condiciona a vida social. Partindo dessa referência, a educação é concebida como uma prática social, uma atividade humana, historicamente definida no âmbito das relações sociais. Produto do confronto das classes e grupos sociais, constituindo-se numa expressão da relação social. Portanto, o homem, enquanto sujeito das relações sociais, é também sujeito dos processos educativos (Marx e Engels, 1983). Assim compreendida, nem a educação nem a qualificação humana podem ser reduzidas a mero fator de produção do capital, subordinado a leis do mercado.

Referenciando-se nessa perspectiva teórica de análise histórica, Frigotto (2010) considera a educação apreendida no plano das determinações e relações sociais, entendendo que, constituída e constituinte destas relações, a educação tem sido um campo de disputa hegemônica nas diferentes esferas da vida social, articulando concepções e organizando processos e conteúdos educativos na escola.

Nessa linha de análise, ao considerar as relações entre sociedade, processo produtivo, processo de trabalho e educação ou qualificação humana, o autor entende que:

> Na perspectiva das classes dominantes, historicamente, a educação dos diferentes grupos sociais de trabalhadores deve dar-se a fim de habilitá-los técnica, social e ideologicamente para o trabalho. Trata-se de subordinar a função social da educação de forma controlada para responder às demandas do capital (Frigotto, 2010, p. 29).

Esse entendimento é justificado pela perspectiva clássica liberal ou neoliberal, ao conceber o trabalho, a tecnologia, a educação como fatores de produção. Assim, a educação e a formação humana são definidas pelas demandas do processo de acumulação de capital, nas suas diferentes formas históricas de sociabilidade, sendo reguladas e subordinadas pela esfera privada e sua reprodução.

Reafirmando Minto (2006), Frigotto (2010) também considera que é no campo disciplinar da Economia da Educação que a educação é definida como fator de produção, explicitada principalmente pela teoria da modernização, após a Segunda Guerra Mundial. A educação é alçada a capital humano, constituindo-se em esfera específica das teorias do desenvolvimento, inicialmente formulada pelo grupo de estudo coordenado por Theodoro Schultz, nos Estados Unidos na década de 1950. A ideia chave que fundamenta o capital humano é de que "[...] a um acréscimo marginal de instrução, treinamento e educação, corresponde um acréscimo marginal de capacidade de produção" (Frigotto, 2010, p. 43). A educação é, por conseguinte, potencializadora da capacidade de trabalho e de produção, passando o investimento em capital humano a ser considerado um dos mais rentáveis, tanto no plano geral do desenvolvimento das nações, quanto no plano da mobilidade individual. Assim, a teoria do capital humano é disseminada como uma panaceia da solução das desigualdades entre países desenvolvidos e subdesenvolvidos e entre os indivíduos, com grande penetração nos países latino-americanos e de Terceiro Mundo mediante organismos internacionais (BID, Bird, OIT, Organização das Nações Unidas para a Educação, a Ciência e Cultura (Unesco), FMI, United States Agency for International Development (Usaid) e a United Nations Children's Fund (Unicef), e regionais (Cepal e Centro Interamericano para o Desenvolvimento do Conhecimento na Formação Profissional (Cinterfor)) que são representantes dominantes da visão e interesses do capitalismo integrado ao grande capital (Frigotto, 2010).

Referenciado nessas categorias teóricas, o presente texto é produto de um estudo exploratório, cujo objetivo foi traçar um panorama geral dos PTRC em implementação na América Latina e Caribe, que permitisse obter um nível de compreensão inicial para o desenvolvimento de uma problematização geral sobre esses programas. Assim, a busca de informações foi centrada no *site* dos programas e em alguns documentos. Todavia, mesmo que as informações sobre as dimensões consideradas no estudo tenham sido registradas em nível geral e, de certa maneira, insuficiente para uma apreciação mais aprofundada sobre os qualificadores dos PTRC na América Latina e Caribe, foi possível destacar traços fundamentais desses programas, conforme visto nas análises sobre as seguintes dimensões referentes aos PTRC na América Latina e Caribe, consideradas na pesquisa: eixos impulsionadores do surgimento e desenvolvimento dos PTRC; público-alvo; objetivos; critérios de elegibilidade; permanência e desligamento dos beneficiários; condicionalidades/acompanhamento e sanções pelo descumprimento; benefícios monetários e formas de pagamento; benefícios não monetários; gestão e implementação; impactos atribuídos aos programas; e autonomização dos beneficiários.

Partindo dessas referências, o presente texto segue apresentando uma ligeira contextualização do surgimento e desenvolvimento dos

PTRC na América Latina e Caribe,[1] seguindo com apresentação e problematização das dimensões selecionadas para permitir uma caracterização desses programas a partir de aspectos qualificadores relevantes identificados no desenvolvimento da pesquisa, finalizando com a apresentação de uma conclusão na qual são destacados os aspectos considerados mais relevantes na caracterização e problematização dos programas objeto do estudo.

3.2 O contexto geral do surgimento e desenvolvimento dos PTRC na América Latina e Caribe

A proteção social na América Latina nos anos recentes foi marcada por três abordagens. Dos anos 1980 a meados dos anos 1990, prevaleceram programas de pequena escala, dispersos, efêmeros e sem impactos relevantes. Nesse mesmo período se registrou a disseminação de Fundos Sociais de suporte a programas principalmente direcionados ao enfrentamento da pobreza. A partir da segunda metade dos anos 1990, vem se registrando a implantação e disseminação de PTRC. Naturalmente essas abordagens apresentam trajetórias e características diversas na realidade de cada país. A proteção social assim configurada não tem levado em consideração as determinações estruturais geradoras da pobreza e da vulnerabilidade, limitando-se, por conseguinte, ao alívio e enfrentamento dos riscos aparentes da realidade social da região. Ou seja, muito precisa ser feito na América Latina e no Caribe para construção de um sistema de proteção social sustentável e capaz de assegurar direitos, que permitam a passagem de uma concepção de proteção social centrada em pessoas com necessidades, os pobres e extremamente pobres, para uma concepção de pessoas

1. Uma análise e problematização mais profunda sobre o contexto econômico e sociopolítico no qual surgiram e se desenvolvem os PTRC na América Latina e Caribe encontra-se no texto: Contextualização socioeconômica e política do surgimento e desenvolvimento dos PTRC na América Latina e Caribe, apresentado no capítulo anterior.

portadoras de direitos assegurados mediante prestação de serviços suficientes e de qualidade, superando a assistência do imediato para a sustentabilidade da universalização da proteção social.

Estudo da Cepal (2009) considera que os novos enfoques da proteção social na América Latina enfatizam progressivamente a redução de renda, pobreza de renda e exclusão social, que colocam as pessoas em situação de vulnerabilidade e de risco social. Nesse sentido, o estudo aponta que esses enfoques rompem com a contraposição entre os princípios da universalidade dos direitos e a racionalidade da focalização, questionando as vantagens dos modelos centrados na capitalização individual que marcaram os sistemas de proteção social. Esses enfoques, também segundo a Cepal, procuram combinar o combate à pobreza com o combate à desigualdade e a promoção da coesão social, executando diversos programas sociais que coordenam os alcances da seguridade social tradicional, a provisão de serviços sociais e a oferta de programas assistenciais.

A passagem indicada acima é reveladora de uma constatação e reafirmação por parte da Cepal de que a pobreza é considerada por esses enfoques numa perspectiva monetarista, daí a centralidade da transferência de renda como mecanismo mais utilizado, adotado para superação imediata da denominada pobreza intergeracional. Embora haja a indicação de articular essas transferências monetárias com a prestação de serviços com destaque à educação, saúde e alimentação, estes são insuficientes e de qualidade questionável, num verdadeiro escamoteamento da determinação estrutural geradora da pobreza.

Partindo dessa indicação, o estudo da Cepal (2009) aponta, ainda, a partir de meados de 1990, o reconhecimento dos governos latino-americanos em relação aos benefícios e à importância do gasto social para canalizar recursos para a população mais pobre e a relevância do desenvolvimento social como potencializador do desenvolvimento econômico, passando a elevar a inversão de recursos públicos para as políticas sociais. Esse é mais um aspecto revelador da subordinação do desenvolvimento social ao desenvolvimento econômico, de modo que as transferências monetárias largamente adotadas na proteção social recente na região são também um dinamizador do consumo, mesmo que as famílias beneficiárias desses programas permaneçam em um patamar de consumo marginal.

Assim, vem se verificando crescimento no ritmo dos gastos direcionados para as políticas sociais, que se detêm em alguns períodos e se diferem entre os países, mas mantém o ritmo de crescimento, de modo que o gasto social público por habitante aumentou quase o dobro no período de 2006-2007, chegando a 820 dólares por habitante (a preço de 2000) em relação ao período 1900-1991 e aumentou 18% em relação a 2004-2006. Todavia, foi registrada elevada disparidade entre os países em relação a esses gastos, com uma diferença de até 20 vezes entre aqueles de maior e menor gasto. Desse modo, dos 21 países analisados no estudo da Cepal, 8 registraram um gasto inferior a 300 dólares. Destes, 6 não alcançaram 200 dólares (Bolívia, Equador, Guatemala, Honduras, Nicarágua e Paraguai). Somente 4 países ultrapassaram 1.000 dólares (Argentina, Brasil, Cuba e Uruguai), situação relacionada com o nível de recursos da economia de cada país (Comissão Econômica para América Latina e o Caribe, 2009). Em dados mais recentes também apresentados pela Cepal (2012b), considerando 21 países da América Latina e Caribe, a porcentagem do Produto Interno Bruto (PIB) e do gasto público total evoluiu de 11,2% (1991-1992) para 18,6% (2009-2010). No que pese a existência de diferenciação persistente quanto à prioridade macroeconômica do gasto social, alguns países desenvolveram esforços proporcionalmente maiores para incrementar esses gastos. Nesse sentido, El Salvador aumentou a prioridade dos gastos sociais em mais de 300%, passando de 2,9% para 13% do seu PIB; a Colômbia, Equador, Guatemala, Nicarágua, Paraguai e República Dominicana mais que duplicaram os gastos sociais de 1991 a 2010; a Bolívia, Brasil, Costa Rica, Honduras, Jamaica, México e Peru aumentaram 50% ou mais. Em contraste, o aumento no Chile, Panamá e, sobretudo, em Trinidad e Tobago foi pouco substantivo nos últimos 20 anos (Comissão Econômica para América Latina e o Caribe, 2012b).

O destaque da proteção social nesse contexto são as transferências monetárias às famílias. Todavia, a principal fonte da renda primária das famílias é obtida a partir da participação dos seus membros no mercado de trabalho e pela propriedade de diversos ativos, cuja consequência são as grandes desigualdades registradas nos países da América Latina, situada como a região de maior desigualdade no mundo, agravado com a excessiva concentração da propriedade e insuficiência e segmentação do mercado de trabalho (Comissão Econômica para América Latina e o Caribe, 2009). Assim, a situação do mercado de trabalho e das desigualdades não chega a ser modificada significativamente, apesar do crescimento econômico e da maior participação do Estado na área social. Por outro lado, o estudo da Cepal ressalta que as transferências têm contribuído para um efeito desconcentrador, chegando a elevar a renda das famílias mais pobres em 40%, com maior incidência nos países em que o sistema de proteção social encontra-se mais desenvolvido pela maior cobertura contributiva ou não. Em média, porém, na região, o significado relativo das transferências ainda é muito baixo, representando 9% da renda total das famílias, sendo as aposentadorias e pensões as transferências públicas mais relevantes (Comissão Econômica para América Latina e o Caribe, 2009).

Se considerada a importância e o impacto da progressividade da transferência monetária para as famílias e pessoas, o estudo da Cepal (2009) aponta a redução nos níveis de pobreza, em 6,5%, sendo, contudo, a redução do número de pessoas pobres de cerca de 5%. Isso decorre porque é mais provável que a redução da pobreza seja maior nas famílias com menor número de pessoas. Ademais, as aposentadorias e pensões são recebidas em maior número pelos idosos. Desse modo, são as crianças as que mais vivem em situação de pobreza, possivelmente por serem as que são mais largamente atendidas por transferências de caráter assistencial, orientadas no combate à pobreza em longo prazo, com destaque aos programas de transferência de renda (Comissão Econômica para América Latina e o Caribe, 2009). Essa é uma constatação reveladora da pouca eficácia dos programas de transferência de renda adotados prevalentemente para a proteção social, principalmente das famílias pobres com crianças e adolescentes, mesmo considerando a progressividade das transferências monetárias provenientes de doações não estatais em quase todos os países, beneficiando, em média, 12% das famílias, o que representa mais de um quarto das famílias de menor renda (primeiro decil) e um quinto das do segundo decil. Todavia, há que se considerar que, no que pese as transferências provenientes de aposentadorias e pensões terem maior efeito nas variações distributivas e de pobreza, as transferências assistenciais em geral, e as públicas, em particular, contribuem mais significativamente para elevar os níveis de bem-estar dos estratos mais pobres. O total dessas transferências representa quase 15% da renda *per capita* das famílias mais pobres e só 10% das mais ricas, com variações significativas no peso das transferências (Comissão Econômica para América Latina e o Caribe, 2009). Essa constatação da Cepal evidencia que a pobreza é enfrentada, sobretudo, por medidas assistenciais, de caráter não contributivo, ficando os resultados limitados a alterações pouco significativas nas condições de vida das denominadas populações pobres e extremamente pobres.

Nesse contexto, os PTRC transferem renda às famílias em curto prazo e se propõem a elevar o capital humano em relação às novas gerações, ou seja, ao se fundamentar na teoria do capital humano, tem como pressuposto a noção de que o trabalho humano, quando qualificado por meio da educação, constitui-se em um dos mais importantes meios para a ampliação da produtividade econômica, e, consequentemente, das taxas de lucro do capital, revestindo-se de uma concepção tecnicista mistificadora dos reais objetivos da educação. A partir dessa visão tecnicista, é disseminada a ideia de que a educação é o pressuposto do desenvolvimento econômico, bem como do desenvolvimento do indivíduo, produzindo dois desafios: qual a possibilidade dessas famílias obterem renda sustentável, a longo prazo, considerando o papel-chave do mercado de trabalho, particularmente pelo vínculo que estabelece com a seguridade social, e o segundo desafio é como lograr maior qualidade dos serviços sociais, principalmente no campo da saúde e educação, com potencial de acesso universal.

Os PTRC na América Latina e Caribe têm seus antecedentes nas experiências pioneiras iniciadas, em 1995, em nível municipal no Brasil nas cidades de Campinas, Ribeirão Preto e Santos, em São

Paulo, denominadas programas de renda mínima e, em Brasília, o Bolsa Escola, culminando, em 2003, com a criação do BF. Esses programas articulam a transferência monetária à prestação de alguns serviços e ao desenvolvimento de ações educativas (Silva, Yazbek e Giovanni, 2012). Em 1997, foi a vez de o México lançar o Programa Educación, Salud y Alimentación (Progresa), que destinava às famílias rurais em situação de extrema pobreza transferências monetárias, suplementos alimentícios e um conjunto básico de serviços de saúde, sendo substituído, em 2002, pelo *Programa Oportunidades*, que se estendeu para o meio urbano. As experiências dos dois países têm como condição o cumprimento pelas famílias de certos compromissos (condicionalidades) nos campos da educação e da saúde. A partir dessas experiências, os PTRC se difundiram amplamente enquanto mecanismos privilegiados de política social na América Latina e Caribe, cujos traços principais são o público-alvo, constituído por famílias pobres e extremamente pobres, e o estabelecimento de condicionalidades (corresponsabilidades), associados ao incentivo da demanda e oferta de serviços sociais. Na primeira década do século XXI, esses programas cresceram em número, em cobertura e na ampliação de recursos a eles destinados, de modo que em 1997 estavam presentes em 3 países, e em 2010, segundo o Banco de Dados da Cepal, já eram implementados em 18 países, com larga inclusão da população pobre, constituindo-se numa política do campo assistencial, portanto, não contributivo, para o enfrentamento da pobreza e extrema pobreza na agenda pública dos países da região.[2] Dados também da Cepal

2. Segundo a Base de Dados de Programas de Proteção Social Não Contributiva na América Latina e Caribe da Cepal (Disponível em: <http://dds.cepal.org/bdptc>), encontram-se em implementação os seguintes programas: Argentina: *Asignación universal por hijo para protección social* (2009) e Programa Ciudadanía Porteña *Con todo derecho* (2005); Bolívia: Bono Juancito Pinto (2006) e *Bono Madre Niño-Niña Juana Azurduy de Padilla* (2009); Brasil: BF (2003); Chile: Chile Solidario (2002); Colômbia: *Familias en acción* (2001); *Red Juntos* (Red para la superación de la pobreza extrema) (2007) e *Subsidios Condicionados a la Asistencia Escolar* (2005); Costa Rica: Avancemos (2006); Equador: *Bono de Desarrollo Humano* (2003); El Salvador: *Comunidades Solidarias Rurales* (ex-Red Solidaria) (2005); Guatemala: *Mi Familia Progresa* (2008); Honduras: *Programa de Asignación Familiar* (PRAF) (1990) e *Bono 10.000 educación, salud y nutrición* (2010); Jamaica: *Programa de Avance mediante la Salud y la Educación* (PATH) (2002); México: *Oportunidades* (ex-Progresa) (1997); Panamá: *Red de Oportunidades* (2006); Paraguai:

revelam que a cobertura dos PTRC, considerando 19 países da América Latina e Caribe, cresceu de 5,7%, em 2000, para 19,3%, em 2010, se considerada a população total desses países. Em termos de inversão do PIB, houve um incremento de 0,19%, em 2000, para 0,40%, em 2010 (Cecchini e Madariaga, 2011). Esses dados revelam que os recursos não vêm acompanhando a ampliação da cobertura dos programas.

Os PTRC constituem o que vem sendo denominado de *Rede de Proteção Social*, representando um conjunto de intervenções compensatórias de natureza focalizada na pobreza e na extrema pobreza, enquanto principal mecanismo para combater a pobreza intergeracional nos países da América Latina e Caribe. A população beneficiária situa-se, principalmente, em famílias pobres com crianças. Elas recebem transferência monetária sob a condição de atenderem a certos requisitos para desenvolver certas qualificações e melhorar seu nível educacional, de saúde e nutricional. Por conseguinte, a proposta é oferecer proteção nos ciclos iniciais da vida: transferência com atendimento à saúde e condições educacionais para crianças e adolescentes. Todavia, alguns países desenvolvem programas de transferência de renda para pessoas idosas (República Dominicana, Equador, Honduras, Jamaica, México, Paraguai e Peru). Outros, para pessoas com deficiências (Argentina, Equador, Jamaica e Paraguai) e para adultos pobres em idade de trabalho (Jamaica), geralmente sem condicionalidades (Cecchini e Madariaga, 2011).[3]

Tekoporâ (2005) e *Abrazo* (2005); Peru: *Juntos* (2005); República Dominicana: *Solidaridad* (2005); Trinidad e Tobago: *Programa de transferências monetarias condicionadas focalizadas* (TCCTP) (2006); Uruguai: *Asignaciones Familiares* (2008). Segundo a mesma fonte, os programas já desativados são os seguintes: Argentina: *Familias por la inclusión social* (2005-2009) e *Jefes y jefas de hogar desocupados* (2002-2005); Brasil: *Bolsa Escola* (2001-2003) e *Bolsa Alimentação* (2001-2003); Costa Rica: *Superémonos* (2000-2006); Equador: *Bono Solidario* (1998-2002); Honduras: Programa Integral de Proteção Social (PRAF/BID II) (1998-2005); PRAF/BID III (2007-2009); Nicarágua: RPS (2000-2006) e *Sistema de Atención a Crisis* (SAC) (2005-2006); Uruguai: *Plan de Atención Nacional a la Emergencia Social* (PANES) (2005-2007).

3. Lembramos também o BPC desenvolvido no Brasil para idosos a partir de 65 anos e pessoas com deficiências que incapacitem para o trabalho, desde que vivam em famílias com renda *per capita* familiar inferior a 1/4 do salário mínimo, também sem condicionalidade.

As Tabelas 5 e 6, a seguir, apresentam a dimensão dos PTRC na América Latina e Caribe, conforme dados da Cepal, sendo que a Tabela 5 informa sobre a cobertura desses programas em 18 países, em 2010, em relação à população total de cada país, evidenciando que 6, do total dos países mencionados, apresentavam uma cobertura superior a 20% do total de sua respectiva população: Equador (44,3%), Brasil (26,4%), Colômbia (25,2%), México (24,6%), Guatemala (22,6%) e República Dominicana (21,2%).

Tabela 5

Percentual da cobertura da população total pelos PTRC em 18 países da América Latina e Caribe, 2010

Países	% de cobertura da população total
Argentina	8,3
Estado Plurinacional de Bolívia	17,5
Brasil	26,4
Chile	6,8
Colômbia	25,2
Costa Rica	3,3
Equador	44,3
El Salvador	8,2
Guatemala	22,6
Honduras	8,7
Jamaica	11,3
México	24,6
Panamá	10,9
Paraguai	8,6
Peru	7,6
República Dominicana	21,2
Trinidad e Tobago	2,4
Uruguai	11,6

Fonte: Elaboração própria com dados da Cepal.

Tabela 6

Percentual da cobertura da população indigente e pobre pelos PTRC em 15 países da América Latina e Caribe, 2009-2010

Países	% de cobertura da população indigente	% de cobertura da população pobre
Equador (2010)	100	100
Uruguai (2009)	100	84,6
Brasil (2010)	100	84,6
México (2010)	100	62,8
Colômbia (2009)	100	56,5
Chile (2009)	100	51,7
Argentina (2010)	100	46,4
República Dominicana (2009)	89,0	46,3
Panamá (2009)	81,0	39,5
Guatemala (2010)	70,5	39,7
Peru (2010)	60,6	21,2
Costa Rica (2009)	52,2	17,4
Estado Plurinacional de Bolívia (2009)	50,7	32,4
El Salvador (2009)	38,7	17,1
Paraguai (2010)	25,2	13,9

Fonte: Elaboração própria com dados da Cepal.

Se considerada a cobertura da população indigente e pobre de 15 países, em 2009 e 2010, conforme Tabela 6, verificava-se que 7 países conseguiram incluir integralmente a população classificada como indigente e 6 países incluíam, em 2009 e 2010, de 100% a mais de 50% de sua população pobre (Equador (100%), Uruguai (84,6%), Brasil (84,6%), México (62,8%), Colômbia (56,5%) e Chile (51,7%). Há que se considerar sobre a dimensão da cobertura que varia largamente nos diferentes países e, no seu total, que deve ser considerado em relação ao tamanho da respectiva população.[4] Ademais, o corte de renda para dimensionar a população pobre e a extremamente pobre ou indigente varia de país a país. Desse modo, dados da Cepal revelam que, em 2010, o BF do Brasil e o Oportunidades do México, juntos, incluíam 72,8% da população inserida em PTRC na América Latina e Caribe, sendo estes programas em implementação em dois países com grande população e com alcance de ampla cobertura e inversão de significativo volume de recursos.

Numa apreciação sobre os dados referentes à cobertura da população indigente, indicados na Tabela 6, há evidência de que, pelo menos no Brasil, em 2010, a população indigente ainda não havia sido totalmente atendida pelo BF, e isso fez com que tenha sido criada a Estratégia Brasil Sem Miséria em 2011, cujo principal foco de atuação eram 16,2 milhões de brasileiros com renda familiar *per capita* inferior a R$ 70,00 mensais, classificados como extremamente pobres, conforme critérios de inserção no BF. Somente a partir de 2012, com a criação do Brasil Carinhoso,[5] o governo passou a garantir que todas as famílias extremamente pobres, com pelo menos um filho de até 6 anos, sejam inseridas no BF e tenham renda mínima superior a R$ 70,00 por pessoa (elevado para R$ 77,00 a partir de junho de 2014), possibilitando, assim, que todos os membros ultrapassem a linha da miséria em termos monetários, estendido posteriormente a todas as famílias atendidas pelo BF. Mesmo assim, é muito difícil abranger todos os considerados extremamente pobres, dada a diversidade de pessoas do país e a dificuldade de alcançar integralmente essa população; dessa forma, o programa vêm desenvolvendo uma estratégia

4. A população do Brasil, segundo o Censo 2010 do Instituto Brasileiro de Geografia e Estatística (IBGE), é de 190.732.694 habitantes e a população do México, em julho de 2011, era de 114.975.406. Dados retirados da CIA — The World Factbook.

5. A Ação Brasil Carinhoso foi criado em 2012 pelo governo federal, sendo direcionada para famílias em extrema pobreza com filhos de 0 a 6 anos que são atendidos pelo BF. Visa tirar da extrema pobreza famílias com renda *per capita* familiar de até R$ 70,00, com filhos nessa faixa etária. A Ação Brasil Carinhoso foi concebida numa perspectiva de atenção integral, envolvendo, além de transferência de renda, o reforço de políticas ligadas à educação e à saúde, como: acesso a creches, expansão da distribuição de doses de vitamina A, aumento da oferta de sulfato ferroso na Rede de Atenção Básica de Saúde e em campanhas de vacinação.

denominada busca ativa para chegar à população-alvo de famílias em situação de extrema pobreza.

Se considerada a inversão em termos do PIB em 17 países da América Latina e Caribe, segundo a Cepal, em 2009, conforme dados da Tabela 7, somente 5 países aplicavam em PTRC um percentual de, no máximo, 0,40% do seu respectivo PIB: México, 0,51%; República Dominicana, 0,51%; Brasil, 0,47%; Uruguai, 0,45%; e Jamaica, 0,40%, sendo a média do PIB aplicado nesses programas da região

Tabela 7

Inversão anual em PTRC em percentual do PIB em 17 países da América Latina e Caribe, 2009

Países	% de cobertura da população total
Argentina	0,20
Estado Plurinacional de Bolívia	0,33
Brasil	0,47
Chile	0,11
Colômbia	0,39
Costa Rica	0,39
Equador	1,17
El Salvador	0,02
Guatemala	0,32
Honduras	0,24
Jamaica	0,40
México	0,51
Panamá	0,22
Paraguai	0,36
Peru	0,14
República Dominicana	0,51
Trinidad e Tobago	0,19
Uruguai	0,45

Fonte: Elaboração própria com dados da Cepal.

de 0,40%. Em termos do total de recursos aplicados, em 2009, o BF do Brasil e o Oportunidades do México eram os que aplicavam montantes de recursos largamente superiores, respectivamente US$ 6,2 bilhões e US$ 3,5 bilhões. Apesar do incremento dos recursos, é ainda uma inversão muito baixa, considerando a realidade da pobreza e da extrema pobreza registrada na América Latina e Caribe. Ademais, verifica-se que, enquanto os recursos do PIB aplicados em PTRC apenas duplicaram de 2000 (0,19%) para 2010 (0,40%), a população atendida teve um incremento de mais de três vezes, de 5,7%, em 2000 para 19,3%, em 2010.

Considerando a contextualização dos PTRC apresentada anteriormente, uma equipe de pesquisadores de universidades brasileiras, do Uruguai e da Argentina[6] desenvolveram em 2011-2012 um levantamento sobre os PTRC em implementação na América Latina e Caribe, tendo como principal fonte de informações os *sites* dos respectivos programas, permitindo a elaboração do Quadro 2, cujo critério de exposição foi o ano de criação de cada programa.

A partir desse levantamento inicial, complementado com análise de alguns documentos, na maioria, indicados nos próprios *sites* consultados, um grupo de pesquisadores elaborou uma caracterização de cada um dos programas,[7] permitindo a elaboração do presente texto de consolidação a partir das análises específicas de cada programa.

---

6. Trata-se do Projeto: Programas de Transferência de Renda Condicionada na América Latina: estudo comparado — BF (Brasil), Nuevo Régimen de Asignaciones Familiares (AFAM-PE) (Uruguay) y Asignación Universal por Hijo para la Protección Social (Argentina), financiado pela CAPES (Edital CGCI n. 072/2010) e pelo CNPq (Edital Universal — CNPq n. 14/2011), contando com pesquisadores das seguintes instituições: PPGPP/UFMA/Brasil; PPGPP/PUC-SP/Brasil; PPGPP/PUC-RS/Brasil; Programa de Doctorado en Ciencias Sociales de la FCS/Udelar/Uruguay e Mestrado en Ciencias Sociales de la FCH/UNICEN da Argentina.

7. Antes da consolidação apresentada nesse texto, foram elaboradas caracterizações específicas de cada programa que compõe o Quadro 2. Essas caracterizações preliminares foram elaboradas por pesquisadores que compõem a equipe do projeto Programas de Transferência de Renda Condicionada na América Latina: estudo comparado — Bolsa Família (Brasil), Nuevo Régimen de Asignaciones Familiares (AFAM) — P.E. (Uruguay) y Asignación Universal por Hijo para la Protección Social (Argentina), obedecendo a seguinte distribuição: equipe da Argentina — programas da Argentina e Chile; equipes do Brasil — programas do Brasil, Paraguai,

Quadro 2

Programas de Transferência de Renda Condicionada em implementação na América Latina e Caribe, 2012[8]

País	Nome do programa	Ano de criação
Honduras	Programa de Asignación Familiar (PRAF), "Bonos 10.000" Programa Presidencial Salud, Educación y Nutrición criado em 2010	1990
Equador	Bono de Desarrollo Humano	1998
Colômbia	Programa Famílias en Acción	2000
Jamaica	Programme of Advancement through Health and Education (PATH)	2001
México	Oportunidades[9]	2002
Chile	Chile Solidário	2002
Brasil	Bolsa Família	2003
Peru	Red Juntos (Programa Nacional de Apoyo Directo a los más pobres)	2005
Paraguai	Programa Abrazo, Programa Tekoporã e Programa Ñopytyvô	2005

República Dominicana, Panamá, Colômbia, El Salvador, Trinidad e Tobago, México, Peru; equipe do Uruguai — Uruguai, Costa Rica, Jamaica, Equador, Honduras e Guatemala.

8. O quadro apresenta PTRC distribuídos em 18 países da América Latina e Caribe, em implementação em 2012. Todavia, alguns desses programas se constituem de mais de um componente, às vezes, considerados programas independentes. Não consta da lista de países a Nicarágua que manteve o RPS, implementado de 2000 a 2006. Também o programa da Guatemala mais conhecido foi o MIFAPRO, implementado de 2008 a 2011, substituído em 2012 pelo Mi Bono Seguro. Ademais, a relação de programas é restrita a programas que mantêm condicionalidades para sua implementação, deixando de incluir alguns programas importantes, mesmo que de transferência de renda, como o BPC do Brasil, direcionado a idosos e pessoas com deficiências. Dada a complexidade, em razão de criação, desativação e programas às vezes com diferentes componentes, não foi possível, nesse estudo exploratório, terem sido incorporados todos os aspectos presentes nesses programas.

9. Em 2002, o Programa Oportunidades foi a designação substituta do Programa de Educación, Salud y Alimentación (Progreso) instituído em 1997 em substituição ao Programa Nacional de Solidaridad (Pronasol) 1989-1994. Os três programas foram direcionados para a população pobre e indingente no contexto da notoriedade e inclusão da pobreza na agenda governamental, a partir da década de 1980 (Cohen, Franco e Villatoro, 2006).

continuação

País	Nome do programa	Ano de criação
República Dominicana	Programa Solidaridad	2005
Panamá	Red de Oportunidades	2006
Costa Rica	Avancemos	2006
Trinidad e Tobago	Target Conditional Cash Transfer (TCCTP)	2007
Uruguai	Programa Nuevo Régimen de Asignaciones Familiares (AFAM-PE)	2008
Bolívia	Programa Bono Madre — Niño "Juana Azurduy"	2009
El Salvador	Red Solidaridad Programa Comunidades Solidarias Rurales Programa Comunidades Solidarias Urbanas	2009
Argentina	Programa Asignación Universal por Hijo para Protección Social (AUH)	2009
Guatemala	Mi Bono Seguro	2012

Fonte: Elaboração própria a partir de levantamento na internet e *sites* dos respectivos programas.

3.3 Análise das dimensões centrais da caracterização dos PTRC na América Latina e Caribe

Aqui são apresentadas e problematizadas doze dimensões centrais qualificadoras dos PTRC na América Latina e Caribe: eixos impulsionadores do surgimento e desenvolvimento dos PTRC, público-alvo, objetivos, abrangência, critérios de ingresso, condicionalidades, benefícios monetários, benefícios não monetários, gestão e implementação, impactos e autonomização.

Por se tratar de estudo de caráter exploratório, referenciado em fontes de informação e poucos documentos, chamamos a atenção para a relatividade e até incompletude de alguns dos conteúdos apresentados. Todavia, consideramos que o estudo desenvolvido, de caráter exploratório e com os limites a ele pertinentes, permitiu a identificação e a análise de aspectos importantes para qualificação e compreensão dos PTRC na América Latina e Caribe, mesmo que em termos gerais. O objetivo do estudo aqui apresentado foi compor uma reflexão e problematização geral sobre os PTRC em implementação na América Latina e Caribe, sem a pretensão de proceder ao estudo e à análise de cada um dos programas identificados. Assim, partindo da caracterização e da especificidade de cada programa,[10] foi possível considerar um conjunto de dimensões centrais qualificadoras desses programas que são apresentadas e problematizadas a seguir.

3.3.1 *Eixos impulsionadores do surgimento e desenvolvimento dos PTRC*

Os fundamentos sobre o surgimento e desenvolvimento dos PTRC na América Latina e Caribe podem ser buscados na categoria teórica neodesenvolvimentismo, fundamental para a compreensão das transformações ocorridas na proteção social da América Latina a partir dos anos 1990.

Para Sampaio Jr. (2012), o desenvolvimento é um termo vago, utilizado para se referir ao pensamento crítico sobre os dilemas e desafios do desenvolvimento nacional das economias latino-americanas marcadas pelo ciclo vicioso da dependência e do subdesenvolvimento. Já o denominado neodesenvolvimentismo é um termo empregado no debate recente no contexto da crise internacional do capital, cujo desafio é conciliar os aspectos *positivos* do neoliberalismo — compromisso incondicional com a estabilidade da moeda, austeridade fiscal,

10. A apresentação de dados e informações sobre cada programa, resultante do estudo exploratório mencionado, por ser considerada importante material para pesquisa, está sendo organizada em formato de livro que será disponibilizado no *site* dos programas de pós-graduação e dos grupos de pesquisa envolvidos no projeto já mencionado.

competitividade internacional e não restrição ao capital internacional — com aspectos *positivos* do velho desenvolvimentismo — comprometimento com o crescimento econômico, industrialização, papel regulador do Estado e sensibilidade social, ou seja, o pressuposto é de que o crescimento é chave para o enfrentamento das desigualdades sociais, devendo ocorrer uma conciliação entre o equilíbrio macroeconômico e as necessidades orçamentárias da política social. Nesse aspecto, o neodesenvolvimentismo é um conceito formulado em um contexto socioeconômico marcado por uma crise estrutural do capital, o que não significa o fim do capitalismo, visto que as crises são inerentes ao seu desenvolvimento. Esta, porém, é uma crise de caráter mundial, considerando a própria mundialização do capitalismo, marcado pela concentração do capital e descentralização da produção (Mota, 2012). A resposta a essa crise, nos países desenvolvidos, tem sido a austeridade neoliberal, com supressão de direitos sociais e trabalhistas, reforma da seguridade social, mercantilização de serviços públicos e privatizações de empresas estatais, contudo, nos países da América Latina, em especial no Brasil, o que vem ocorrendo é a adoção de uma estratégia denominada neodesenvolvimentismo ou social-liberalismo, combinando financeirização, crescimento econômico e políticas sociais compensatórias (Mota, 2012). Trata-se de uma estratégia que articula o crescimento econômico com o combate à pobreza, marcando uma posição antineoliberal que, na realidade, propõe-se a substituir o embate da luta de classe por um projeto nacional-popular. Procura conciliar os interesses dos trabalhadores com os interesses do capital, cuja proposta é combater a pobreza sem alterar as determinações estruturais que a institui e a aprofunda, como se isso fosse possível.

O que ocorre, na realidade, é que, frente ao processo de crise, o capital procura enfrentar suas contradições renovando o uso de estratégias, que, em última análise, permitam a recomposição de suas taxas de lucro, buscando também construir estratégias de legitimação para que tenha um contexto favorável ao seu ciclo de continuidade. Nesse aspecto, aliar novo desenvolvimentismo e políticas de combate à pobreza vem originando uma nova sociabilidade que se funda na ideologia do consenso, defendendo a ampliação do capital e a satisfação de necessidades sociais básicas para a sobrevivência dos pobres, mediante a possibilidade de estabelecer equilíbrio entre o crescimento econômico e o desenvolvimento social. Essa ideologia é embasada por duas ideias centrais: "[...] a de que o enfrentamento ao neoliberalismo se faz com crescimento econômico mediado pela intervenção do Estado e a de que o crescimento econômico leva inexoravelmente ao desenvolvimento social" (Mota, 2012, p. 34). Assim, "[...] 'a questão social' tornou-se novamente alvo da intervenção teórica e prática das classes dominantes" (Castelo, 2012, p. 47, grifo do autor). Nesse âmbito, a pobreza é considerada um fenômeno multidimensional, mas desvinculada de suas determinações estruturais, podendo ser combatida mediante políticas compensatórias, que, no extremo, apenas atendem a necessidades imediatas para sobrevivência do pobre, que, ao ser incluído nos programas de transferência de renda, é transformado em um consumidor marginal na sociedade de mercado.

Essa versão do neodesenvolvimentismo, ou social-liberalismo, como denominado por alguns, no Brasil, é uma formulação das agências multilaterais de desenvolvimento, contando com a participação e apoio de centros universitários e tendo como um dos teóricos de maior destaque Amartya Sen.

O investimento público nas políticas universais de seguridade social, consideradas ineficientes, caras e inibidoras do crescimento econômico, é direcionado para os programas de transferência de renda, focalizados nos extremamente pobres, considerados inovadores e altamente difundidos e ampliados no contexto da América Latina e Caribe, conforme apresentado e problematizado no presente texto. Os PTRC são considerados estratégias capazes de produzir resultados eficazes e imediatos para redução da pobreza gerada pelo fracasso da reestruturação produtiva levada a cabo no contexto do neoliberalismo. Passa então a ser defendida uma reforma das políticas sociais centrada na focalização dos gastos sociais nos *mais pobres dos pobres*; avaliação de impacto das políticas sociais e integração e coordenação dos programas sociais nos níveis governamentais federal, estadual e municipal (Castelo, 2012). Ademais, essa proposta considera, para além da péssima distribuição de renda, a distribuição desigual do ativo educação, que, conforme visto anteriormente, passa a ser uma dimensão fundamental da teoria do capital humano, ao transformar em um fator de produção do capital enquanto elemento fundamental para inserção no mercado de trabalho. Essa realidade inspira os PTRC na América Latina e Caribe a considerarem dever fundamental do Estado oferecer educação básica e secundária de qualidade a crianças e a adolescentes, como investimento no capital humano, acrescentando a responsabilidade dos pais em levar seus filhos à escola, favorecendo a instituição de condicionalidades sob o aspecto da dimensão essencial dos PTRC. Assim, a oportunidade e o esforço dos indivíduos são considerados como via de superação da pobreza intergeracional, mediante uma transferência monetária para satisfação de necessidades imediatas de sobrevivência, articulada à igualdade de oportunidade via educação e outras ações complementares oferecidas às famílias beneficiárias, destacadamente no campo da saúde, nutrição e trabalho.

Tem-se, por conseguinte, na contemporaneidade, a prevalência do discurso em torno de políticas de desenvolvimento econômico, associado aos conceitos de desenvolvimento local e sustentável, capital humano e social, empreendedorismo, crédito popular com larga propagação por parte de organismos multilaterais como alternativas viáveis para superação da pobreza e inserção dos países periféricos no novo mundo globalizado do século XXI, dando lugar ao discurso sobre um novo tipo de desenvolvimento com destaque no debate político e acadêmico na busca de alternativas para o combate à pobreza nos países periféricos (Maranhão, 2012).[11]

Podemos ressaltar na construção e defesa da alternativa desenvolvimentista a contribuição, no campo dos fundamentos teóricos,

11. Veja os relatórios do Banco Mundial sobre as estratégias de combate à pobreza e as pesquisas e índices da ONU sobre o desenvolvimento social e humano e as metas dos Objetivos do Milênio pactuadas por várias nações, expressando uma suposta ruptura com as políticas neoliberais.

do indiano Amartya Sen, expressa na construção de sua proposta de desenvolvimento com liberdade (Sen, 2000), largamente utilizada pela ONU e pelo BM para sustentação do discurso de combate à pobreza, orientado pelo consenso de que "[...] o desenvolvimento não só tem que recuperar as taxas de lucros capitalistas, mas também deve fazer isso promovendo o crescimento econômico, a equidade e abrindo oportunidades de inclusão social" (Maranhão, 2012, p. 87). Assim, Amartya Sen, um dos ideólogos do Índice de Desenvolvimento Humano (IDH), utilizado pela ONU para classificação do desenvolvimento dos países, apresenta, principalmente em seu livro *Desigualdade com liberdade*, a teoria do desenvolvimento como liberdade para aproveitar as oportunidades sociais que só as economias de mercado podem propiciar, deslocando as abordagens das políticas de desenvolvimento voltadas para o combate à desigualdade de renda, para o combate à desigualdade de liberdade de oportunidade para acessar os benefícios do mercado mediante a oferta de oportunidades sociais. Para tanto, devem ser adotadas políticas públicas básicas e focalizadas para que os indivíduos possam ampliar suas capacidades e possibilidades de alcançar uma renda melhor na economia de mercado. Portanto, o foco do desenvolvimento está nas capacidades humanas, de modo que os agentes individuais desenvolvam suas capacidades e habilidades para se inserir no mercado, cabendo às políticas sociais focalizadas nos pobres incrementar a liberdade de oportunidades sociais e as capacidades individuais de escolha para que possam sair de sua condição de pobreza e exclusão social (Sen, 2000).

A ideia do neodesenvolvimentismo, mencionada anteriormente, busca na conjuntura socioeconômica e política os eixos impulsionadores do surgimento e desenvolvimento dos PTRC na América Latina e Caribe, sendo possível a identificação de uma relação direta desses programas com a conjuntura socioeconômica e política da região.[12] O destaque é atribuído à ordem econômica vigente, com o reconhe-

12. Para uma visão contextual mais aprofundada, veja o texto "Contextualização Socioeconômica e Política dos Programas de Transferência de Renda na América Latina e Caribe", capítulo anterior deste livro.

cimento do agravamento da pobreza, principalmente no meio urbano, mas também com uma significativa preocupação com a pobreza no meio rural. Trata-se de um quadro social que foi agravado pelas medidas de ajuste estrutural das economias dos países da região para permitir sua inserção no processo de mundialização do capital em curso. No contexto da realidade conjuntural que fomentou a implantação, ampliação e desenvolvimento de PTRC na América Latina e Caribe, encontram-se mencionados grupos da população que são considerados sujeitos de focalização por se constituírem aqueles mais atingidos pela pobreza: crianças e adolescentes, mulheres, indígenas, idosos, pessoas com deficiências, desalojados ou expulsos dos seus territórios, entre outros. Todavia, a intervenção na situação objetiva de uma realidade de crescimento da pobreza, agravada pelo desemprego, precarização e instabilidade do trabalho, foi favorecida pelo reconhecimento dos governos de que o gasto social seria aliado importante para canalizar recursos para a população mais pobre, favorecendo o desenvolvimento social como potencializador do desenvolvimento econômico. Assim, a elevação da inversão de recursos públicos para as políticas sociais de caráter assistencial, ou seja, não contributiva, serviria para criar uma força de trabalho mais preparada para atender às novas demandas do capital, além de contribuir para a dinamização das economias locais em razão do incremento do consumo, mesmo que marginal, de milhões de famílias praticamente à margem do mercado de consumidores. Ao mesmo tempo, há que se reconhecer que programas dessa natureza permitem o atendimento de necessidades essenciais para sobrevivência de famílias cuja maioria de seus membros não é capaz de usufruir da proteção social decorrente da inserção na previdência social contributiva.

Portanto, é no contexto do crescimento no ritmo dos gastos sociais para as políticas sociais, que vem se registrando na América Latina e Caribe, a partir dos anos 1990, a criação de PTRC em larga escala. Com maior incidência em alguns períodos e em ritmo diferenciado nos diferentes países, vêm se destacando as transferências monetárias a famílias pobres, enquanto mecanismos significativos e até prevalentes em vários países para favorecer a proteção social a elas.

A partir dessas referências, verificamos que foi registrada por vários programas a conjuntura da crise econômica, responsável pelo incremento da pobreza, como determinação mobilizadora da criação de PTRC. Nesse aspecto, o *Programa Familias en Acción* da Colômbia foi concebido no contexto da crise econômica, no marco da Red de Apoyo Social (RAS) para manter a renda das famílias mais vulneráveis e, assim, proteger o capital humano dessas famílias, procurando aliviar, de modo mais ágil, os efeitos conjunturais da crise econômica como a evasão escolar e a redução da ingestão de alimentos delas, buscando proteger a capacidade futura de geração de renda. Portanto, o *Programa Familias en Acción*, aprovado pelo Documento CONPES 3.075 de 2000, constituiu-se parte integral da estratégia de recuperação econômica e social do Plan Colombia. Prosseguindo a atualização do seu processo, em 2012, foi aprovada no Congresso da República a Lei n. 1.537, com vistas a garantir a institucionalidade do *Familias en Acción*, por meio da qual foram adotadas algumas medidas de política e se regulou o funcionamento do Programa (Osorio, 2013). A justificativa das medidas instituídas a partir desta lei pautou-se no fato de que, apesar dos impactos positivos do Programa na redução da pobreza e da desigualdade e na formação de capital humano (melhorias nos indicadores de saúde, educação e incidência do trabalho infantil na população beneficiária), permaneciam problemas relacionados à cobertura (concentrada em alguns territórios, favorecendo a persistência das desigualdades regionais), à focalização e à operação do Programa. Além disso, a partir de 2013, foi incorporado ao Famílias en Acción um novo componente, o Jovens em Ação, voltado essencialmente a elevar a *empregabilidade* da população jovem entre 16 e 24 anos. A motivação para a incorporação deste novo componente é a elevada incidência do desemprego nesta população (desemprego de inserção), sobretudo quando se trata de jovens pertencentes a famílias pobres, que, ao encontrar uma ocupação, geralmente são empregos de baixa qualidade situados na informalidade, com o agravante de que 70% dos jovens colombianos entre 14 e 26 anos pertencem a famílias pobres e vulneráveis (Osorio, 2013). Assim, o trabalho passa a ser concebido como dimensão central para a superação da pobreza intergeracional.

Igualmente, o PATH da Jamaica destaca que nos anos 1990 o país vivenciou nível crítico no seu crescimento econômico, com consequências negativas para o bem-estar da população, particularmente dos setores mais pobres. O sistema educativo mostrava sérios problemas de retenção das crianças pobres na escola, e, na área da saúde, também foram registradas situações problemáticas quanto à acessibilidade e prevenção. Em razão disso, o governo da Jamaica constituiu uma equipe interinstitucional para elaborar uma nova matriz de políticas para atender à pobreza (Levy e Ohls, 2007).

Situação similar foi responsável pela criação de programas de transferência de renda em quase todos os países da América Latina e Caribe, merecendo ainda destaque as determinações de crises econômicas, com incremento da pobreza e do desemprego como maiores responsáveis pela criação desses programas na Argentina, inicialmente com o *Plan Jefes y Jefas de Hogar Desocupados* e, em 2009, o *Programa Asignación Universal por Hijo para la Protección Social* (AUH).

No Uruguai foi criado o *Programa Ingreso Ciudadano*, no contexto do PANES, instituído em 2005, como resposta à situação de emergência social decorrente da crise econômica de 2002, marcada por elevados níveis históricos de desemprego, pobreza e indigência, substituído em 2008 pelo *Programa Nuevo Régimen de Asignaciones Familiares.*

Igualmente o Chile Solidario, criado em 2002, no Chile, direciona-se para a superação de situações de agravamento da pobreza no país. A partir de 13 de outubro de 2011, a política social no Chile experimentou uma inflexão com a criação do Ministerio de Desarrollo Social, que assumiu um papel fiscalizador, avaliador e coordenador de todas as políticas sociais do governo, tendo como meta superar a pobreza extrema até 2014, além de buscar diminuir a pobreza, fomentar a mobilidade social, velar pela participação cidadã e melhorar a focalização das políticas sociais. Parte do reconhecimento de que a pobreza não é um fenômeno unidimensional e de que, portanto, deve-se avançar na incorporação de novas dimensões que deem conta de sua dinâmica. Nesse âmbito, partindo da constatação de uma mudança no diagnóstico da pobreza no Chile, segundo a qual diminui a pobreza e aumenta a classe média vulnerável, tendo sido superadas as carências básicas e persistindo uma pobreza muito mais aspiracional, que busca desenvolver-se mais que subsistir, foi aprovada pelo Congresso Nacional uma lei que instituiu o Ingreso Ético Familiar, como uma política ambiciosa e inovadora que busca solucionar o problema da pobreza em suas múltiplas dimensões, com ênfase no esforço das pessoas e famílias, visando melhorar suas condições a médio prazo, sem desconsiderar as urgências imediatas. Com a criação do novo Ministério e a instituição do Ingreso Ético Familiar, as principais inflexões experimentadas pela política social no Chile foram: a substituição de um sistema de proteção social por um sistema de promoção e proteção social o que significa a substituição de uma postura passiva das famílias por uma postura ativa; a superação dos problemas de focalização a partir da melhor identificação da população; e a mudança de ênfase do apoio psicossocial para a inclusão laboral (Padilla, 2013).

O Oportunidade, do México, a partir de dezembro de 2012, foi redimensionado, articulando-se com uma estratégia mais ampla, denominada Cruzada Nacional Contra a Fome. Esta, por seu turno, constitui um dos eixos fundamentais anunciados pelo presidente em seu discurso de posse para galgar uma democracia de resultados, tendo como escopo lograr um México includente, combatendo a pobreza e a desigualdade e consolidando uma sociedade de classe média com equidade e coesão social em igualdade de oportunidades. O papel do Oportunidades no marco da Cruzada Nacional contra a Fome é incidir sobre aqueles indicadores relacionados a carências de acesso à alimentação e à saúde, carência por defasagem escolar e carência de renda para aqueles situados abaixo da linha do bem-estar mínimo e de participação social (Lobo, 2013).

Aliada à pobreza, incrementada pela crise econômica dos anos 1990, é destacada, quando considerados os eixos impulsionadores dos PTRC na América Latina e no Caribe, a necessidade de melhorar o capital humano futuro para atender demandas emergentes do mercado de trabalho com um *novo trabalhador*. Nesse aspecto, o atendimento da população pobre no campo da educação e da saúde constitui-se no qualificador de maior destaque dos PTRC na região, originando, na grande maioria dos programas em implementação a instituição das denominadas condicionalidades, corresponsabilidades ou contrapartidas das famílias com a exigência de frequência à escola de crianças e adolescentes e a busca de atendimento básico à saúde dos membros das famílias. Fica evidenciada a teoria do capital humano como fundamento teórico e ideológico para criação dos PTRC, impulsionados por uma perspectiva tecnicista que considera a educação e também a saúde como fatores de produção para tirar o capitalismo da crise e garantir sua manutenção e expansão. Esse aspecto representa um qualificador importante dos PTRC na América Latina e Caribe, concebido como esforço de articulação entre a transferência monetária (dimensão compensatória) e programas estruturantes, qualificando os PTRC com uma visão multidimensional da pobreza, quando são considerados os benefícios não monetários ou ações complementares oferecidas por vários programas. Todavia, a dimensão estrutural, que consideramos a principal determinação da pobreza é desconsiderada, reduzindo esses programas a esforços de mera redução ou mitigação da pobreza. Nessa perspectiva, surge a indicação de que os PTRC se situam no contexto de construção de nova rede de Seguridade Social com o fortalecimento da assistência social, não contributiva, para os pobres e vulneráveis, e a manutenção do seguro social, contributivo, para aqueles que estão inseridos no mercado de trabalho de modo mais estável. Com isso, fica, segundo o discurso dos gestores e implementadores dos PTRC, constituída uma estratégia de enfrentamento à pobreza e, consequentemente, mantido um sistema de proteção social dual.

Por conseguinte, é a articulação dos PTRC com outros programas e ações que fundamenta a argumentação presente nesses programas, configurando-se como estratégia mais ampla de enfrentamento à pobreza numa perspectiva de construção de uma *nova rede de Seguridade*

Social. Todavia, essa articulação é fragilizada pela quantidade e qualidade de programas e serviços disponibilizados aos beneficiários dos PTRC, aspecto esse frequentemente mencionado e considerado como uma das maiores limitações dos impactos que possam ser produzidos nas condições de vida dos beneficiários.

Ilustrando essa dimensão dos PTRC, é destacado que, em Honduras, o PRAF, primeiro PTRC criado na região em 1990, volta-se para a articulação intersectorial das prestações públicas, constituindo-se por distintos componentes dirigidos a populações específicas e com prestações diferenciadas: *Bono 10.000* (ou Bono Educativo), *Bono Tercera Edad*, PRAF-BID, *Bono Capacidades Especiais*. Estes programas são complementados com outras iniciativas, a saber: *DI-Mujer, Comedores Solidarios, Mano Amiga, Bolsón Escolar y Bono Juvenil*. Essas informações encontram-se disponíveis em: <www.mifamiliaprogresa.gob.gt>. Os quatro primeiros componentes consistem em iniciativas de transferência de renda e os restantes desenvolvem ações tendentes a fortalecer capacidades e atitudes em inversões em capital social mediante estratégias educativas e nutricionais. O *Bono Juvenil* prevê a transferência de renda, mas seu componente essencial vincula-se ao fortalecimento da educação dirigida a jovens com dificuldades para manter-se no sistema educativo. Na Jamaica, o PATH é apresentado como nova rede de seguridade social visando a melhora da focalização e da inversão do capital humano (Levy e Ohls, 2007). O Chile Solidario é orientado pelo princípio de solidariedade e integralidade, constituindo-se em uma convergência de ações de todos os níveis do Estado e da Sociedade Civil, representando o primeiro e grande esforço de rearticulação da inversão pública direcionada para assegurar o acesso das famílias e pessoas em situação de pobreza a recursos e serviços sociais diversos. Apresenta-se como uma nova fase no desenvolvimento das políticas sociais no país, propondo um modelo de gestão baseado na operação institucional em rede para cobertura de pessoas e famílias vulneráveis, mediante um sistema de proteção social mínima que combina assistência e promoção para enfrentar a *extrema pobreza*.

No mesmo sentido, o BF, o maior programa de transferência de renda do Brasil e da região, apresenta-se como uma política intersetorial do governo federal voltada para o enfrentamento da pobreza e para o desenvolvimento da família em situação de vulnerabilidade socioeconômica, mediante o oferecimento de uma transferência monetária e a oferta de programas e ações de caráter complementar, além da prioridade em inserir seus beneficiários em outros programas dos governos locais e federal, com destaque à capacitação e inserção social, em programas de habitação, educação e saúde e em programas de taxas especiais de consumo de energia, telefone e água, entre outros.

Também no Uruguai, o *Plan de Equidad* é composto por dois pilares: Componentes Estruturais da Matriz de *Protección Social* e o pilar de caráter não contributivo, também chamado *Red de Asistencia e Integración Social* (Mirza, 2010). Entre os componentes do pilar não contributivo, considerados estratégicos dentro do Plan de Equidad, figura o *Programa Nuevo Régimen de Asignaciones Familiares del Plan de Equidad* (AFAM-PE), uma transferência de renda condicionada, aprovada pela Lei n. 18.227, de 2 de dezembro de 2008. Trata-se de uma prestação não contributiva utilizada para estimular a permanência de crianças e adolescentes no sistema educativo e melhorar o controle de saúde das mulheres grávidas e de crianças e adolescentes.

O programa sofreu diversas modificações, conservando seu *espírito* fundacional, no sentido de dirigir-se para populações em situação de pobreza e extrema pobreza. Na Jamaica, o PATH constituiu-se inicialmente numa experiência piloto implantada em um território delimitado. Todavia, a maioria dos PTRC em implementação na América Latina e Caribe originaram-se de outros programas. Dentre eles, destacam-se os dois maiores programas da atualidade: o Oportunidades, no México, que foi antecedido pelo Pronasol vigente no período de 1989 a 1994 e pelo Programa Progresa, vigente de 1997 a 2002, quando passou a ser denominado Oportunidades. O Pronasol foi conhecido em toda América Latina por ser o pioneiro no combate à pobreza. Já o Progresa se limitava à pobreza rural; no entanto, diferentemente do Pronasol, apresentava um caráter crítico e buscou fortalecer a focalização da política social. O Programa Oportunidades, ao suceder o Progresa, ampliou seu foco para áreas urbanas.

Da mesma forma, na Argentina, desde 2003, vêm sendo propostas mudanças na política social assistencial até então adotada. Em 2009, passa a ser questionada, de uma perspectiva oficial, a lógica de focalização, a perspectiva assistencialista e a fragmentação das políticas sociais, sendo então instituído o AUH, passando a organizar a Política Social sob três eixos de ação (alimentação, transferências monetárias condicionadas e economia social), com o objetivo de unificar a pluralidade de programas existentes.

Do ponto de vista dos PTRC em implementação na América Latina e Caribe, considerando seus eixos impulsionadores, podemos observar que esses programas se constituíram, inicialmente, em experiências pilotos ou se originam da transformação de programas de transferência de renda que já vinham sendo implementados ou de outros programas focalizados em famílias pobres. Entre as experiências pilotos, podemos destacar o PRAF, de Honduras, que visa combater os efeitos do ajuste estrutural sobre as populações mais pobres. O PRAF já passou o BF do Brasil, o maior PTRC em implementação na região, criado em 2003, tendo como antecedentes experiências pioneiras municipais e estaduais, mas seus antecessores diretos foram os programas federais Bolsa Escola, Bolsa Alimentação, Cartão Alimentação e Vale Gás, cuja proposta foi, inicialmente, a unificação desses programas.

Ademais, no Equador, os programas de transferência de renda foram implantados a partir de 1998 com o *Bono Solidario* ou *Bono de la Pobreza*, que se destinava a reduzir o impacto da eliminação dos subsídios ao combustível entre as famílias mais pobres, sem exigência de contrapartidas. O *Programa Bono de Desarrollo Humano* (BDH) foi instituído, no Equador, em 2003, para unificar o *Programa Beca Escolar* (2002-2003) e o *Programa Bono Solidario* (1998-2003). Estes programas eram destinados a menores entre 6 e 15 anos para permanência na escola e para aliviar a alta dos preços do gás, gasolina e eletricidade devido à eliminação de seus respectivos subsídios. Ambos os programas eram dirigidos a famílias em situação de pobreza e indigência.

O Chile Solidario, por sua vez, foi implementado, inicialmente, por meio do Programa Puente, criado em 2002, e oficializado como política de Estado por meio de promulgação da Lei n. 19.949 e do Decreto n. 235, de 25 de novembro de 2004.

Já em El Salvador, o *Programa Comunidades Solidarias*, instituído pelo Decreto da Presidência da República n. 56, de 9 de outubro de 2009, decorreu de uma iniciativa de ampliação e aprimoramento do Programa Red Solidaria, na perspectiva de construção de um Sistema de Proteção Social Universal.

O *Programa Red Juntos* (Peru), apesar de ser a primeira iniciativa relacionada à transferência monetária direcionada aos mais pobres vivenciada pelo Peru, originou-se do Programa Nacional de Assistência Alimentar (PRONAA) que administrava a maioria dos programas de assistência alimentar no país: Programa de Alimentação Escolar, Restaurantes Populares e Obras Comunais.

Em Trinidad e Tobago, o TCCTP foi antecedido pelo *Programa Social Help and Rehabilitative Efforts* (SHARE), que oferecia mensalmente suplementação alimentar para famílias em necessidade. No Uruguai, por seu turno, o *AFAM-PE del Plan de Equidad* foi antecedido pelo *Programa Ingreso Ciudadano do PANES*, que foi implementado no período de abril de 2005 a dezembro de 2007. Já na Argentina, o AUH, criado em 2009, foi o substituto do *Plan Jefes y Jefas de Hogar Desocupados*, propondo-se a reclassificar a população assistida e a estender o sistema não contributivo para famílias com pessoas desempregadas ou inseridas no mercado informal de trabalho.

No âmbito dos eixos mobilizadores dos PTRC na América Latina e Caribe há que se considerar ainda as necessidades da população, cujo destaque pode ser atribuído ao incremento da renda dos pobres, melhoria das condições da alimentação dessa população e o atendimento à saúde e à educação de crianças e adolescentes, mais uma vez relacionando esses programas com os dois eixos mobilizadores mais apontados: pobreza e necessidade de incremento futuro do capital humano.

Ilustrando as necessidades identificadas, o governo de Trinidad e Tobago, em 16 de julho de 2005, instituiu um subcomitê para desenvolver recomendações em razão da elevação dos preços dos alimentos no país. Uma recomendação de curto prazo foi a criação do TCCTP, em 2007, enquanto um programa de transferência de renda destinado a prestar assistência de curta duração para chefes de famílias desempregados temporariamente, oferecendo subsídios para aquisição de alimentos e treinamento para trabalho estável, associado ao desenvolvimento de outras ações direcionadas para beneficiar pessoas vulneráveis e famílias com renda limitada ou sem renda, constituindo-se numa *safet net*.

Na mesma direção, o *Programa Familias en Acción* da Colômbia foi concebido no contexto da crise econômica, para manter a renda das famílias mais vulneráveis e, assim, proteger o capital humano delas, procurando aliviar, de modo mais ágil, os efeitos conjunturais da crise econômica como a evasão escolar e a redução da ingestão de alimentos destas famílias, buscando proteger a capacidade futura de geração de renda

O *Programa Tekoporã* do Paraguai, por seu turno, integra a Rede de Proteção Social do Governo e busca maior inclusão social através de transferências em dinheiro para que as pessoas possam exercer seus direitos à saúde, alimentação, educação e identidade, entre outros. Enquanto isso, o *Programa Solidaridad* da República Dominicana é fundamentado em objetivos de desenvolvimento humano nas áreas da saúde e educação.

Em 2005, o governo panamenho instituiu o Bônus Familiar para a compra de alimentos, um programa de transferência condicional de renda especialmente focado em áreas rurais e particularmente destinado a populações indígenas. Em 2006, instituiu *o Programa Red de Oportunidades*, estabelecendo-se em um projeto do Governo Nacional com o objetivo de alcançar respostas para as comunidades em situação de risco e vulnerabilidade em todo o país, constituindo-se num projeto de Estado como parte do desenvolvimento de estratégias para inserir as famílias em extrema pobreza na dinâmica de desenvolvimento nacional, reforçando o capital humano. Nessa mesma direção, o *Programa Bono Madre — Niño "Juana Azurduy"* da Bolívia situa-se nos marcos do Plano Nacional de Desenvolvimento e de políticas de erradicação da pobreza extrema.

Em síntese, os PTRC em implementação na América Latina e Caribe são justificados para atender as necessidades no campo da educação, saúde, alimentação, desemprego e outras situações geradas em decorrência da pobreza e da extrema pobreza. Nesse sentido, alguns grupos populacionais mais vulneráveis são destacados enquanto sujeitos a serem focalizados por esses programas, todos ostentando um traço comum: a pobreza, conforme apresentado e problematizado a seguir.

3.3.2 Público-alvo

A identificação do público-alvo dos PTRC na América Latina e Caribe remete, necessariamente, à questão da pobreza e da extrema pobreza. Como mencionado anteriormente, embora destaque uma perspectiva multidimensional, o que identificamos é o realce de uma concepção de pobreza monetarista ao ser considerada a renda como determinação ou critério principal de inclusão nos programas, com consequente fragmentação e categorização do público-alvo. Sob a aparência de uma pseudo-homogeneização, a população é fragmentada em pobre, extremamente pobre, vulnerável, excluída, cujo traço principal é a carência; o não ter; o não ser; o não poder. Assim, uma análise desses programas permitiu identificar como público-alvo, majoritariamente: crianças, idosos, desempregados, mulheres grávidas ou amamentando e pessoas com necessidades especiais. Com menos indicação, mas realçados por alguns programas, são destacados ainda: indígenas, populações desalojadas por situação emergencial ou expulsas em razão de conflito, população de rua, famílias quilombolas, famílias com vítimas de situação de trabalho infantil ou trabalho escravo. Esse público-alvo diversificado situa-se, principalmente, no meio urbano, mas um número significativo de programas considera prioritário o atendimento de populações rurais. É um público-alvo fragmentado em segmentos ou grupos, mas todos identificados pela sua pobreza, qualificada por um determinado corte de renda, sendo que a grande maioria dos programas se refere a famílias e não a indivíduos como seu público-alvo, ou seja, são consideradas, na maioria dos casos, famílias que tenham na sua composição pessoas nas categorias indicadas.

O processo de seleção para certificar a pobreza dessas famílias é muito variado, sendo considerado, por vários programas, um conjunto maior ou menor de variáveis, mas todas guardando relação direta com as condições econômicas das famílias, com destaque à renda, já que a pobreza e a extrema pobreza são os qualificadores centrais do público-alvo. No processo de seleção do público-alvo de alguns programas, além dos critérios classificatórios, a visita domiciliar é também utilizada como procedimento de certificação visual da pobreza. É ainda destacada a utilização de formulários ou planilhas (cadastro) que são preenchidos mediante sistemas informatizados, às vezes bastante complexos, inclusive permitindo o acompanhamento das famílias para verificação da permanência ou não dos critérios indicados para inclusão nos programas.

Na perspectiva de ilustração do público-alvo dos PTRC em implementação na América Latina e no Caribe, o primeiro programa instituído em 1990, o PRAF de Honduras é constituído por três componentes, cada um direcionado a públicos específicos, com destaque para crianças, idosos, mulheres com filhos ou que estejam grávidas ou amamentando, idosos e pessoas incapacitadas, todos, porém, em situação de pobreza ou extrema pobreza. Assim, o Programa BID-PRAF é dirigido a famílias em situação de extrema pobreza com filhos e/ou mulheres grávidas ou amamentando; o *Bono 10.000* tem como público-alvo famílias em pobreza extrema e pobres, com crianças de 0 a 5 anos e 6 a 14 anos, que cumpram com corresponsabilidades de saúde e educação; o *Bono Tercera Edad* é dirigido para maiores de 65 anos em condições de pobreza e extrema pobreza, e o *Bono Capacidades Especiales* é atribuído a pessoas com deficiências vivendo em extrema pobreza, independentemente da idade.

Já o público-alvo do *Oportunidades* do México são famílias pobres/indigentes, sendo destacada a falta de condições socioeconômicas e renda que venham impedir o desenvolvimento das capacidades de seus integrantes em matéria de educação, nutrição e saúde. A partir de 2013, com seu redesenho, o público-alvo do *Oportunidades* compreende famílias cujos rendimentos mensais encontram-se abaixo da linha de bem-estar mínimo e que tenham integrantes menores de 22 anos e/ou mulheres em idade reprodutiva (Lobo, 2013).

O *Programa Famílias en Acción* da Colômbia, por sua vez, é um dos que atendem a uma variedade significativa de grupos populacionais e que se encontram em situação de vulnerabilidade com menores de 18 anos residentes em municípios rurais e centros urbanos médios e grandes, destacando: população classificada no nível 1 por se encontrar em situação de extrema pobreza; população desalojada por situação emergencial, constituída de famílias com menores de 18 anos, tendo sua vida, integridade física e segurança ameaçadas em razão de conflito armado interno. O *Família en Acción* considera ainda a população indígena. A partir de 2013, com a incorporação do componente Jovens em Ação passaram também a constituir o público-alvo do Programa os jovens na faixa etária de 16 a 24 anos, no nível bacharelado de ensino, pertencentes aos seguintes grupos: *Red Unidos*, vítimas de desalojamento, indígenas, Instituto Colombiano de Bienestar Familiar (ICBF) (em medida de adoção) e pobres identificados pelo *Sistema de Identificación de Potenciales Beneficiarios* (SISBEN) (Osorio, 2013).

Na mesma direção, o PATH da Jamaica também é direcionado a uma variedade significativa de público, destacando crianças de famílias pobres (desde o nascimento até a finalização da educação secundária), terceira idade (60 anos ou mais pobres que não recebam pensão); pessoas com deficiêncas; mulheres grávidas e amamentando, adultos pobres (entre 18 e 59 anos).

O *Chile Solidario*, por sua vez, também se destaca pelo seu foco de atuação na pobreza ao atender famílias, pessoas e territórios que se encontram em situação de vulnerabilidade e de pobreza extrema. Com a instituição do *Ingresso Ético Familiar* no Chile, passa a haver uma melhor identificação da população-alvo a qual compreende: famílias em pobreza extrema; adultos maiores vulneráveis; pessoas em situação de rua; e famílias com algum dos pais privado de liberdade (Padilla, 2013).

Já o BF no Brasil é direcionado a famílias em situação de pobreza com filhos até 17 anos e a famílias que vivam em extrema pobreza, independente de sua composição, destacando como público-alvo também famílias quilombolas, indígenas, famílias com vítimas em situação de trabalho infantil, e trabalho escravo e população de rua.

O *Programa Comunidades Solidarias Rurales* e *Programa Comunidades Solidarias Urbanas* de El Salvador também atende a diferentes públicos, direcionando sua focalização tanto no meio urbano como rural, e, nesses contextos, considera: famílias extremamente pobres com crianças e adolescentes menores de 18 anos e mulheres gestantes, residentes em municípios da área rural em situação de pobreza extrema, severa e alta, ou em assentamentos urbanos precários.

Outros programas podem ainda ser considerados no campo abrangente de atendimento a diferentes públicos, com o foco central na pobreza, como o *Programa Tekoporã* do Paraguai que é destinado a famílias em situação de extrema pobreza em áreas urbanas e rurais e visa garantir o acesso à educação, saúde e segurança alimentar de crianças, mulheres grávidas, idosos, comunidades indígenas e pessoas com deficiência. Enquanto isso, o *Programa Ñopytyvô*, também do Paraguai, direciona-se para a população rural e indígena em situação de pobreza. Já o público atendido pelo *Programa Solidaridad* da República Dominicana é constituído por famílias que vivem em situação de pobreza e extrema pobreza com filhos menores de 16 anos, mulheres grávidas e/ou chefes de família idosos desempregados.

Alguns programas explicitam a condição de extrema pobreza para orientar a focalização do seu público-alvo, como o *Red de Oportunidades*. Todavia, como já mencionado, todos se referem à pobreza, extrema pobreza ou vulnerabililade ou exclusão social. Nesse caso, o *Programa Avancemos* da Costa Rica destaca como população beneficiária famílias em condição de pobreza, vulnerabilidade, risco ou exclusão social.

Vários programas já mencionados, além de serem direcionados para diferentes públicos e mencionarem pobreza, extrema pobreza e vulnerabilidade social, destacam sua população por um corte de idade, podendo ser destacados: o TCCTP, programa desenvolvido por Trinidad e Tobago, que se destina a pessoas de 18 anos ou mais que se encontrem em famílias vivendo na ou abaixo da Linha de Pobreza, indigentes e vulneráveis; o Programa AFAM-PE do Uruguai, que, de acordo com a Lei n. 18.227/2008, dá direito ao AFAM-PE para grávidas com constatação de seu estado de gravidez pelo *Banco de Previsión Social*; crianças e adolescentes de 18 anos que cumpram com os requisitos de frequência escolar, realizem controles médicos e que integrem famílias em situação de vulnerabilidade socioeconômica; pessoas com deficiências físicas ou psíquicas que impeçam sua participação em qualquer tipo de tarefa remunerada, e crianças e adolescentes assistidos em tempo integral em instituições do *Instituto del Niño y Adolescente del Uruguay* (INAU) ou instituições que mantenham convênios com o referido instituto. A determinação das famílias que se encontram em situação de vulnerabilidade socioeconômica ocorre conforme critérios estatísticos, levando-se em conta, entre outros, os seguintes fatores: renda familiar, condições de habitação e do entorno, composição da família, características de seus integrantes e situação de saúde da família (Uruguay, 2008). Já o *Programa Juntos do Peru*, o *Red Juntos* destinava-se inicialmente a famílias pobres com filhos menores de 14 anos e/ou mulheres grávidas, centrando-se nas crianças. Uma recente inovação introduzida pelo Programa foi a ampliação do limite máximo de idade dos filhos de 14 para 19 anos, visando contemplar todo o ciclo educativo deste público, passando, portanto, a constituir o público-alvo do Programa gestantes, crianças e adolescentes com até 19 anos pertencentes a famílias pobres (Alvorado, 2013). O *Programa Abrazo* do Paraguai é dirigido para crianças e adolescentes de 0 a 14 anos em situação de pobreza e trabalho infantil e suas famílias. Na mesma direção, encontra-se o *Programa Mi Bono Seguro*, novo programa da Guatemala, criado em 2012, que é destinado para populações em permanente estado de pobreza, pobreza extrema e exclusão, ou seja, famílias com crianças e adolescentes de 6 a 15 anos inseridos no sistema escolar primário e famílias com crianças de 0 a 5 anos e mulheres gestantes ou lactantes.

Dentre outras situações especiais de atendimento a diferentes públicos, com destaque à pobreza, mas realçando a não inserção desse público na previdência social, temos o *AUH* da Argentina, que é um subsistema não contributivo destinado a crianças e adolescentes menores de 18 anos, ou incapacitados, sem limite de idade, que sejam argentinos nativos, ou naturalizados, ou com residência legal no país mínima de três anos; com Documento Nacional de Identificação (DNI); não recebam outra transferência familiar; pertençam a famílias cujos pais se encontram desempregados, sejam trabalhadores informais ou do serviço doméstico; recebam uma remuneração inferior ao Salario Mínimo Vital e Móvil (SMVM); trabalhadores temporários nos meses em que não estejam trabalhando ou monotributistas. Enquanto isso, o *Programa Bono Madre — Niño Juana Azurduy* da Bolívia tem como população-alvo mulheres grávidas ou lactantes de todo território nacional sem cobertura de saúde.

3.3.3 Objetivos

Uma análise dos objetivos dos PTRC em implementação na América Latina e Caribe permite a indicação de algumas pontuações iniciais. Os objetivos dos programas, como não poderia deixar de ser, estão diretamente vinculados com a situação de pobreza, extrema pobreza, destacada pela maioria desses programas, ou vulnerabilidade e exclusão social, como abordam alguns. Por isso, terminam por propor a provisão de mínimos em termos de transferência de renda, oferta de alimentos, oferta de serviços, com destaque aos campos da educação, saúde, qualificação profissional e oportunidade de trabalho. Nesse aspecto, o que se pode identificar é que os programas ressaltam, na maioria dos casos, explicitamente, mas também implicitamente, como objetivos centrais, a superação ou o alívio da pobreza e da extrema pobreza, ou, como se referem, da pobreza intergeracional, e a formação de capital humano, com viés de situarem a educação, aliada à saúde e à nutrição, enquanto fator de produção do capital em apoio ao modelo de desenvolvimento adotado em cada país. Outro aspecto que também merece ênfase é que a maioria dos programas expressa seus objetivos indicando um conjunto amplo e variado de intenções, chegando, até mesmo, a se situarem em uma estratégia mais ampla de enfrentamento à pobreza no país. Com os objetivos assim formulados, fica evidenciada uma compreensão da pobreza numa perspectiva multidimensional, ou seja, a pobreza não é vista apenas como insuficiência de renda, mas como decorrente de múltiplas deficiências, com destaque à educação, saúde e trabalho. Em que pese a importância da compreensão da pobreza como fenômeno multidimensional, a percepção de sua determinação estrutural, como decorrente do modo como a sociedade é organizada para produzir e distribuir bens e serviços, não chega a ser considerada, conforme já mencionado.

Ilustrando a amplitude dos objetivos dos PTRC, podemos destacar os programas a seguir.

O PRAF de Honduras volta-se para a proteção social integral, objetivando contribuir para melhorar o capital humano das famílias mais pobres do país para impulsionar um processo de Desenvolvimento Humano Sustentável que reduza a pobreza, oferecendo apoio às famílias pobres em suas necessidades básicas de saúde e educação (Honduras, 2012)), sendo que cada um de seus três componentes sustenta objetivos específicos: o *Bono 10.000* objetiva melhorar substancialmente as condições de educação, saúde e alimentação das famílias pobres; o *Bono Tercera Edad* volta-se para melhorar o bem-estar da população acima de 65 anos em condições de pobreza e extrema pobreza; e o *Bono Capacidades Especiales* visa contribuir para melhorar o bem-estar das pessoas com deficiências, vivendo em extrema pobreza, independentemente da idade.

O objetivo geral do *Programa Oportunidades* do México é favorecer o desenvolvimento das capacidades associadas à educação, saúde e nutrição das famílias beneficiárias para contribuir com a ruptura do ciclo intergeracional da pobreza, tendo como objetivos específicos: gerar a igualdade de oportunidades para os mais pobres e vulneráveis; promover a melhoria na qualidade de vida dos indigentes, em especial os indígenas; fazer da equidade seu princípio básico; desenvolver as capacidades pessoais, familiares e comunitárias de modo a incrementar a renda da população marginal; fortalecer o tecido social, e fomentar o desenvolvimento comunitário (Cohen, Franco e Villatoro, 2006).

O BDH do Equador objetiva ampliar o capital humano e evitar a reprodução da pobreza, garantindo aos núcleos familiares um nível mínimo de consumo; investir em educação e saúde para contribuir com a diminuição dos níveis de desnutrição crônica e de enfermidades preveníveis para crianças de até 5 anos. Objetiva também promover a reinserção escolar e assegurar a frequência contínua à escola de crianças e adolescentes entre 5 e 18 anos, bem como proteger os adultos e pessoas com deficiências que se encontram abaixo da linha de pobreza e que não têm acesso a seguro contributivo. Uma inovação introduzida no Programa foi a recente reconceitualização no sentido de ir além da garantia de um piso de proteção ao público-alvo para promover a mobilidade e a saída da pobreza mediante a prestação de serviços relacionados à habitação, saúde, educação, empreendimentos e crédito, contemplados pelo Plan Família, denominação assumida por esta versão ampliada do Bono de Desenvolvimento Humano, propondo-se uma importante ruptura na política de uma perspectiva assistencialista a uma perspectiva voltada para a inclusão social (Apolo, 2013).

O *Programa Familia en Acción* da Colômbia tem como objetivo complementar a renda das famílias em extrema pobreza e situação de vulnerabilidade com menores de 18 anos, buscando a formação do capital humano mediante incentivos para a assistência e a permanência escolar nos níveis de educação básica primária, básica secundária e média vocacional. Busca fortalecer o consumo de alimentos e inculcar hábitos nutricionais e ações de cuidado da saúde. A partir de 2013, com a implementação do Jovens em Ação, passou também a constituir objetivo do Programa combater o desemprego e o subemprego dos jovens de 16 a 24 anos pertencentes a famílias pobres e vulneráveis, mediante o reforço de sua empregabilidade por meio da oferta de formação profissional e do desenvolvimento de habilidades para a vida (Osorio, 2013).

O PATH da Jamaica propõe obter maiores resultados na educação e na saúde, redução do trabalho infantil e dos níveis de pobreza, bem como oferecer uma rede de segurança para famílias pobres.

O *Chile Solidario*, por sua vez, é uma estratégia de proteção social de campo bastante abrangente, sendo a transferência de renda apenas um de seus componentes. Nesse sentido, tem como Missão incorporar famílias em extrema pobreza na Rede de Proteção Social do Estado, de modo que possam ter melhores condições de vida, com acesso a um conjunto articulado de benefícios e prestações sociais. Busca ainda reforçar as capacidades funcionais da família e de seus membros, para que possam desenvolver tarefas próprias de sua etapa de desenvolvimento; promove e acompanha processos com objetivos de promoção e desenvolvimento para superar a extrema pobreza, buscando a autonomia das famílias nas redes institucionais. Com a introdução do Ingreso Ético Familiar, o objetivo geral contribuir para que pessoas e famílias superem sua situação de pobreza extrema de maneira sustentável, por intermédio do desenvolvimento de capacidades que lhes permitam gerar renda de forma autônoma por meio do trabalho e, assim, alcançar melhores condições de vida. Para tanto, tem como objetivos específicos: centrar o foco das ações na geração autônoma de renda; levar em conta o impacto das ações no emprego; incentivar o mercado formal, embora reconhecendo os custos da formalização; incentivar a busca e a manutenção do trabalho, assim como a contratação; aliviar as consequências da pobreza com as transferências monetárias; atacar as causas da pobreza no curto prazo, mediante o aumento da renda monetária, o aumento do número de adultos trabalhando e a promoção do acesso da mulher ao mercado de trabalho; atacar as causas da pobreza a médio prazo, associando incentivos à geração de capital humano (Padilla, 2013).

O BF do Brasil também se configura como uma ampla estratégia de proteção social, cujos objetivos principais são: combater a fome, a pobreza e as desigualdades por meio da transferência de um benefício financeiro associado à garantia do acesso aos direitos sociais básicos de saúde, educação, assistência social e segurança alimentar; promover a inclusão social, contribuindo para a emancipação das famílias beneficiárias, construindo meios e condições para que elas possam sair da situação de vulnerabilidade em que se encontram (Brasil, 2005).

O Programa Comunidades Solidárias Rurais e Comunidades Solidárias Urbanas de El Salvador visa assegurar atenção integral às famílias em situação de extrema pobreza e exclusão social para melhorar os indicadores de nutrição, em especial de crianças; elevar os indicadores de educação nos níveis básico e médio; melhorar os assentamentos urbanos mais precários; e ampliar os serviços de água potável, saneamento básico, energia elétrica e transporte público nas comunidades mais pobres da área rural do país.

O *Red Juntos* do Peru tem como objetivo oferecer transferências monetárias diretas para famílias mais pobres das populações rurais e urbanas; facilitar às famílias beneficiárias, por meio de sua participação e compromisso voluntário, prestações de saúde, nutrição, educação e identificação. Um avanço recente experimentado pelo Programa foi a definição mais clara do seu enfoque, passando a se centrar mais explicitamente na promoção do capital humano. A partir de então, define seu objetivo central como: melhorar o acesso de gestantes, crianças e adolescentes à saúde e educação, sendo todos os demais objetivos complementares a esse fim e todas as decisões relacionadas ao desenho, tais como, critérios de permanência e público-alvo orientadas por esse objetivo central (Alvorado, 2013).

O *Programa Tekoporã* do Paraguai objetiva romper o ciclo intergeracional da pobreza mediante transferências de renda e reforço ao apoio social e familiar para famílias pobres. O foco é promover os direitos das famílias no sentido de melhorar suas condições de vida, possibilitando o direito à alimentação, à saúde, à identidade e à educação. Visa também oferecer aos filhos das famílias beneficiárias oportunidade de completar a formação através da educação pública, investindo em capital humano para promover melhores possibilidades de trabalho futuro.

O *Programa Solidaridad* da República Dominicana integra uma estratégia de erradicação da pobreza no país, tendo como objetivo geral a ruptura em nível familiar da transmissão intergeracinal da pobreza e das causas que a produzem e a agravam, buscando melhorar as condições de saúde, educação e alimentação das famílias pobres. Nesse sentido, visa contribuir para o desenvolvimento humano e social, com base na educação, possibilitando o acesso de membros das famílias a oportunidades melhores de emprego e exercício de seus direitos civis.

O *Red de Oportunidades* do Panamá baseia-se no princípio de desenvolvimento humano, com distribuição equitativa, orientando-se, entre outros, pelos seguintes objetivos: promover a assistência e permanência de crianças na escola; promover a assistência em serviços de saúde e nutrição infantil; coordenar as ações em articulação com as instituições envolvidas para otimizar a oferta de serviços do Estado de acordo com as necessidades das famílias em situação de pobreza extrema; oferecer acompanhamento às famílias para facilitar uma articulação efetiva no acesso aos serviços do Estado; fortalecer a organização das comunidades e populações beneficiárias do Programa e articular-se com o Tribunal Eleitoral para aumentar os níveis de inscrição e obtenção de identidades e registros civis, principalmente nas áreas indígenas. O Panamá também mantém o Programa Bônus Familiar para a compra de alimentos com o objetivo de garantir a segurança alimentar e nutricional para municípios identificados por elevados níveis de pobreza e desnutrição, tendo em vista enfrentar o problema da exclusão e da pobreza, e reduzir os níveis de desnutrição; aumentar a vacinação em crianças menores de 5 anos; aumentar a cobertura de assistência em programas de saúde sexual e reprodutiva; reduzir a evasão escolar, com ênfase nas áreas rural e indígena; aumentar os níveis de frequência e matrícula escolar; melhorar a disponibilidade e o acesso a alimentos; fortalecer e potencializar as capacidades das instituições locais no desenho, execução e gestão dos programas e/ou projetos; fortalecer e potencializar as ações interinstitucionais (Panamá, 2009)).

O AFAM-PE do Uruguai propõe melhorar a transferência dos benefícios para as famílias pobres com crianças e/ou adolescentes sob sua responsabilidade, e mediante a Tarjeta Uruguay Social, permitir que as pessoas tenham acesso e possam escolher os produtos da cesta básica (alimentos, produtos de higiene e limpeza) de acordo com suas necessidades e as de seu núcleo familiar.

Alguns programas são mais específicos em suas intenções quando indicam seus objetivos, o que ocorre com aqueles que se direcionam para um público-alvo determinado, como crianças e adolescentes ou gestantes. Com essa característica, podemos destacar o *Programa Avancemos* de Costa Rica, que tem por objetivo o campo da educação, visando promover e manter a frequência e o aproveitamento de adolescentes e jovens entre 12 e 21 anos, que pertençam a famílias em situação de pobreza; propõe-se a melhorar a qualidade da oferta educativa formal e não formal; contribuir para a diminuição das taxas de evasão e repetência escolar na educação secundária e para redução do trabalho infantil e entre adolescentes.

Na mesma direção podemos destacar outros programas (Costa Rica, 2012): O TCCTP de Trinidad e Tobago, o qual objetiva de possibilitar a compra de itens da alimentação básica e promover qualificação profissional para integração em trabalho remunerado; o *Programa*

Abrazo do Paraguai tem como objetivos principais a redução da pobreza, a erradicação do trabalho infantil e o cumprimento dos direitos de crianças e adolescentes, para assegurar o acesso aos serviços de saúde, educação e proteção familiar para possiblitar o desenvolvimento das capacidades das crianças e adolescentes conforme a etapa da vida em que se encontram. Já o *Programa Bono Madre — Niño "Juana Azurduy"* da Bolívia é voltado para a concretização de direitos fundamentais de acesso à saúde e ao pleno desenvolvimento, com o objetivo de reduzir os níveis de mortalidade materna e infantil e de desnutrição crônica de crianças menores de 2 anos. O *Mi Bono Seguro* da Guatemala, por seu turno, propõe melhorar as condições de vida da população por meio da inversão em capital humano, promovendo o incremento da frequência escolar e permanência na escola do nível primário de crianças e adolescentes de 6 a 15 anos; melhorar o estado de saúde e nutrição das famílias com crianças de 0 a 5 anos, mulheres gestantes e lactantes. Ainda nesse contexto, merece destaque o AUH da Argentina, com o objetivo de atender a situação de menores pertencentes a grupos familiares que não se encontrem amparados pelo atual *Régimen de Asignaciones Familiares* para fortalecer o exercício dos direitos das crianças, propiciando aumento no poder aquisitivo das famílias, com consequente melhoria na alimentação e no acesso à educação e à saúde (Administración Nacional de la Seguridad Social, 2012).

A análise dos objetivos dos PTRC em implementação na América Latina e Caribe revela a estreita relação dessa dimensão com duas categorias teóricas básicas de referência para a compreensão desses mecanismos de proteção social não contributiva: pobreza e capital humano. O enfrentamento ou mitigação da pobreza, no seu nível mais acentuado — a extrema pobreza — é o foco considerado, compreendido no seu conteúdo multidimensional que a situa como falta, déficit, carência, não atendimento a um conjunto de necessidades: educacionais, de saúde, culturais, trabalho etc., com destaque à renda e sem referência às determinações estruturais que produzem e reproduzem a pobreza que é situada no indivíduo. A outra categoria teórica que alimenta os objetivos dos PTRC é a teoria do capital humano que transmuta e reduz a educação a um fator de produção do capital. Orientada por uma perspectiva tecnicista, a educação é considerada a condição essencial para superação da pobreza pelas novas gerações, por possibilitar a empregabilidade dos indivíduos que passam a ser responsabilizados pela sua inserção e manutenção no mercado de trabalho. Assim considerados, os objetivos dos PTRC precisam ser situados em relação à abrangência geográfica e à cobertura desses programas, conforme é abordado a seguir.

3.3.4 Abrangência e cobertura

Dimensionar a abrangência e cobertura dos PTRC em implementação na América Latina e Caribe é uma tarefa complexa, considerando a hetorogeneidade com que essa dimensão é abordada pelos diferentes programas. Embora, de modo geral, os programas se apresentem como sendo de abrangência nacional, a maioria deles não chegou ainda a alcançar todo o território nacional, por estar desenvolvendo uma implementação progressiva, às vezes, até experiências consideradas piloto; ou por ser direcionado a grupos populacionais específicos, como crianças, adolescentes, mulheres gestantes e lactantes, indígenas, entre outros; ou por priorizar determinados agrupamentos, como populações rurais ou bolsões de miséria; ou mesmo por insuficiência de recursos etc.

Outras dificuldades que merecem ser destacadas para se ter uma informação clara e precisa da abrangência e cobertura dos PTRC na América Latina e Caribe é que nem sempre os *sites* dos referidos programas, principal fonte consultada, apresentam esses dados, e quando os apresentam, por vezes não são recentes ou atualizados; alguns apresentam sua cobertura por pessoas; e outros consideram a família como a unidade de cobertura. Contudo, vários programas são constituídos de diferentes componentes, com objetivos específicos e públicos específicos, dificultando, muitas vezes, que se obtenha uma informação de caráter global.

Em termos gerais, conforme mencionado na introdução do presente texto, é importante destacar que dados da Cepal de 2012, com base em informações de 19 países da América Latina e do Caribe, indicam que vem se registrando um crescimento significativo da cobertura da população desses países, passando de 5,5%, em 2000, para 19,3%, em 2010. Porém, a mesma fonte indica incremento da inversão dos recursos destinados aos programas, no período de 2000 a 2009, registrando que o crescimento dos recursos aplicados, do PIB dos 19 países, passou de 0,19%, em 2000, para 0,40%, em 2009, o que ainda representa um volume de recursos significativamente baixo para permitir uma ação efetiva sobre as condições da pobreza e da extrema pobreza nesses países. Ademais, o ritmo de crescimento dos recursos para financiamento dos programas ocorre de modo significativamente mais lento do que o crescimento do público atendido.

Uma análise mais específica evidencia que os dois programas, ambos de abrangência nacional, que apresentam a maior cobertura são o BF do Brasil e o *Oportunidades* do México, representando mais de 70% da população inserida nesses programas na América Latina e no Caribe.

O BF é implementado em todos os 5.565 municípios brasileiros e no Distrito Federal, atendendo a mais de 14 milhões de famílias em junho de 2014, o que representa quase 60 milhões de pessoas, se considerado que as famílias brasileiras tenham, em média, quatro pessoas. Isso representa quase um terço da população que, segundo o censo 2010 do IBGE, era de 190.755.799 habitantes.[13]

O *Programa Oportunidades* do México, também desenvolvido em nível nacional, é implementado em mais de 100 mil localidades, nos municípios com maior marginalização, em áreas rurais e urbanas. O México está dividido em 31 estados e 2.445 municípios. O Programa atendia, até julho de 2012, 5,8 milhões de famílias, ou seja,

13. Disponível em: <www.mds.gov.br>. Acesso em: 3 jun. 2014.

cerca de 25 milhões de mexicanos. A partir de 2013, com a inserção do *Oportunidades* no marco da Cruzada Nacional contra a Fome, o Programa ampliou sua cobertura, já tendo atendido cerca de 30 milhões de pessoas em condições de pobreza, o que significa que um a cada três mexicanos recebe apoio por meio do *Oportunidades*. Assim sendo, este continua representando o programa social de maior cobertura no país, em termos de pessoas e localidades atendidas, e em termos orçamentários. Ao final do primeiro ano da Cruzada Nacional contra a Fome, o governo federal estima que o *Oportunidades* incorpore 600 mil novas famílias dos 400 municípios selecionados (Lobo, 2013).

Convém ainda destacar a cobertura de alguns programas que são mais divulgados no continente. Entre eles, tem-se o *Programa Familias en Acción* da Colômbia. Durante a primeira fase de implementação do Programa, entre 2001 e 2006, sua abrangência foi notadamente rural em municípios menores com cerca de 100 mil habitantes, com a inclusão de algumas áreas urbanas. A partir de 2005, iniciou o atendimento da população desalojada por situação emergencial, atendendo cerca de 700 mil famílias. Desse atendimento, 87,3% das famílias eram extremamente pobres e 16,7% correspondiam à população desalojada por situação emergencial. Na segunda fase (2007 a 2011), foram atendidas 2,6 milhões de famílias, aproximadamente 11 milhões de pessoas, as quais representavam 25% do total da população do país e 55% da população pobre. Nesta fase, estavam incluídos os centros urbanos médios e grandes, e algumas comunidades indígenas. A partir de 2012, se inicia uma nova fase do Programa, tendo como meta atender a 2,3 milhões de famílias. Em termos geográficos, o Programa alcançou cobertura nacional chegando a 1.100 municípios, a quase totalidade do país.[14] O componente *Jovens em Ação*, cuja implementação foi feita em 2013, já incorporou 23,3% dos jovens colombianos pertencentes a famílias pobres (Osorio, 2013).

---

14. A completude dos dados referente à cobertura do *Programa Familias em Acción* deve-se pelos dados terem sido fornecidos pelo Programa em resposta a um questionário recebido em fevereiro de 2012.

O *Chile Solidario* tem abrangência nacional, constituindo-se de ampla variedade de componentes, orientados por objetivos específicos, entre os quais a transferência monetária, com atendimento de 1.454.568 pessoas, segundo o *Informe* n. 240, de 2010. O Ingresso Ético Familiar busca superar a pobreza extrema de 170 mil famílias até 2014, apresentando a seguinte cobertura anual por tipo de beneficiário: 50.000 famílias em pobreza extrema; 11.200 adultos maiores vulneráveis; 2.200 pessoas em situação de rua; 2.500 famílias com um dos pais privado de liberdade (Padilla, 2013).

O AFAM-PE do Uruguai, também de abrangência nacional, apresentou uma cobertura, em 2012, considerando pré-natal, pré-escolar e escolar de 341.425 famílias (Banco de Previsión Social, 2012). De acordo com o *Informe Tarjeta Uruguay Social*, foram atendidas 78.117 famílias (componente de transferência de renda do Programa), o que representa um total de 269.085 pessoas (Uruguay, 2012).

Igualmente relevante no contexto da América Latina é o AUH da Argentina, de abrangência nacional. Atendeu até dezembro de 2011 cerca de 3,5 milhões de crianças e adolescentes, distribuindo-se por províncias e por regiões, com maior incidência na Província de Buenos Aires.

Ainda considerando a abrangência e cobertura dos PTRC em implementação na América Latina e Caribe, outros programas apresentam cobertura superior a 1 milhão de famílias ou pessoas. Merece destaque o Programa BDH do Equador, Programa de abrangência nacional, com um total de público atendido em 2013 por tipo de beneficiário assim distribuído: mães, 1.062.230; adultos maiores, 586.657; pessoas com deficiências, 127.446, totalizando 1.776.333 pessoas. Dados da Cepal apontam que, em 2010, a população beneficiária do Programa já correspondia a 41,4% da população total (Apolo, 2013).

O PRAF de Honduras, voltado para a proteção integral, é formado por três componentes: *Bono 10.000*; *Bono Tercera Edad* e *Bono Capacidades Especiales*. O *Bono 10.000* foi implantado inicialmente nas aldeias em situação de pobreza e extrema pobreza para estender-se, progressivamente, a todo o território nacional. Todavia, o PRAF, em 2007, cobriu somente 15% de famílias em extrema pobreza (Cecchini et al., 2009). A informação mais atualizada dos dados expostos por Maldonado e outros (2011) que informam em 2009 o PRAF havia beneficiado 669.680 pessoas e o número de beneficiários do *Programa Bono 10.000* para dezembro de 2010 era de 409.555 pessoas pertencentes a 81.911 famílias.

Outros programas de menor dimensão também podem ser mencionados. O PATH da Jamaica, com cobertura nacional, teve inicialmente uma cobertura estimada de 236.000 pessoas com a siguinte composição: 168.000 crianças, 11.000 mulheres grávidas e lactantes, 33.000 pessoas maiores pobres, 19.000 pessoas com deficiências e 5.000 pessoas indigentes. Em 2005 estavam incorporadas 195.000 pessoas (7,5% da população total), 70% eram crianças, 11% pessoas com deficiência e 19% pessoas idosas e mães gestantes e lactantes (Barnes, 2006).

O *Programa Comunidades Solidárias Rurais e Comunidades Solidárias Urbanas* de El Salvador tem abrangência nacional e, em termos de cobertura, atende 100 municípios da área rural em condições de pobreza extrema severa e alta, e mais 43 municípios do país nos quais se encontram localizados assentamentos urbanos precários. Segundo estudo publicado pela Cepal (2012b), em 2010, o Programa atendia 8,2% da população total do país, estimada em 6,2 milhões de pessoas, cobrindo o correspondente a 38,7% da população indigente e 17,1% da população pobre.

O *Red Juntos* do Peru abrange 14 estados (dos 24 que o país possui), tendo como foco os distritos em situação de extrema pobreza. Segundo Cabrera (2011), essa cobertura geográfica engloba 625 distritos, 336.555 famílias e aproximadamente 1.700.000 peruanos. Dados da Cepal, relativos ao ano de 2010, apontam para uma cobertura correspondente a 7,6% da população total do país. Segundo informação mais atualizada, fornecida pela própria gestão do Programa, no ano de 2013, o total de famílias atendidas já atingia 703.250 (Alvorado, 2013).

O *Programa Abrazo* do Paraguai é implementado em nove áreas denominadas departamentos e 26 distritos. Tem como meta o atendimento a 5.630 crianças nesses distritos através de 44 centros comunitários abertos. Informações obtidas junto ao *site* da secretaria de vinculação do Programa[15] dão conta de que o Programa incluía 3.462 crianças em setembro de 2011, atingindo ainda 5.262 crianças protegidas. Destas, 695 eram menores de 5 anos. Em junho de 2011, o Programa começou a receber apoio da OIT para implementação de um Plano de Ação para incluir crianças que desenvolvessem outras formas de trabalho infantil degradantes e perigosas, como o trabalho em olarias e fábricas de tijolos, permitindo a inclusão de 495 delas com suporte de serviços de educação, saúde e família. A meta inicial era atender 100 crianças.

O *Programa Tekoporã*, também do Paraguai, iniciou suas atividades como um programa-piloto em 5 distritos pobres em setembro de 2005 e desde então tem se expandido, atingindo outros 10 bairros pobres. Até abril de 2010 o Programa atendeu 109.692 famílias, 554.484 pessoas de uma população total de 6.460.962, correspondente a 8,5% da população.

O *Programa Solidaridad* da República Dominicana, constituído de vários componentes, tem abrangência nacional, cobrindo todas as regiões e províncias do país. O Relatório Memória (República Dominicana, 2011) registrou o aumento da cobertura das famílias beneficiárias mediante a transferência para o *Projeto Comer Primeiro*, sendo que em dezembro de 2010 foram atendidas 539.171 famílias e, em dezembro de 2011, 600.000 famílias. Também no *Projeto Bono Luz* foram registrados 60.829 novos beneficiários, aumentado de 134.375, em dezembro de 2010, para 263.743, em dezembro de 2011, com um aumento absoluto de 129.368 famílias. O *Programa de Nutrição* aumentou de 4 para 30 o número de províncias atingidas pelas ações de complementação nutricional.

O *Programa Red de Oportunidades* do Panamá abrange um total de 592 municípios, dos quais 447 são rurais, 98 urbanos e 47 indígenas,

15. Disponível em: <www.snna.gov.py>. Acesso em: 30 jan. 2013.

sendo 33.863, 8.306 e 21.076 beneficiários, respectivamente (Panamá, 2011)). O *Programa de Bônus Familiar* é direcionado apenas para os distritos Santafé, Mironó, Nurum, e Nole Besiko Duima. Em março de 2011 foi registrado um total de 63.425 famílias (mais de 357 mil pessoas) beneficiárias de transferência condicionada de renda, por meio do *Red de Oportunidades* ou do *Programa Bônus Familiar*.

O *Programa Avancemos* de Costa Rica, de abrangência nacional, beneficiou 8.000 estudantes em 2006, expandindo-se rapidamente até chegar a cobrir 150.000 estudantes em 2009 (Costa Rica, 2012).

O TCCTP de Trinidad e Tobago, de abrangência nacional, em 2008, beneficiava mais de 23.000 famílias.

O *Programa Bono Madre — Niño "Juana Azurduy"* da Bolívia é implementado em todos os 337 municípios do país, dos quais 74 são municípios com financiamento do BID, 107 com financiamento do BM e 156 são municípios com financiamento do *Tesoro General de la Nación*. Em 2009 atendeu 340.021 pessoas; em 2010, 638.652; e em 2011, atendeu 568.358 pessoas.

O *Mi Bono Seguro* da Guatemala, com cobertura nacional, atendeu em abril de 2012, o seguinte quantitativo de famílias beneficiárias: *Bono Salud*: 15.175; *Bono Educación*: 28.802; e um total de 43.977 famílias beneficiárias.

Pelo exposto, a abrangência dos PTRC na América Latina e Caribe é, via de regra, considerada nacional, embora muitos programas se orientem, para além da pobreza, por uma focalização geográfica ou de grupos específicos, o que evidencia uma prática de fragmentação da pobreza que não chega a ser focalizada numa perspectiva de discriminação positiva. Isso se considerarmos que a focalização, numa perspectiva de reparar injustiças passadas não pode se confundir com o residualismo nem ser desvinculada dos direitos sociais, ao demandar ampla cobertura; qualidade dos serviços; estruturas institucionais adequadas; pessoal qualificado e cobertura integral das populações-alvo dos programas (Silva, 2001). A realidade dos PTRC em consideração parece que ainda está longe de atender a essa concepção ampla e compreensiva de focalização, deixando de fora significativos grupos e segmentos, mesmo aqueles qualificados como público-alvo.

A compreensão da abrangência e cobertura dos PTRC é complementada com a apresentação e análise dos critérios de ingresso, abordados a seguir.

3.3.5 Critérios para ingresso

A análise dos critérios de ingresso dos PTRC coloca dois aspectos relevantes no seu processo de implementação na América Latina e Caribe: os próprios critérios de ingresso do público-alvo nos programas e os procedimentos que são utilizados para o processamento desse ingresso, os quais precisam ser analisados de forma estritamente relacionada.

Essa dimensão encontra-se diretamente referenciada na delimitação do público-alvo, cujas informações referidas muitas vezes são coincidentes. Os procedimentos para a seleção do público que atende aos critérios de ingresso determinados por cada programa, por sua vez, têm relação com uma das características centrais desses programas, que é a focalização.

Focalizar significa direcionar-se e alcançar o público-alvo definido e priorizado que, em última instância, conforme já mencionado, tem como foco a pobreza e a extrema pobreza. Portanto, a focalização é um dos principais qualificadores que distinguem os PTRC de outros programas sociais de caráter universal. Todavia, a concepção de focalização não é consensual, sendo considerada por uns como o oposto da universalização e, por outros, como vertentes da proteção social que podem funcionar de modo complementar. O problema da focalização está mais relacionado com a adequação ou não de procedimentos e com visões e atitudes políticas que podem interferir no processo da focalização, como o clientelismo, o patrimonialismo e comportamentos políticos conservadores muito presentes em cidades, estados e até em países da América Latina e Caribe. Contudo, outros limites à efetivação do processo de focalização podem ser a insuficiência de recursos para incluir todo o público-alvo indicado nos critérios de inclusão dos programas e também a falta de capacitação do pessoal técnico, além de limites decorrentes de outras dificuldades relacionadas com condições de trabalho das equipes técnicas, aspectos identificados largamente no contexto dos PTRC na América Latina e Caribe.

Nosso entendimento é que existem diferentes concepções de focalização que, em termos gerais, significam "[...] direcionamento de recursos e programas para determinados grupos populacionais, considerados vulneráveis no conjunto da sociedade" (Silva, 2001, p. 13). São concepções construídas a partir de referenciais teóricos e de diferentes concepções de justiça.

Kerstenetzky (2005), ao considerar diferentes concepções de justiça (de mercado, reparadora e distributiva), indica três tipos de focalização:

a) **Focalização residualista**, que se direciona para os segmentos situados à margem dos processos econômicos integradores. Referenciando-se na *justiça de mercado*, reduz as políticas sociais a ações residuais e considera a política econômica capaz, por si, a longo prazo, de criar as condições necessárias para inclusão de todos.

b) **Focalização como condicionalidade**, que considera necessário identificar o foco de um problema para atuação. Ao se referenciar na justiça reparatória, propõe a extensão de um benefício para todos que se encontrem na mesma situação em determinado território. O foco da intervenção é objeto de *universalização* relativa por direcionar-se a toda a população que compõe o foco de intervenção.

c) **Focalização como ação reparatória**, cujo foco de intervenção é a reparação, ou seja, propõe a restituição a determinados grupos sociais de direitos universais que lhe foram negados. Referencia-se na justiça distributiva, concebendo a focalização como requisito para a universalização de direitos, demandando políticas redistributivas de natureza compensatórias ou estruturais.

Nosso posicionamento tem como fundamento a compreensão de que a expropriação e a exploração são constitutivas da sociedade capitalista, que produz a pobreza e a desigualdade social, geradoras de situações que demandam intervenção do Estado para correção. Esse é um entendimento que nega a concepção residualista de focalização, não aceitando a subordinação da política social à política econômica nem a orientação dos programas sociais tão somente para os segmentos situados à margem dos processos econômicos integradores, desvinculando-os dos direitos sociais. Tomando como referência a justiça social, consideramos que deve ser assegurado a todos o direito de acesso a recursos e a serviços que os situem num patamar de dignidade. Esse entendimento considera, ao mesmo tempo, fundamental a garantia de políticas sociais universais, com destaque para o trabalho, a educação e a saúde. Em resumo, não consideramos a focalização e a universalização enquanto campos opostos, nem a focalização, necessariamente, significa residualismo. Propomos uma *perspectiva progressista/redistributiva* da focalização, denominada *discriminação positiva*. Por ela, situamos a focalização como uma responsabilidade do Estado, demandando complementaridade entre a Política Social e a Política Econômica; ampla cobertura; qualidade dos serviços; estruturas institucionais adequadas; pessoal qualificado e cobertura integral das populações-alvo dos programas. Estamos falando de uma concepção de focalização que significa universalização relativa, devendo incorporar toda a população-alvo que demanda atenção especial (Silva, 2001).

Usando critérios mais simplificados ou critérios mais complexos, os procedimentos adotados para focalização no seu público-alvo pelos PTRC na América Latina e Caribe expressam ampla utilização do que na política social é denominado de testes de meios, sendo diretamente relacionados com procedimentos de controle e até invasão na privacidade da vida da população-alvo em consideração. Esse aspecto é evidenciado pelo largo emprego de visitas domiciliares e reuniões *educativas* de acompanhamento, fazendo desses procedimentos campo gerador de discriminação e estigmatização e de controle da vida dos pobres. Contudo, a focalização adotada pelos PTRC tem como objetivo garantir a seleção dos que estão no patamar mais inferior da vida social e econômica para que possam receber um benefício inicial em patamar mínimo. Essa situação marginal precisa ser mantida, sob pena do beneficiário ser excluído dos programas. Isso pode ser considerado focalização residualista e de caráter economicista.

Mesmo orientados, na prática, por uma concepção de caráter residualista, os PTRC na América Latina e Caribe admitem que a focalização pode ter um caráter complementar à universalização, ao considerar articulação da transferência monetária concedida para a população beneficiária com outros programas estruturantes e ao incluírem oferta de outras ações complementares.[16] Trata-se de uma indicação de que os PTRC em implementação na América Latina e Caribe consideram a necessidade de programas focalizados em articulação com programas universais para enfrentamento à pobreza, ou como apontam, à pobreza intergeracional. Ademais, a configuração desses programas indica também serem orientados por uma concepção multidimensional da pobreza, embora não realcem sua dimensão estrutural, conforme já considerado.

Outro aspecto a destacar é que os PTRC desenvolvidos na América Latina e Caribe têm apresentado capacidade de focalização satisfatória, permitindo que as famílias incluídas nos programas, na sua grande maioria, sejam, de fato, as que devem ser incluídas, embora a maioria destes programas não tenha apresentado condições de incluir todos conforme seus próprios critérios. Essa focalização satisfatória em termos do seu público tem contribuído para que as famílias atendidas possam ter suas condições de vida melhoradas imediatamente,

16. Conforme é analisado, posteriormente, na dimensão benefícios não monetários no presente texto.

além de possibilidades de novas gerações conseguirem melhores oportunidades, em decorrência, principalmente, da inserção de crianças e jovens na escola e de outros públicos mais desprotegidos, como mulheres, pessoas com deficiências, indígenas, idosos, entre outros, atendidos com medidas de atenção básica à saúde e outras ações complementares à transferência monetária, qualificador central dos PTRC.

Destacamos algumas características marcantes ao considerar os critérios de ingresso e os procedimentos para inclusão da população beneficiária nos PTRC em implementação na América Latina e Caribe:

- **Uso de critérios diferenciados para cada grupo de usuários ou componentes**, que integram um determinado programa. Esse aspecto fica demonstrado no PRAF de Honduras, considerando seus três componentes: *Bono 10.000* para residentes em aldeias; *Bono Tercera Edad* para maior de 65 anos; e *Bono Capacidades Especiales* para pessoas com deficiências em situação de extrema pobreza independentemente da idade.
- **Visitas domiciliares**, em geral utilizadas para comprovação de informações prestadas, como é o caso do *Programme of Advancement through Health and Educacion*, da Jamaica, e do TCCP de Trinidad e Tobago. O BF, no Brasil, também utiliza a visita domiciliar, principalmente para acompanhamento das famílias em descumprimento das condicionalidades de educação e saúde.
- **Entrevistas**, que são também utilizadas para levantamento de informações, preenchimento de questionários, como no caso do TCCTP de Trinidad e Tobago e para preenchimento de outros instrumentos, como é o caso do BF, com o Cadastro Único de programas sociais do governo federal.
- **Uso de sistemas de informação de nível nacional ou local**, para servir de fonte de informações para seleção de beneficiários de programas sociais, inclusive os PTRC, como o BF do Brasil que dispõe de um sofisticado Sistema de Cadastro Único informatizado para seleção de beneficiários para todos

os programas sociais do governo federal; o PRAF de Honduras, que tem um Sistema de Registro de Identificação de Beneficiários (SIRBHO) para registro de pessoas e famílias das aldeias selecionadas por seus níveis de pobreza, servindo de fonte de informação para seleção de famílias a serem incluídas no Programa; o BDH do Equador que se utiliza de um sistema de identificação e seleção de beneficiários de programas sociais, denominado Registro Social; o *Chile Solidario* que dispõe de um sistema de programas sociais para a seleção de beneficiários — *Ficha de Protección Social*; o *Familias en Acción* da Colômbia, que dispõe de um sistema de identificação das famílias mais pobres do país, denominado SISBEN, dispondo também de um *Registro Único da Población Desplazada* para inclusão de famílias em situação emergencial; o PATH da Jamaica, que mantém um Sistema de Identificação de Beneficiários; o *Programa Solidaridad* da República Dominicana, que dispõe de um Sistema Único de Beneficiários para classificação de beneficiários de programas sociais, considerando uma classificação em condições de pobreza extrema e pobreza moderada; o *Programa Red de Oportunidades* do Panamá, que desenvolve um Censo de Vulnerabilidade Social para selecionar as famílias beneficiárias após a seleção dos bairros mais pobres; o *Red Juntos* do Peru, que dispõe de um Sistema de Registro Social; o *Programa Avancemos* de Costa Rica, que se utiliza de uma Ficha de Informação Social que é incorporada ao *Sistema de Información de la Población Objetivo* que se articula com o *Sistema de Atención de Beneficiários*.

- **Participação do Estado com envolvimento da sociedade civil**: tem-se nesta situação o *Red Juntos* do Peru que envolve comunidades, autoridades locais, operadores de serviços de saúde e educação para avaliação dos beneficiários potenciais, seleção final, reinserção e acompanhamento; o *Programa Avancemos* de Costa Rica, que envolve os Consejos de Desarrollo Social para desenvolver estudos de condições de pobreza de suas comunidades e enviar as informações para o Ministério.

Utilização de um **conjunto amplo de variáveis** para dimensionar e classificar a população em níveis ou linhas de pobreza, até mesmo com o uso de cálculos estatísticos na construção de índices classificatórios. Esses aspectos podem ser identificados no PRAF de Honduras, que se utiliza de variáveis de identificação pessoal, caracterização sociodemográfica, de saúde e educação; no *Familias en Acción*, da Colômbia, que estrutura um índice para selecionar as famílias considerando três dimensões: saúde, educação e moradia; nos *Programas Comunidades Solidárias Urbanas e Comunidades Solidárias Rurais* de El Salvador que desenvolvem um Índice Integrado de Marginalidade Municipal com enfoque multidimensional da pobreza, considerando taxas de pobreza dimensionadas pela renda de cada município e indicadores de Necessidades Básicas Insatisfeitas, com destaque à moradia, saneamento, e educação; no *Red Juntos*, do Peru, que considera as Necessidades Básicas Insatisfeitas para seleção dos seus beneficiários; nos *Programas Abrazo* e *Tekoporã* do Paraguai que constroem um Índice de Qualidade de Vida para seleção dos domicílios mais pobres para serem beneficiados; no *Programa Avancemos* de Costa Rica que elabora uma *Ficha de Información Social* e grupos de pontuação para selecionar seu público-alvo, baseando-se em três critérios: grupo linha de pobreza; grupo de prioridade; grupo de pontuação; no *Programa Red de Oportunidades* do Panamá que desenvolve um Censo de Vulnerabilidade; no AFAM-PE que desenvolve um sofisticado sistema de pontuação, considerando as variáveis educação, habitação, existência de equipamentos domésticos, que servem de referência para construção de um algaritmo para selecionar as famílias de menores rendas; no *Oportunidades* do México que se utiliza de variáveis socioeconômicas e demográficas para construção de uma Linha de Bem-estar Mínimo, e *Linha de Verificaciones Permanentes*, utilizadas para seleção e acompanhamento do público inserido no Programa. Mesmo se utilizando de um conjunto amplo de variáveis, o que pode se verificar é que a variável renda termina sendo a determinante na seleção dos beneficiários dos PTRC na América Latina e Caribe, como no *Oportunidades* do México que prioriza a pobreza alimentar, tendo por referência a renda das famílias. Contudo, o maior programa, o BF, centraliza seu critério de ingresso na renda das famílias, ao considerar os valores de até R$ 154,00 para classificá-las como pobres e de até R$ 77,00, a partir de junho de 2014, para as famílias extremamente pobres, mesmo dispondo de um Cadastro Único com um conjunto amplo de variáveis socioeconômicas.

Uso de **critérios geográficos** para a seleção dos beneficiários. Nesse caso, temos o Programa *Comunidades Solidárias Rurais e Comunidades Solidárias Urbanas* (bolsões de pobreza urbana) de El Salvador que se utiliza de critérios geográficos para ingresso de beneficiários, chegando a construir um Índice Integrado da Marginalidade Municipal; o *Red Juntos*, do Peru, cuja primeira etapa de seleção tem como referência um Mapa da Pobreza para a seleção dos distritos mais pobres; o *Red de Oportunidades* do Panamá que também se utiliza de um Mapa da Pobreza para selecionar os bairros mais pobres; o *Tekoporã* que se utiliza de um Índice de Prioridade Geográfica para selecionar os municípios mais pobres; o PRAF de Honduras que seleciona localidades a partir do nível de pobreza mediante pesquisa de condições de vida; o *Famílias en Acción* da Colômbia, que foi um programa notadamente rural no período de 2001 a 2006, considerando municípios menores de 100 habitantes e, posteriormente, ao incluir áreas urbanas, limita o atendimento à população desalojada em situação emergencial.

Alguns programas colocam explicitamente a exigência de *Assinatura de Termos de Compromisso*, como a *Declaración Jurada Simples de Residente* e o *Registro de Residente* e o *Formulário de Registro de Residente*, exigências do *Chile Solidario*; o *Programa Avancemos* de Costa Rica exige a assinatura de Contrato de Compromisso do Cumprimento das Condicionalidades; no AUH, da Argentina, o titular do benefício deve apresentar uma declaração juramentada relativa ao cumprimento dos requisitos exigidos para ingresso no Programa, comprometendo-se a prestar informações verdadeiras sob pena de perda do benefício, sem prejuízo de outras sanções correspondentes. Além disso, há em alguns casos a exigência de documentos comprobatórios das informações prestadas por vários programas, como *Chile Solidario* do Chile; *Avancemos* de Costa Rica; TCCP de Trinidad e Tobago; *Nuevo*

Régimen de Asignaciones Familiares (AFAM-PE) do Uruguai; *Programa Bono Madre — Niño "Juana Azurduy"* da Bolívia, entre outros.

Por fim, destacamos que alguns programas colocam, explicitamente, como critérios de elegibilidade a restrição de atendimento à população residente, nativa ou naturalizada. É o caso do PRAF de Honduras; já para o *Red de Oportunidades* do Panamá, o público a ser incluído, além de se encontrar abaixo da linha de pobreza extrema, deve ser residente permanente do distrito. O AUH da Argentina é direcionado a crianças e adolescentes menores de 18 anos, ou sem limite de idade, no caso das pessoas com deficiências; não receber outras transferências previstas pela Lei n. 24.714, de 2 de outubro de 1996, cujos pais, tutores, cuidadores ou parentes até o terceiro grau sejam trabalhadores informais ou do serviço doméstico e recebam uma remuneração inferior ao SMVM; desempregados; trabalhadores temporários ou monotributistas sociais. Os beneficiários devem possuir DNI e ser argentino nativo ou naturalizado e residente legal no país a pelo menos 3 anos. Os filhos também devem ser argentinos, residir no país a pelo menos 3 anos, possuir DNI e ser solteiro.

A análise sobre os procedimentos utilizados pelos PTRC na América Latina e Caribe para selecionar seu público-alvo chama atenção pela complexidade e sofisticação desses procedimentos que, em vários programas, são estendidos para o acompanhamento e o controle da manutenção das condições de ingresso e do cumprimento das condicionalidades e contrapartidas. Verifica-se o uso de sistemas de informação e a construção de índices para classificar e categorizar pessoas e *famílias merecedoras* de atendimento. Essa prática revela que novos saberes são colocados a serviço dos programas sociais, com destaque à Economia e à Ciência da Informação. Esse aspecto pode ser ilustrado com o Índice de Carências Críticas (ICC), elaborado por economistas e utilizados para seleção das AFAM-PE do Uruguai, composto por uma combinação ponderada de distintos indicadores para caracterizar o grau de vulnerabilidade das famílias, cujo objetivo é representar a situação socioeconômica de cada núcleo familiar por uma expressão numérica (Garrido, 2012).

Esse aspecto inovador revela, para além da complexificação do campo assistencial, alterações tecnológicas e institucionais, utilizando-se da técnica como domesticação do fator humano no campo assistencial, com a minimização do aleatório em nome da eficiência, fazendo com que a técnica e a informatização do trabalho profissional no campo assistencial sejam dimensões de destaque no gerenciamento dos programas sociais, utilizados para padronizar as práticas e mecanismos de gestão e controle do trabalho profissional (Garrido, 2012) e da vida dos beneficiários de programas sociais.

3.3.6 Permanência, suspensão e desligamento dos beneficiários

Ao buscarmos informações sobre o tempo de permanência, suspensão e desligamento da população beneficiária dos PTRC em implementação na América Latina e Caribe, não identificamos, nas fontes consultadas, informações sobre essa dimensão em quatro programas: *Ñopytyvô* e *Abrazo* do Paraguai, *Red de Oportunidades* do Panama, e *Programa Solidariedad* da República Dominicana.

Em relação aos programas em que identificamos essa informação, verificamos que a grande maioria destaca a perda das condições de elegibilidade, com destaque à elevação da renda para além do teto permitido para inclusão nos programas e o descumprimento das condicionalidades como motivo principal para suspensão e desligamento do seu público usuário, aspectos destacados pelo PRAF de Honduras (Cecchini et al., 2009). Também o *Programa Oportunidades* do México admite que as famílias permaneçam no Programa enquanto cumpram com os critérios e requisitos de elegibilidade estabelecidos nas Regras de Operação do Programa. Para isso, é procedida uma revisão contínua da situação socioeconômica e demográfica das famílias, para identificar aquelas que não estejam de acordo com os critérios de elegibilidade do Programa, de modo que a permanência das famílias é determinada por avaliações de suas condições socioeconômicas e demográficas. Já o BDH do Equador admite que, quando as famílias perdem as condições de elegibilidade, são excluídas do Programa, mas no caso de descumprimento das condicionalidades, o benefício pode ser suspenso, sem, contudo, eliminar o direito de ser reincorporado ao *Bono* uma vez verificado que as famílias voltaram a cumprir as condicionalidades. Ademais, como o Programa passou a incorporar recentemente no âmbito do *Plan Familia* a oferta de serviços de inclusão econômica, é feita uma avaliação da vinculação da família com estes serviços e dos ganhos obtidos, para subsidiar a decisão de ampliar ou finalizar o prazo de permanência no Programa (Apolo, 2013). No *Famílias en Acción* da Colômbia, as famílias são desligadas do Programa nos seguintes casos: a) inscrição em dois ou mais municípios; b) fraude ou ação ilegal; c) descumprimento das condicionalidades por mais de dois ciclos de pagamento do subsídio; d) não residência no município em que são recebidos os subsídios; ou ainda e) por manifestação do *Comité Municipal de Certificación*. O PATH da Jamaica considera a interrupção das transferências toda vez que o beneficiário deixa de cumprir as condicionalidades referidas à saúde e educação, ocorrendo a suspensão do pagamento quando o benefício não é retirado por dois ciclos consecutivos. No *Chile Solidario* a permanência máxima da família no Programa é de cinco anos, variando em alguns dos componentes (para o *Bono de Protección* é de dois anos e para o *Bono de Egreso*, 3 anos). Porém, a permanência é condicionada ao cumprimento das condicionalidades estabelecidas e a saída também ocorre quando a família ou pessoa deixa de alcançar a pontuação requerida na *Ficha de Protección Social* para receber o benefício monetário. Com a instituição do *Ingreso Ético Familiar*, existem transferências monetárias condicionadas e não condicionadas. No caso das condicionadas, como o nome já indica, o pagamento está associado ao cumprimento de objetivos sociais verificáveis. Uma inovação introduzida pelo Programa é o cuidado para não incluir demasiadas condições, mas sim premiar os êxitos. Além disso, o Programa busca a diminuição gradual das transferências (Padilla, 2013). No BF do Brasil as famílias beneficiárias continuam inseridas enquanto atenderem aos critérios para inclusão no Programa, podendo também ocorrer o desligamento quando se verificam reincidentes descumprimentos das condicionalidades de saúde e educação, sendo inicialmente as famílias advertidas ou tendo o benefício apenas suspenso. Todavia, as famílias são reavaliadas a cada dois anos para verificar a manutenção de sua renda mensal de acordo com os limites definidos pelo Programa. No *Programa Comunidades Solidárias Rurais* e *Programa Comunidades Solidárias Urbanas* de El Salvador a permanência é de três anos, sendo também a transferência monetária suspensa, no caso do *Bono de Educación*, se o beneficiário incorre em mais de quatro ausências mensais injustificadas na escola e no caso do *Bono de Salud*, a suspensão da transferência monetária ocorre quando as condicionalidades forem descumpridas por duas vezes consecutivas, ou por três vezes ao longo de doze meses. Os demais componentes do Programa não preveem sanções. No caso do *Red Juntos* do Peru os beneficiários permanecem no Programa por quatro anos. Após esse período são reavaliados para verificar se houve superação da situação de vulnerabilidade em que se encontravam na ocasião do ingresso. Em caso de verificada essa superação, são excluídos do Programa. Todavia, no caso de permanência, passam a ter uma diminuição de 20% no valor da transferência monetária anteriormente recebida. Uma inovação recentemente introduzida no Programa do Peru foi a explicitação mais clara das regras de permanência, distintas das regras de entrada. Assim sendo, o Programa já não assume de maneira automática que o não cumprimento dos critérios de entrada implica desligamento imediato. Além disso, estão sendo experimentadas reduções graduais da transferência, como mecanismos de saída do Programa (Alvorado, 2013). O *Programa Tekoporã* do Paraguai tem um limite de permanência de três anos, mas as famílias podem também ser desligadas quando deixam de atender aos requisitos de inclusão. Já no *Avancemos* de Costa Rica os beneficiários permanecem desde que as condicionalidades sejam cumpridas, sendo que a finalização da transferência ocorre com a saída dos estudantes da educação formal. No TCCTP de Trinidad e Tobago, aos beneficiários não é permitido permanecer no Programa por mais de dois anos, exceto em situações excepcionais, que não são especificadas, podendo, porém, ser desligados a qualquer tempo quando não mais atenderem aos critérios de elegibilidade. No caso do AFAM-PE do Uruguai, o benefício é cancelado quando são identificadas informações falsas prestadas pelas famílias; quando são superadas as condições de elegibilidade e quando é idendificado descumprimento das condicionalidades exigidas. Todavia, os beneficiários que tenham alguma deficiência têm direito à transferencia monetária por toda a vida, salvo quando recebem pensão por invalidez. Mesmo assim, se o beneficiário estuda, é mantido no Programa até os 18 anos. No *Programa Bono Madre — Niño "Juana Azurduy"* da Bolívia, por se tratar de um programa com um público mais específico, os benefícios só são mantidos até o filho completar 2 anos e, no AUH da Argentina a permanência no Programa é condicionada ao cumprimento dos critérios estabelecidos para os pais ou responsáveis (critérios de elegibilidade ao Programa) e até que as crianças e adolescentes completem 18 anos, exceto as pessoas com deficiências, não sujeitos a limites de idade. O desligamento ocorre ainda pelo descumprimento das condicionalidades da saúde e da educação ou quando for verificado o fornecimento de informações falsas. Como visto anteriormente, o titular do benefício deve apresentar uma declaração juramentada relativa ao cumprimento dos requisitos exigidos para ingresso no Programa, comprometendo-se a prestar informações verdadeiras sob pena de perda do benefício, sem prejuízo de outras sanções correspondentes (Argentina, 2009a, art. 6) e no *Mi Bono Seguro* da Guatemala as prestações são interrompidas com dois descumprimentos das condicionalidades em saúde e educação.

As informações apresentadas apontam que os dois maiores PTRC em implementação na América Latina e Caribe, o BF e o *Oportunidades*, mesmo não fixando um tempo limite para permanência dos beneficiários nos respectivos programas, destacam a adoção de processos de revisão periódica dos critérios de elegibilidade, revisões a cada dois anos, pelo BF, e contínuas, pelo *Oportunidades*. Igualmente, o *Red*

Juntos do Peru indica reavaliar os critérios de ingresso de seus beneficiários após quatro anos de permanência no Programa. Contudo, quando é destacado pela maioria dos programas que a permanência está condicionada à manutenção das condições iniciais de elegibilidade, alguma avaliação, quer periódica ou contínua, deve ser desenvolvida para obtenção de dados que comprovem essa situação. No que se refere ao cumprimento das condicionalidades exigidas como condição, quer para suspensão ou desligamento dos PTRC, igualmente demanda trabalhos periódicos ou contínuos para verificação do cumprimento/descumprimento dessas condicionalidades.

Tanto o acompanhamento da manutenção, ou não, dos critérios de elegibilidade, como o acompanhamento das condicionalidades, evidenciam a tecnificação dos processos de acompanhamento e avaliação das famílias beneficiárias desses programas, que, além dos elevados custos, representa um controle sistemático dessas famílias, priorizando o quantitativo em detrimento do qualitativo; a eficiência em detrimento da eficácia e da efetividade. Isso, consequentemente, representa a adoção de novos saberes; de novas formas de gestão; a demanda de diferentes categorias de profissionais e alterações profundas na dinâmica das instituições operadoras desses programas, com explícita interferência e controle da vida da população categorizada como pobre e extremamente pobre.

Considerando, por um lado, que o critério básico de inclusão e desligamento é a renda, além do caráter residualista e economicista desse critério, é importante verificar que se trata de uma população, na sua grande maioria, inserida no mercado informal de trabalho, portanto, com dificuldade de comprovação de renda, que além de baixa, é instável, bastando uma flutuação mínima para cima, para o critério de inserção não ser mais atendido. Esse controle pode gerar efeitos não desejáveis, como omissão de renda ou recusa do trabalho formal com carteira assinada, até porque o nível que, majoritariamente, alcançam, é o salário mínimo. Por outro lado, o uso punitivo do descumprimento das condicionalidades para desligamento dos programas tende a penalizar principalmente aquelas pessoas e famílias mais vulneráveis, além de não ser dada a devida atenção à oferta dos serviços, inclusive nos campos da educação e saúde, muitas vezes quantitativamente insuficientes e de baixa qualidade.

3.3.7 Condicionalidades, acompanhamento e sanções pelo descumprimento

As condicionalidades, contrapartidas ou compromissos constituem uma das características fundamentais para qualificação dos PTRC em implementação na América Latina e Caribe. São consideradas pelos idealizadores desses programas como mecanismos de inclusão social, necessários para criação e ampliação do capital humano de novas gerações em apoio ao processo de desenvolvimento dos países no continente. Todavia, as denominadas condicionalidades no âmbito das políticas sociais têm levantado questões polêmicas, consensuais, antagônicas ou divergentes. Assim, em estudo recente, Silva, Guilhon e Lima (2013) identificaram, mediante análise de literatura sobre as condicionalidades do BF, programa brasileiro e o maior da América Latina e Caribe, pelo menos três diferentes concepções de condicionalidades no debate nacional sobre esse programa, o que certamente pode ser estendido para compreensão da realidade, objeto do presente estudo (América Latina e Caribe). Assim, as três concepções sistematizadas sobre condicionalidades são assim expressas:

a) **Condicionalidades ao acesso e ampliação de direitos**, considerada a versão oficial sobre as condicionalidades do BF, situando-as como mecanismo para combater a transmissão intergeracional da pobreza, como inversão em capital humano ao articular o objetivo imediato de alívio à pobreza, representado pela transferência monetária para famílias pobres e extremamente pobres, com políticas estruturantes, com destaque à educação e à saúde. Nesse sentido, contribuem para o acesso a direitos sociais básicos e incentivam a demanda por serviços de educação, saúde e assistência social. Ao Estado compete ofertar serviços públicos e os beneficiários devem assumir as condicionalidades, consideradas compromissos determinados pelo programa.

b) **Condicionalidades enquanto negação de direitos** considera que as condicionalidades atribuídas aos programas de transferência de renda constituem infração ao direito essencial de sobrevivência de pessoas. Expressa uma visão oposta à anterior, considerando que a um direito não se deve impor contrapartidas, exigências ou condicionalidades. Entende-se que é obrigação do Estado ofertar os serviços necessários à garantia das condições essenciais para sobrevivência, não admitindo o emprego de mecanismos de punição.

c) **Condicionalidades no tocante à questão política e imposição moralista conservadora**, expressa o entendimento de que ninguém, principalmente os pobres, pode receber um benefício do Estado sem contrapartida direta. Demanda, portanto, que os governos controlem e desliguem os beneficiários de programas sociais que não cumpram as exigências estabelecidas. Essa concepção fundamenta a culpabilização dos beneficiários pelo não cumprimento do que os programas determinam, sem, sequer, considerar que a não obediência às condicionalidades possa decorrer da precariedade dos serviços, da omissão ou deficiência do próprio Estado.

A partir das referências anteriores, procuramos identificar a natureza das condicionalidades dos PTRC em implementação na América Latina e Caribe, tendo verificado o destaque atribuído ao predomínio das condicionalidades consideradas necessárias para a criação e ampliação do capital humano de novas gerações em apoio ao processo de desenvolvimento dos países no continente, vinculando-se com um dos eixos centrais constitutivos dos objetivos dos PTRC. Nesse campo, situamos, principalmente, as condicionalidades nas áreas de educação, saúde e nutrição.

Destacando suas condicionalidades nos campos da educação, saúde e nutrição, temos o PRAF de Honduras, considerando os componentes do PRAF-BID fase III. Assim, no *Bono 10.000*, *Bono Materno Infantil* e *Bono Educativo*, as condicionalidades referentes à *Educação* constituem-se na manuteção e frequência escolar, e os beneficiários não podem repetir o curso mais de uma vez; na *Saúde* é exigido acesso a uma cesta básica de saúde preventiva com os controles estabelecidos para saúde materno-infantil e vacinações; na *Nutrição*, as famílias beneficiárias com crianças de 0 a 5 anos e mulheres grávidas devem cumprir com corresponsabilidades em saúde para receberem apoio econômico e nutricional.

No *Programa Oportunidades* do México as condicionalidades em *Educação* são matricular os menores de 18 anos completos que não tenham concluído a educação básica nas escolas de educação primária ou secundária autorizadas e apoiá-los para que assistam de modo regular às aulas; matricular os jovens de até 22 anos e 11 meses com necessidades educativas especiais em escolas de educação especial; matricular os jovens de até 21 anos completos que tenham concluído a educação básica nas escolas de *ensino médio* autorizadas e apoiá-los para que permaneçam no sistema escolar. Na *Saúde*, as contrapartitadas são: realizar registro em uma unidade de saúde que lhe seja designada no momento da incorporação ao programa, devendo todos os membros das famílias beneficiárias assumir e agendar compromisso com os serviços de saúde, incluindo os adultos (Disponível em: <www.oportunidades.gob.mx/Portal/wb/Web/transparenciafocalizada>. Acesso em: 13 mar. 2012).

O *Bono de Desarrollo Social* do Equador, por seu turno, apresenta as seguintes condicionalidades: na *Saúde*, famílias com crianças menores de 6 anos devem realizar visitas periódicas aos centros de saúde pelo menos duas vezes por ano; na *Educação*, a condicionalidade é a matrícula dos filhos entre 6 e 15 anos com frequência escolar de 90%. Para os adultos maiores e pessoas com deficiências não é exigido o cumprimento de corresponsabilidades.

Já no *Programa Famílias en Acción* da Colômbia, o *Subsidio de Nutrição* é condicionado à participação da família nos controles de crescimento e desenvolvimento programados de acordo com a idade dos beneficiários, realizados nas instituições prestadoras de serviços de saúde nos municípios e o *Subsidio Escolar* é condicionado à frequência escolar de mais de 80% num período.

O PATH da Jamaica considera, na SAÚDE, que cada beneficiário deve estar devidamente inscrito em um centro de saúde do governo, onde é desenvolvido um controle segundo a idade e a categoria da pessoa (Barnes, 2006). Sobre a EDUCAÇÃO, o Programa estabelece que as crianças maiores de 6 anos devem ter uma frequência escolar mínima mensal de 85%. Os beneficiários enfermos, que não possam cumprir com essa condicionalidade, recebem um trato de casos especiais, devendo ser apresentado um atestado médico na escola.

O *Chile Solidario*, por se constituir numa estratégia de proteção social integral com vários componentes, considera que cada família deve cumprir com 53 condições mínimas para avançar no próprio caminho de superação da pobreza extrema. Principalmente as áreas sobre as quais é exigido o cumprimento de condicionalidade, como: saúde, educação, dinâmica familiar, habitabilidade e trabalho. Ademais, o *Chile Solidario*, de acordo com a Lei n. 19.949/2004, Título II do ingresso ao sistema, nos arts. 13, 14 e 15, estabelece *El Compromiso de Participación*, que consiste numa declaração expressa de modo voluntário, em formulário escrito, por parte de um representante da família (Chile, 2005).

No BF do Brasil as condicionalidades sociais são consideradas compromissos assumidos pelas famílias beneficiárias para continuar recebendo o benefício. Constituem-se também em responsabilidade do poder público pela oferta dos serviços de educação, assistência social e saúde. Os compromissos na área da SAÚDE são: acompanhar o cartão de vacinação e o desenvolvimento das crianças menores de 7 anos; as mulheres na faixa de 14 a 44 anos devem fazer o acompanhamento de sua saúde e, caso estejam gestantes, devem realizar o pré-natal e o acompanhamento da sua saúde e do bebê no caso de nutrizes. Na área de EDUCAÇÃO, as crianças e adolescentes entre 6 e 15 anos devem estar matriculados e com frequência escolar mensal mínima de 85%. Os adolescentes entre 16 e 17 anos devem ter frequência escolar mensal de, no mínimo, 75%. Na ASSISTÊNCIA SOCIAL, crianças e adolescentes com até 15 anos em risco ou retiradas do trabalho infantil pelo *Programa de Erradicação do Trabalho Infantil* (PETI), devem participar dos Serviços de Convivência e Fortalecimento de Vínculos (SCFV) e obter frequência mínima de 85% da carga horária mensal dessas atividades.

O *Programa Comunidades Solidárias Rurais* e *Comunidades Solidárias Urbanas* de El Salvador, no tocante às condicionalidades, no caso do componente *Bono de Educación*, são exigidas a matrícula e a frequência regular das crianças e adolescentes beneficiários com idade entre 6 e 15 anos para as zonas rurais e entre 0 e 21 anos para as zonas urbanas. Já o componente *Bono de Salud*, cujos beneficiários são filhos menores de 5 anos e mulheres gestantes, tem como condicionalidades o cumprimento do esquema de vacinação e o controle de peso e altura por parte das crianças, bem como a realização dos exames pré-natais por parte das gestantes.

O *Red Juntos* do Peru engloba responsabilidades nas áreas de educação, saúde, nutrição e identificação. Na *Educação* é exigida frequência escolar de 85% para crianças e adolescentes de 6 a 14 anos; na *Saúde*, as condicionalidades são para gestantes — controles pré-natais; controles pós-natais e vacinas completas; consumo de vitaminas A, ferro e ácido fólico; para crianças até 5 anos — vacinas completas; consumo de ferro; frequência aos controles de crescimento; e para a MORADIA uso de comprimidos de cloro para *tratamento* da água. Na NUTRIÇÃO: controle de crescimento e de desenvolvimento para crianças menores de 5 anos com participação no programa de suplementação alimentar para grupos de alto risco (crianças de 3 meses a 3 anos) (Alvorado, 2013).

Para o *Programa Abrazo* do Paraguai, as informações acessadas não apresentam maiores detalhamentos sobre as condicionalidades. Só o *Bono Solidário*, que consiste no repasse monetário para as mães, refere-se à responsabilidade destas no acompanhamento nutricional, na saúde e frequência escolar.

O *Programa Tekoporã* do Paraguai, por sua vez, tem quatro componentes: Bono Básico (suporte alimentar), suporte na Educação/Saúde, Envelhecimento e Deficiência. Os quatro componentes têm condicionalidades na área da saúde, sendo que os primeiros (*Bono Básico* e *Suporte Educação/Saúde*) também exigem condicionalidades na educação. Na SAÚDE, crianças e mulheres grávidas devem cumprir agenda de acompanhamento médico, assim como pessoas idosas e pessoas com deficiências. Na *Educação* é exigida uma frequência mínima à escola para menores entre 6 e 18 anos. Também os adultos devem participar de cursos de alfabetização (Comissão Econômica para América Latina e Caribe, 2012b).

No *Programa Ñopytyvô* do Paraguai, as famílias beneficiadas devem cumprir suas responsabilidades ou condicionalidades nas áreas de educação e saúde, enquanto o programa é responsável por garantir a disponibilidade de serviços básicos nessas áreas.

Já no *Programa Solidaridad* da República Dominicana é exigido, no campo da SAÚDE, que as mulheres grávidas, puérperas e nutrizes tenham atualizados seus controles e acompanhamentos médicos. Da mesma forma, as crianças menores de 5 anos devem ter atualizados os controles de vacinação, crescimento e desenvolvimento. No campo da EDUCAÇÃO é exigido que crianças e adolescentes de 4 a 17 anos tenham pelo menos 80% da frequência escolar no período bimestral. Os outros componentes não têm qualquer tipo de corresponsabilidade (Comissão Econômica para América Latina e o Caribe, 2012b).

O *Programa Red de Oportunidad* do Panamá destaca também as condicionalidades na educação e saúde. No campo da SAÚDE exige que as mulheres grávidas, puérperas e nutrizes tenham atualizados seus controles e acompanhamentos médicos. Da mesma forma, as crianças menores de 5 anos devem ter atualizados os controles de vacinação, crescimento e desenvolvimento, e todos os membros da família também devem estar com os exames médicos (especialmente saúde sexual e reprodutiva) atualizados. No campo da EDUCAÇÃO, é exigido que crianças e adolescentes tenham pelo menos 80% da frequência escolar no período bimestral.

O *Programa Avancemos* de Costa Rica estabelece duas linhas de condicionalidades: na educação e na saúde. Na EDUCAÇÃO, as famílias devem apoiar e assegurar a frequência pontual e permanente de quem estuda no centro educativo, devendo apresentar ao órgão responsável, ao menos três vezes por ano, documentação que comprove essa situação. Na SAÚDE, é estabelecido que o estudante deve fazer, ao menos uma vez ao ano, uma avaliação de sua saúde pela Equipe Básica de Atenção Integral em Saúde (EBAIS). Deve ainda cumprir com a assistência de controle de saúde das pessoas que compõem o grupo familiar. Para dar início ao recebimento das transferências, o pai ou mãe da família, ou pessoa legalmente responsável, deve estar de acordo e assinar o documento chamado *Contrato de Familia* (Costa Rica, 2012).

O AFAM-PE do Uruguai apresenta as seguintes condicionalidades referentes à saúde e educação: as mulheres grávidas devem fazer os controles obstétricos correspondentes; crianças recém-nascidas devem ter a certidão de nascimento aos 45 dias após seu nascimento; crianças em idade pré-escolar devem fazer controles periódicos de saúde e cursar educação inicial; crianças em idade escolar devem frequentar a educação primária e os adolescentes devem cursar educação média ou superior.

O AUH, da Argentina, ao se voltar para a formação de capital humano, suas condicionalidades são fundamentalmente na educação e na saúde. Os beneficiários devem comprovar o cumprimento de controles sanitários e o plano de vacinação dos seus filhos. As crianças beneficiárias menores de 6 anos devem inscrever-se no *Plan Nacer* e cumprir com o plano de vacinação obrigatório no sistema de saúde. As crianças e adolescentes (de 6 a 18 anos) devem cumprir com o esquema completo de controles de saúde e de vacinação correspondentes à idade (Administración Nacional de la Seguridad Social, 2012). As crianças e adolescentes em idade escolar devem comprovar o cumprimento do ciclo escolar letivo correspondente.

Já o *Programa Mi Bono Seguro* da Guatemala adota um sistema de corresponsabilidades mediante o qual as famílias usuárias recebem apoio econômico destinado a adquirir alimentos, roupa e materiais escolares, devendo cumprir com corresponsabilidades em saúde, nutrição e educação.

Como indicado, os PTRC de 16 países da América Latina e Caribe, alguns desdobrados em vários componentes, destacam suas condicionalidades nas áreas de educação e saúde, reafirmando a tese da formação de capital humano de gerações futuras. Apenas o *Programa Bono Madre — Niño "Juana Azurduy"* da Bolívia é orientado especificamente para a saúde, constituindo-se num incentivo à responsabilidade compartilhada das mulheres grávidas que cuidam de sua saúde de um modo geral. Nesse aspecto, as mulheres devem atender às seguintes contrapartidas: realizar o pré-natal regular, em datas previstas, sendo atendidas por pessoal de saúde qualificado durante o parto e pós-parto; levar os filhos para exames médicos até atingirem 2 anos. São também responsabilidades das beneficiárias o cumprimento das recomendações nutricionais e calendário de imunização das crianças.

Além de condicionalidades na educação e saúde, alguns programas destacam condicionalidades nos campos do trabalho, capacitação profissional e formação e capacitação pessoal e familiar. Assim, em relação ao trabalho e capacitação profissional, o *Chile Solidario* apresenta condicionalidades no que denomina habilidade e trabalho. O *Programa Comunidades Solidárias Rurais* e *Comunidades Solidárias Urbanas* de El Salvador, no seu componente *Programa de Apoyo Temporal al Ingreso* (PATI), cujos beneficiários são jovens entre 16 e 24 anos sem um emprego formal, tem como condicionalidade a participação em programas laborais com a dedicação de 6 horas de trabalho diárias ao longo dos 6 meses. O *Programa Abrazo* do Paraguai exige o abandono do trabalho nas ruas. No *Programa Solidaridad* da República Dominicana, os chefes de família devem participar de atividades de capacitação. No *Red de Oportunidades* do Panamá, os adultos da família devem participar das capacitações realizadas a cada dois meses, e em cada família, pelo menos um adulto deve participar da conferência de capacitação e orientação para a produção de alimentos oferecida pelo Ministério da Agricultura (Panamá, 2009)). No *Mi Bono Seguro*, da Guatemala, quando convocadas, as famílias devem participar de processos de capacitação e, no TCCTP, de Trinidad e Tobago, os beneficiários devem concordar em participar de um programa social em empoderamento oferecido pelo governo, principalmente treinamento profissional. Deve também registrar-se numa agência de emprego e comprometer-se a manter procura ativa por trabalho.

A fixação de condicionalidades em relação à formação e capacitação pessoal e familiar é destacada pelos seguintes programas: o *Oportunidades*, do México, que determina a participação mensal em ações educativas relacionadas ao autocuidado com a saúde, sendo que os membros que preferencialmente devem participar são aqueles que possuem entre 15 e 60 anos; o *Chile Solidario* desenvolve atividades de promoção das habilidades pessoais e familiares necessárias para satisfazer as condições mínimas de qualidade de vida por meio de um conjunto de sessões de trabalho periódicas com as famílias ou pessoas no seu domicílio. Esse trabalho personalizado tem como objetivo apoiar o cumprimento das condições mínimas de qualidade de vida, expressas por sete dimensões ou categorias da vida familiar: Identificação, Saúde, Educação, Dinâmica Familiar, Habitabilidade, Trabalho e Renda (Disponível em: <www.ministeriodesarrollosocial.gob.cl/btca/txtcompleto/mideplan_leg/dto.235_chilesolidario_reglamento.pdf>. Acesso em: 15 mar. 2012). O *Red Juntos*, do Peru, também exige participação nas capacitações de nutrição, saúde reprodutiva e preparação de alimentos, com destaque à participação das mães com filhos entre 6 meses a 3 anos, nas capacitações sobre alimentação e na entrega de *papilla* (espécie de mingau). Na identificação, as condicionalidades são: participação no *Programa "Mi Nombre"*, para as famílias que têm crianças sem certidão de nascimento e maiores de 18 anos sem carteira de identidade. No *Programa Ñopytyvo*, do Paraguai, as famílias beneficiadas devem desenvolver trabalho comunitário. No *Programa Solidaridad*, da República Dominicana, os adolescentes (de 10 a 15 anos) devem participar de ações de promoção da saúde desenvolvidas por meio de encontros e formação de núcleos de solidariedade familiar durante os meses de duração do período escolar e devem ser assegurados documentos de identificação (certidão de nascimento e/ou cédula de identidade) para todos os membros da família. No *Programa Bono Madre — Niño "Juana Azurduy"* da Bolívia, o Bono, por constituir-se num incentivo à responsabilidade compartilhada das mulheres grávidas que cuidam de sua saúde, as mães devem participar de sessões de assistência e atividades educativas.

Apresentados os tipos e as naturezas das condicionalidades, é importante destacar as formas e os mecanismos de acompanhamento utilizados. Nesse aspecto, no PRAF de Honduras, o controle das contrapartidas envolve órgãos públicos e da sociedade, com destaque às Prefeituras Municipais e autoridades regionais ou municipais de Saúde e Educação, sendo que a validação dos beneficiários é de responsabilidade dos comitês comunitários escolares, constituídos junto às escolas de cada aldeia com participação de Representantes de Associações de Pais, Igrejas e Voluntários de Saúde e representantes municipais para verificar se as famílias estão residindo na localidade e cumprem com os critérios estabelecidos.

O *Oportunidades* do México, o acompanhamento das condicionalidades é realizado por meio de relatórios emitidos pelos órgãos que operam as ações de saúde e educação.

O *Bono de Desarrollo Social*, do Equador, verifica se as mães cumprem as corresponsabilidades, o *Protección Social*, um dos componentes do Bono, realiza jornadas de controle em nível nacional, utilizando-se de diferentes metodologias para o meio rural e o urbano. No caso do rural, são realizadas visitas aos setores nos quais a percentagem de matrícula no sistema de educação é inferior a 50%. Também são realizados levantamento e notificação de informação junto às pessoas que recebem o *Bono* para apresentar documentos que comprovem cumprimento da corresponsabilidade da frequência periódica dos menores de 5 anos às unidades de saúde e das crianças e adolescentes matriculados nos Centros Educativos. No meio urbano, as jornadas devem iniciar com o envio de notificações nos recibos de pagamento das famílias que recebem o BDH, devendo às mães entregar os documentos que certifiquem o cumprimento da corresponsabilidade, sendo estas notificadas de maneira aleatória.

No *Familias en Acción*, da Colômbia, é mantido um Sistema de Informação de Registro de Cumprimento das Condicionalidades (SIRC), considerando as condições e particularidades de cada região. É importante destacar que o Programa desenvolve paralelamente ao acompanhamento e controle das condicionalidades, um trabalho educativo que consta de uma Estratégia de Formação e Comunicação, fundamentando-se em dois princípios: considerar as mães e suas famílias sujeitos do processo de comunicação e tornar público os discursos privados das mulheres e das famílias beneficiárias. Para isso, são utilizadas duas estratégias: reconhecimento do coletivo social que constitui a *Asamblea de Familias en Acción* por meio da interação com os Comitês de Madres Líderes e a rede de mulheres e famílias beneficiárias nos *Encontros de Cuidado*. A segunda estratégia procura implementar um modelo de intervenção comunicativa para formação e produção de peças comunicativas, em torno de temáticas de saúde, educação e cultura.

O PATH da Jamaica, para acompanhamento das condicionalidades de saúde, as unidades especializadas do órgão gestor elaboram uma lista de beneficiários que é encaminhada aos centros de saúde locais próximos às residências das famílias, devendo os inscritos procurar esses postos de saúde para organizar um esquema de assistência aos controles. Essa agenda de consultas é transmitida pelos assistentes sociais para a unidade responsável do órgão central gestor, que atualiza a informação no sistema. Posteriormente, o sistema verifica quem cumpriu com o controle de saúde para autorizar o pagamento. No caso da educação, o processo é similar. Ao começar o ano escolar, são distribuídas as listas de alunos a cada escola, que se responsabiliza a mantê-las atualizadas.

No *Chile Solidario*, o acompanhamento das condicionalidades ocorre mediante apoio psicossocial que consiste num acompanhamento personalizado das famílias e pessoas incorporadas ao Programa por parte de um profissional ou técnico idôneo, denominado de *Apoyo Familiar*. O acompanhamento ocorre durante 24 meses, desde o ingresso no *Chile Solidario*, constituindo-se de um conjunto de sessões de trabalho periódicas com as famílias ou pessoas no seu domicílio. Com o *Ingreso Ético Familiar*, a principal inovação no que se refere ao acompanhamento das condicionalidades é que além do acompanhamento psicossocial foi incluído o acompalhamento sociolaboral, com ênfase neste último. Ademais, conforme já destacado, no desenho do novo Programa, prioriza-se mais a premiação dos êxitos do que a inclusão de demasiadas condições (Padilla, 2013).

No BF do Brasil, compete às gestões municipais fazer o acompanhamento para identificar os motivos do não cumprimento das condicionalidades pelas famílias. A partir dos resultados, são implementadas ações de acompanhamento das famílias em descumprimento. Para o processo de acompanhamento e controle das condicionalidades do BF são utilizados sistemas informatizados mediante os quais o Ministério gestor recebe periodicamente as informações das escolas e de equipes de saúde sobre o desempenho das famílias em relação ao cumprimento das condicionalidades.

No *Red Juntos* do Peru, o acompanhamento do cumprimento das condicionalidades é trimestral. Para a concretização desse acompanhamento, as instituições de saúde e educação em âmbito local preenchem formulários, que são remetidos à oficina central do Programa.

No *Programa Tekoporã* do Paraguai, a frequência escolar é verificada a cada dois meses e em algumas áreas é mensal. Com relação à saúde, esta é verificada a cada três ou quatro meses, dependendo da área. Os guias familiares são responsáveis pelo autocontrole por parte dos beneficiários como forma de garantir o cumprimento geral.

No *Programa Solidaridad* da República Dominicana, as condicionalidades também são acompanhadas, via de regra, a cada quatro meses. Já no *Red de Oportunidades*, do Panamá, a verificação do cumprimento das condicionalidades é feita mediante a apresentação do Cartão Familiar com informações sobre o desempenho de todos os membros de cada família. No *Programa Avancemos* da Costa Rica, para dar início ao recebimento das transferências, o pai ou mãe da família, ou pessoa legalmente responsável, deve estar de acordo e assinar o documento *Contrato de Familia*, devendo apresentar a documentação que comprove o cumprimento das condicionalidades indicadas nos campos da saúde e da educação. O Controle da educação é desenvolvido local e regionalmente, ocorrendo em articulação com os colégios de cada zona, que enviam ao órgão gestor uma lista dos estudantes, indicando que seguem assistindo às aulas.

No TCCTP de Trinidad e Tobago, por seu turno, o cumprimento das condicionalidades é acompanhado mediante visitas domiciliares para comprovação das informações e outros contatos frequentes. No *Programa Bono Madre — Niño "Juana Azurduy"*, da Bolívia, as redes e equipamentos de saúde têm a responsabilidade de prestar serviços de atenção integral à saúde e realizar a verificação do cumprimento das condicionalidades e prestar as informações correspondentes. No AUH da Argentina, o cumprimento das condicionalidades é registrado a partir de março de cada ano por meio da *Libreta Nacional de Seguridad Social, Salud y Educación*. Trata-se de um livro de registro único e pessoal para cada criança e adolescente menor de 18 anos que certifica os requisitos indispensáveis para que possa receber o benefício. O cumprimento das condicionalidades é reforçado em função da modalidade de transferência monetária, sendo transferidos mensalmente apenas 80% do valor do benefício devido, ficando os 20% restantes para pagamento anual no início do ano letivo contra a apresentação do livro de registro de informações sanitárias e de frequência escolar.

Conforme já abordado no presente texto, o uso de sofisticados sistemas de informação, além de utilizados no processo de seleção dos beneficiados pelos PTRC em implementação na América Latina e Caribe, tem também largo uso para acompanhamento e controle do cumprimento das condicionalidades, sobretudo de programas mais abrangentes, como o caso do *Chile Solidario*, BF, *Oportunidades* e *Famílias en Acción*, entre outros. Essa realidade, como já considerado, vem transformando significativamente os programas sociais, em especial no que diz respeito à sua gestão e à inclusão de novos profissionais, com destaque a economistas e profissionais da área de informática, contribuindo para elevar o nível de tecnificação desses programas, com a consequente supremacia da busca da eficiência em detrimento da eficácia e efetividade.

Finalmente, em relação às condicionalidades, há que se destacar as sanções decorrentes do seu descumprimento.[17] No *Oportunidades* do México, em decorrência do descumprimento das condicionalidades, é adotado um sistema complexo de acordo com a idade, perfil e localidade em que a família reside (Disponível em: <www.oportunidades.gob.mx/Portal/wb/Web/transparenciafocalizada>. Acesso em: jun. 2012). Assim, o Programa apresenta sanções específicas para cada tipo de apoio: suspensão mensal dos apoios monetários referentes aos benefícios *Apoio Alimentar*, *Alimentar Viver Melhor* e *Infantil Viver Melhor*; suspensão de apoios monetários por tempo indeterminado no caso dos apoios à família que são retidos por até três bimestres, antes de aplicar a suspensão em definitivo quando, por solicitação do Programa, não podem ser verificados os dados da família. No caso de baixa por tempo indeterminado, o apoio monetário é mantido pela Coordenação Nacional por mais dois bimestres antes da retirada da família do Cadastro de Beneficiários. Nos *Apoios a Idosos*, os pagamentos monetários são suspensos por tempo indeterminado quando não certificado o cumprimento com as condicionalidades de saúde, em caso de comprovar-se erro ou omissão na certificação semestral ou quando reiniciar a certificação dos serviços de saúde, sem que este perca o direito de receber cuidados em saúde. Nos *Apoios Educacionais*, os apoios monetários aos bolsistas de educação básica são suspensos por tempo indeterminado quando estes cursarem pela terceira vez a mesma série escolar e a emissão do apoio educativo é retomada quando o aluno avançar de série. Além da suspensão mensal por tempo indeterminado, o descumprimento das condicionalidades pode ainda levar à suspensão definitiva do beneficiado do Programa.

---

17. Há que se considerar que, por vezes, alguns programas não têm efetivamente aplicado as sanções mesmo quando previstas nas suas normativas.

No *Familias en Acción* da Colômbia, aqueles que não apresentam os documentos comprobatórios do cumprimento das corresponsabilidades podem receber a sanção com a suspensão de seu bono até por dois meses nas áreas rurais, ou em áreas urbanas, de 45 dias. As sanções pelo não cumprimento das condicionalidades são: o não pagamento do subsídio correspondente ao período e, adicionalmente, o não cumprimento dos compromissos de corresponsabilidade por 3 ciclos contínuos, ou 4 descontínuos por ano, o que leva à saída do Programa. Portanto, conforme a situação identificada, o Programa poderá realizar: a) uma advertência verbal ou escrita; b) suspensão temporal do subsídio. A sanção, em todo caso, não pode ser superior aos dois ciclos do pagamento, sendo assim, a família é desligada do Programa. Em todos os casos mencionados, as sanções são notificadas às instâncias correspondentes para sua divulgação e direito à réplica; decorrido o tempo, o Programa aplica a decisão em termos do direito administrativo.

No *Chile Solidario*, a maior sanção, em caso de descumprimento das condicionalidades, é a saída do Programa. Já no BF do Brasil, o descumprimento das condicionalidades gera efeitos gradativos que vão desde a advertência da família, passando pelo bloqueio e pela suspensão do benefício, podendo chegar ao cancelamento: **1º) descumprimento**: a família recebe uma advertência; **2º) descumprimento**: a família tem seu benefício bloqueado por 30 dias, mas recebe acumulado no mês seguinte; **3º) descumprimento**: o benefício da família é suspenso por 60 dias; **4º) descumprimento**: o benefício da família é novamente suspenso por 60 dias. Nesses dois períodos de suspensão, a família fica sem receber a transferência monetária; **5º) descumprimento**: a família tem o benefício cancelado.

No *Red Juntos* do Peru, a sanção em decorrência do descumprimento das condicionalidades é a suspensão da transferência monetária por três meses. Caso o não cumprimento persista, a suspensão é efetuada de modo permanente. No *Programa Tekoporã* do Paraguai, os guias familiares são responsáveis pelo autocontrole por parte dos beneficiários como forma de garantir algum nível de cumprimento geral das condicionalidades. No *Programa Solidaridad* da República Dominicana, a suspensão definitiva se dá caso o beneficiário descumpra as condicionalidades durante três períodos consecutivos. No TCCTP de Trinidad e Tobago a sanção pelo descumprimento das condicionalidades é o desligamento do Programa. No AFAM-PE do Uruguai os beneficiados são desligados se comprovada a falsidade das informações ou se não for possível verificar o cumprimento das condicionalidades; o Banco de Previsión Social pode proceder à suspensão do benefício sem prejuízo de recuperar o que já foi pago e as denúncias penais correspondentes. Também é determinada a suspensão transitória ou definitiva do titular do cartão e do comércio credenciado no caso de compras de artigos proibidos (tabaco, cigarros, bebidas alcoólicas e refrescos). No *Programa Bono Madre — Niño "Juana Azurduy"* da Bolívia, o não cumprimento das condicionalidades implica desligamento do Programa. No AUH da Argentina, a não comprovação do cumprimento das condicionalidades no início de cada ano, não só determina a impossibilidade de o beneficiário receber os 20% do valor do benefício não pagos e acumulados durante o ano anterior, mas também implica perda do benefício a partir daquele momento.

Como visto, o descumprimento das condicionalidades determinadas pelos PTRC em implementação na América Latina e Caribe produzem efeitos punitivos que podem iniciar por uma advertência, seguida de suspensão e até o desligamento do programa. Observamos que poucos programas, de modo explícito, associam algum trabalho informativo e educativo ao processo de acompanhamento e controle das condicionalidades, além de termos verificado poucas menções às deficiências ou ao não oferecimento de serviços relacionados com as condicionalidades por parte do Estado, nos seus diferentes níveis, como razões maiores para esse descumprimento. Portanto, o descumprimento das condicionalidades, além de punição, serve, muitas vezes, para culpabilizar as famílias mais vulneráveis incluídas nesses programas.

Se consideradas as três concepções sobre condicionalidades referenciadas no início da análise dessa dimensão, o que se tem observado é a prevalência da concepção que as situa como questão política e imposição moralista conservadora fundamentada numa perspectiva ideológica que transforma um direito numa concessão e, como tal, deve exigir uma contrapartida, sobretudo se essa *concessão* é destinada aos pobres que precisam aprender a valorizar o que recebem. Esse entendimento tem espaço garantido na mídia e no âmbito dos segmentos conservadores da sociedade, chegando a ser incorporada, no caso do Brasil, pelos próprios beneficiários do BF, conforme verificado em estudo de campo sobre condicionalidades e Índice de Gestão Descentralizada (IGD) no estado do Maranhão (Silva, Guilhon e Lima, 2013). Também, ao destacar educação, saúde e nutrição como eixos determinantes das principais condicionalidades, é estabelecida uma relação fundante entre condicionalidades e formação de capital humano, indicação de destaque na formulação dos objetivos dos PTRC. Como já mencionado, trata-se, por uma via tecnicista, de transformar a educação num fator de produção do capital, reduzindo-a a uma funcionalidade instrumental a serviço dos interesses do desenvolvimento do capitalismo. Ao incluir condicionalidades no campo do trabalho, o destaque é atribuído à empregabilidade e ao empreendedorismo, mediante participação em capacitações profissionais, muitas vezes desvinculadas do mercado de trabalho, centrando-se na oferta de ações marginais. De modo similar, as ações ofertadas, também para cumprimento de condicionalidades, com o objetivo de formação pessoal e familiar dos beneficiários dos PTRC, podem ser orientadas por um componente ideológico capaz de transformar a participação em submissão e incorporação de conteúdos, por vezes, desvinculados do cotidiano e do imaginário do público beneficiário.

3.3.8 Benefício monetário e formas de pagamento

Uma análise geral dos benefícios monetários e das formas de pagamento desses benefícios nos PTRC em implementação na América

Latina e Caribe revela, como nas análises anteriores, tratar-se de outra dimensão complexa e diversificada.

Um primeiro aspecto a considerar são os valores monetários transferidos. Nesse aspecto, identificamos grande variedade e diversidade de valores em razão de vários fatores: um mesmo programa se constitui de diferentes componentes e cada um atribui um determinado valor ou valores diferenciados conforme a especificidade, o público-alvo e os objetivos de cada componente; o valor é diversificado conforme a composição da família, ou a condição de pobreza ou extrema pobreza das famílias, a exemplo do BF do Brasil; o valor do benefício é atribuído por criança ou adolescente da família, podendo ser limitado a um número determinado ou não; tem-se ainda a diversificação de valores no caso de benefícios dirigidos para famílias ou pessoas da zona urbana ou da zona rural.

Além das diversidades de valores, tem-se o benefício monetário de valor único atribuído por família ou por pessoa, como, por exemplo, os benefícios atribuídos a idosos, pessoas com deficiência, desempregados etc. Tem-se ainda: valores de montantes escalonados, cujo critério de escalonamento é a série escolar da criança ou adolescente, como o caso do *Programa Avancemos* da Costa Rica, que também fixa um teto máximo do valor do benefício, embora não apresente restrição quanto ao número de estudantes incluídos no programa; há ainda o caso de programas que atribuem benefícios monetários complementares, como o *Oportunidades* do México e os bonos adicionais do *Chile Solidario* que são transferências por cumprimento de condicionalidades atribuídas a cada integrante da família.

Outro aspecto a ser enfatizado, é que, na grande maioria dos programas, a mãe é a pessoa preferencial para receber o benefício monetário, principalmente no caso dos programas cuja unidade beneficiária é a família. O benefício monetário pode ainda ser recebido por um representante da família portando identificação ou por adultos maiores quando estes são os próprios beneficiários.

A periodicidade do benefício é outra varável diversificada, registrando-se maior frequência da periodicidade mensal, sendo ainda verificadas transferências trimestrais, bimestrais, além de benefícios atribuídos de uma única vez, como o caso dos subsídios em valores únicos do PATH da Jamaica, ou de duas vezes, no caso dos *Bonos de Emergência do Bono de Desarrollo Humano* do Equador.

Buscamos também identificar os agentes pagadores dos benefícios monetários dos PTRC, tendo sido identificados, com maior frequência, bancos/instituições, públicos ou privados credenciados, além de caixas móveis; redes de caixas automáticas ou terminais de autoatendimento, casas lotéricas, empresas transportadoras, no caso de locais distantes; pontos de pagamentos autorizados; agências de correios/agências postais, e até a própria entidade executora.

Quanto às formas de pagamento, foram identificados o uso de vários mecanismos: transferências em conta bancária; dinheiro direto ao beneficiário com assinatura de recibo; uso de cheques, cartões pré-pagos; bônus ou tíquetes. Todavia, merece destaque o amplo uso de cartões eletrônicos magnéticos, alguns com dispositivos sofisticados para controlar a compra de produtos, visto que há programas que restringem o uso da transferência monetária a uma determinada lista de itens e, explicitamente, proíbem a compra de outros, principalmente bebidas alcoólicas e cigarros. Para ilustrar, temos o caso do TCCTP, programa implementado por Trinidad e Tobago, que condiciona a aplicação do dinheiro transferido para compra de alimentos e outros itens essenciais nos supermercados credenciados e que tenham uma indicação na porta. Esses supermercados dispõem de um terminal especial para recebimento do *SMART Card Programme* (TTCard) que não pode ser usado para compra de qualquer outro produto que não esteja numa lista de cerca de 40 itens previamente aprovados, de modo que o TTCard utiliza-se de uma tecnologia avançada que permite armazenar um conjunto massivo de informações, controlando eletronicamente e bloqueando compras de itens como álcool e cigarros. Dispositivo semelhante é a Tarjeta Alimentaria (Tarjeta Uruguay Social) utilizada pelo AFAM-PE do Uruguai, que é paga mediante recarga de cartão magnético, também programado para registrar e controlar os itens comprados, sendo proibida compra de cigarros e bebidas alcoólicas, podendo também ser utilizada só em locais credenciados.

A análise feita anteriormente pode ser ilustrada com o destaque à realidade dos PTRC em implementação na América Latina e Caribe, como segue.

No PRAF de Honduras, especificamente, o *Bonos 10.000*, efetua transferências trimestrais, pelo BANADESA (instituição financeira), utilizando-se de caixas móveis, com deslocamento para as comunidades incluídas no Programa.

O *Programa Oportunidades* do México adota valores muito diferenciados para um conjunto, também amplo de benefícios com transferências mensais, como apoio alimentar; apoio alimentar viver melhor, apoio infantil viver melhor e apoio a idosos; apoios educacionais para o primário, para o secundário e ensino médio, alguns com valores diferenciados para homens e mulheres. Além dos benefícios especificados, o *Oportunidades* ainda oferece benefícios monetários complementares aos beneficiários de educação básica e para beneficiários inscritos em escolas de educação especial — Centros de Atenção Múltiplo em nível de formação profissionalizante que recebem apoio monetário para aquisição de materiais escolares, junto com a primeira bolsa do ano letivo, podendo haver complemento no segundo bimestre para reposição de materiais escolares aos beneficiários do ensino médio que recebem um único apoio monetário para aquisição de materiais escolares entregues no primeiro bimestre do ano letivo. Acrescente-se ainda a linha de ação *Apoio Jovens com Oportunidades* que incentiva os beneficiários a concluir o ensino médio antes dos 22 anos, outorgando apoio monetário quando comprovam a conclusão. O pagamento das transferências é feito mediante transferência em conta bancária ou em dinheiro, diretamente ao beneficiário.

No *Programa Bono de Desarrollo Humano* do Equador, as mães das famílias pobres recebem benefícios monetários mensais, além do programa conceder pensão para adultos e pessoas com deficiências. Os três componentes transferem o mesmo valor mensalmente: 35 dólares, moeda local dolarizada na profunda crise econômica vivenciada pelo Equador. É ainda oferecido o *Bono de Emergência*, transferência em dinheiro, no valor de 90 dólares pagos duas vezes, destinados a gastos de uma família que foi vítima de um desastre natural ou comoção social, de caráter esporádico, ativado somente quando uma zona do território equatoriano for declarada em estado de exceção (Equador, 2012). O pagamento dos benefícios é feito por meio de uma rede de agências financeiras. São cinco bancos privados, rede de caixas automáticas (BANRED), mediante cartão magnético de débito ou nos pontos de pagamento autorizados pelo Programa de Protección Social (PPS), escritório do Ministerio de Inclusión Económica y Social (MIES) encarregado da administração do BDH.

O *Programa Familias en Acción* da Colômbia oferece um *Subsídio de Nutrição*, destinado ao apoio nutricional da família com crianças menores de 7 anos, sendo um por família, não importando o número de crianças. Oferece também um *Subsídio Escolar* que visa incentivar a assistência escolar e o rendimento de crianças e adolescentes, com valores escalonados por criança que cursa o primário e por adolescente no secundário, sendo que para as grandes cidades os valores totais dos subsídios escolares modificam-se de acordo com as características sociodemográficas destas zonas, sendo adotadas três estratégias: eliminar o subsídio do primário em grandes cidades, pois a cobertura já é por volta de 93%; substituir o subsídio do primário por uma versão revisada do subsídio de nutrição para crianças entre 7 e 11 anos. Se em uma família há crianças entre 0 a 6 anos e 7 a 11 anos, ela só recebe o subsídio correspondente à criança entre 0 a 6 anos. Em terceiro lugar, modificar os totais de subsídios no secundário para garantir menor evasão escolar nos primeiros graus, permanência interanual dos estudantes e incrementar a taxa de graduação no secundário. O Programa transfere os subsídios por intermédio de uma entidade financeira devidamente credenciada e acompanhada pela Superintendência Financeira, sendo o pagamento feito em conta-corrente bancária, com uso de cartão bancário ou por recibo nas comunidades indígenas.

O PATH da Jamaica tem dois grandes componentes: a) subvenções a crianças pobres com até 17 anos, com assistência à saúde e subsídio de educação; b) subvenções de assistência social dirigida a mães pobres grávidas ou lactantes, idosos pobres, adultos pobres e pessoas com deficiências. Todos os beneficiários que cumprem com as condicionalidades previstas recebem diretamente o pagamento mediante cheque ou transferência eletrônica. O pagamento com cheque é feito pelas agências de correios ou agências postais e os pagamentos são entregues aos representantes da familia ou de seus agentes. Também podem ser utilizados cartões eletrônicos (*keycard*) emitidos pelo Banco Nacional de Comércio. Em outubro de 2009, o PATH incluiu um subsídio de valor único para os estudantes que passassem de uma institução secundária a uma post-secundária para estimular o estudo superior.

No *Chile Solidario* os benefícios monetários são representados pelo componente do Programa denominado *prestaciones monetárias garantizadas*, oferecidas em forma de subvenções, subsídios ou bonos, objetivando gerar condições mínimas de segurança para o orçamento familiar. Essas prestações formam um sistema assim constituído: *Subsidio Único Familiar* (SUF); *Subsidio para la Cédula de la Identidade; Subsidio para Pagamento de Consumo de Agua Potable y Servicio de Alcantarillado de Aguas Servidas* (SAP); *Bono de Protección de el Egreso; Subvenção Preferencial e Subvenção Pró-Retenção Escolar* e *Pensão Básica Solidaria*.

A Transferência Social, primeira etapa, é representada pelo Ingresso Ético Familiar (Asignación Social), constituindo-se num benefício para ajudar a combater as dificuldades básicas das famílias mais vulneráveis do país (até 2014). O benefício é composto de uma transferência básica e bonificações adicionais que premiam o esforço de cada família beneficiária, como: uma Transferência Base Mensal; Transferências Adicionais por cumprimento de compromissos familiares; Transferência por Controle de Criança Sadia; Incremento de Transferência por Escolaridade; Transferência por Assistência; Transferência por Desempenho Escolar; e Incremento pelo Trabalho da Mulher, de modo que as famílias beneficiárias recebem uma transferência por cada integrante da família, conforme a pontuação da *Ficha de Protección Social*. O incentivo monetário à família, concedido durante 24 meses, é associado ao cumprimento do *Contrato Familiar*, sendo pago pelo *Instituto de Previsión Social* (IPS) em locais estabelecidos, mediante transferência em conta bancária.

No BF do Brasil o valor e a composição do benefício monetário, transferido mensalmente, tem a seguinte estruturação: **Benefício Básico**, concedido só para as famílias extremamente pobres, mesmo não tendo crianças, adolescentes, jovens, gestantes ou nutrizes; **Benefício Variável**, concedido às famílias com renda mensal de até R$ 140,00 *per capita*, desde que tenham crianças, adolescentes de até 15 anos, gestantes e lactantes, sendo que cada família pode receber até cinco benefícios variáveis, considerando o número de filhos; **Benefício Variável Vinculado ao Adolescente** (BVJ), concedido para todas as famílias que tenham adolescentes de (16 e 17 anos) frequentando a escola, limitando dois benefícios por família; e **Benefício para Superação da Extrema Pobreza na Primeira Infância** (BSP): pago às famílias com crianças de 0 a 6 anos que, mesmo recebendo os benefícios financeiros do Programa, continuam em situação de pobreza extrema, de modo que a família alcance R$ 70,00 mensais por pessoa, extendido posteriormente para todas as famílias beneficiárias cuja renda *per capita* não alcance R$ 70,00. O saque dos benefícios financeiros é realizado pelo responsável da família, preferencialmente pela mãe, mediante **cartão eletrônico**, em quaisquer canais de pagamento com a utilização de senha; **saque eletrônico**, realizado pelo titular do cartão bancário do BF, nos casos de famílias que optaram por receber os benefícios por depósito em conta-corrente; **saque** por guia de pagamento realizado pelo beneficiário devidamente identificado ou pelo portador da Declaração de Substituição de Responsável pela Unidade Familiar, só em caso de problemas que impeçam o titular de usar o cartão social do BF para saque dos benefícios. O cartão magnético personalizado é o principal instrumento que possibilita às famílias do BF sacarem seus benefícios financeiros. Os agentes pagadores são: agências bancárias, terminais de autoatendimento, casas lotéricas e correspondentes CAIXA AQUI, que são estabelecimentos comerciais credenciados em municípios nos quais não há agências bancárias.

O *Programa Comunidades Solidárias Rurais* e *Programa Comunidades Solidárias Urbanas* de El Salvador apresenta quatro modalidades de transferências monetárias: *Bono de educación* com valor único, mensal e por família das zonas rurais, enquanto nas zonas urbanas o valor do benefício varia segundo as características do destinatário, de acordo com o grau escolar e com o gênero dos residentes. O benefício é retirado diretamente em bancos públicos, sendo bimestral a periodicidade do pagamento. O receptor do benefício é preferencialmente a mãe, podendo também ser pago ao beneficiário direto, desde que a partir do sétimo ano escolar, quando residente em zonas urbanas. No caso do *Bono de Salud,* o benefício é único, por mês e por família, sendo efetuado também em bancos públicos com periodicidade bimestral e tendo como receptora a mãe. Esse benefício é pago apenas por meio dos *Comunidades Solidárias Rurais*. Já a Pensão Básica Universal para a Pessoa Adulta é paga mensalmente ao beneficiário direto, em valor único, sendo retirado diretamente em bancos públicos.

O PATH da Jamaica transfere um benefício monetário único, mensal, pago diretamente em bancos públicos para jovens e, preferencialmente, mulheres chefes de família sem emprego.

No *Red Juntos* do Peru, a transferência monetária é feita, mensalmente, por agências bancárias ou por pagamento em dinheiro, diretamente ao beneficiário, sendo o valor transferido igual para todos os beneficiários, independentemente do tamanho da família e a entrega do benefício ocorre de duas formas: nas agências do *Banco de la Nación* (banco público), ou, em caso de localidades distantes, por meio de empresas transportadoras, em repasses bimestrais. Uma inovação introduzida recentemente foi a experiência de fazer uso de esquemas alternativos de transferência. O esquema tradicional era por família e por uso de serviços. Atualmente há duas formas de pagamento: por indivíduo e não mais por família, e a outra é pagar por alcance de resultado por uso de serviços (Alvorado, 2013).

No *Programa Abrazo* do Paraguai, dos seus cinco componentes, apenas o *Bono de Solidaridad* é uma transferência condicionada de renda, repassada para famílias com crianças e adolescentes de 0 a 13 anos, valor fixo, concedido às mães, mensalmente. Já no *Programa Tekoporã*, também do Paraguai, os benefícios de transferência em dinheiro podem variar de acordo com a composição do agregado familiar, de modo que os beneficiários podem receber quatro pagamentos diferentes por mês. O primeiro, o *Bono Alimentario*, é um valor fixo repassado para cada família e também para mulheres grávidas; o segundo é destinado para um máximo de quatro crianças e adolescentes por família; o terceiro é destinado para pessoas idosas com mais de 65 anos (no máximo um idoso por família); o quarto é destinado para pessoas com deficiências, também limitado a uma por família. A frequência de pagamento destes benefícios é bimestral e, para o caso de apoio alimentar, de saúde, educação e suporte (destinado a menores de idade), o pagamento é entregue às mães dos beneficiários, enquanto os outros dois (idosos e pessoas com deficiências) são concedidos diretamente a eles. A inclusão do Programa no sistema bancário é recente, com entrega de um cartão pré-pago ou cartão monetário (chamado de cartão de crédito, mas não está associado ao sistema de crédito). Com o referido cartão os beneficiários podem retirar os benefícios nos caixas integrantes da mesma rede bancária.

No *Programa Solidaridad* da República Dominicana, as principais transferências são: *Comer Primeiro*, destinada à compra de alimentos; *Transferência para Incentivo à Frequência Escolar*, valor variável condicional, dependendo do número de membros da família, sendo aplicado em ações no âmbito do componente de educação e transferido mensalmente; *Transferência de Apoio a Pessoas Idosas*, tratando-se de transferência mensal para os chefes de famílias maiores de 65 anos e que não recebam pensão nem estejam trabalhando. Além das transferências mencionadas, o *Programa Solidaridad* ainda efetua a *Transferência para o Bono-Gás*, um subsídio mensal mediante crédito para cada família beneficiária para aquisição do gás liquefeito de petróleo (GLP) e o *Subsídio de Bono Luz*, variável conforme o valor da energia elétrica consumida pelos domicílios beneficiados, até o máximo de

100 kilowatts ao mês. O pagamento das transferências é feito pelo Cartão Solidariedade, entregue pelo governo nacional para os beneficiários da Rede de Proteção Social, sendo carregado com a quantidade de créditos para cada beneficiário.

O *Programa Red de Oportunidades* do Panamá efetua uma transferência única bimestral para todas as famílias beneficiárias, repassada para a mãe de família, mediante seu componente Bônus Familiar, que, em vez de repassar benefícios em moeda, entrega uma *libreta* ou *ticket* com 20 bônus que podem ser trocados apenas por utensílios domésticos e alimentos, não sendo permitida sua utilização para comprar cigarros ou bebidas alcoólicas, nem sua troca por dinheiro. Os bônus são pessoais e intransferíveis. Nos 5 distritos existem 188 estabelecimentos autorizados a receber os bônus. O agente pagador é o Banco Nacional do Panamá e, nas regiões em que não existem agências bancárias, os pagamentos podem ser efetuados por meio de agências móveis sob a responsabilidade dos Correios e Telégrafos.

O *Programa Avancemos* de Costa Rica transfere um montante escalonado que aumenta conforme o ano de ensino cursado, de modo a se converter em incentivo pelo êxito do aproveitamento escolar. A transferência é paga mensalmente, iniciando-se logo após a inclusão da família no Programa pela entidade executora. Não há limite para a quantidade de estudantes que uma família postule para ingresso no Programa, mas é determinado um teto máximo do valor monetário por família. O cartão pré-pago em nome da mãe ou responsável é a forma utilizada para as transferências, permitindo restringir os comércios nos quais os estudantes e suas famílias podem utilizar o dinheiro, obrigando-os a gastá-lo só em artigos que são permitidos no marco do Programa. É também feita uma transferência de dinheiro ano a ano a cada estudante que se mantém no sistema educativo.

No AFAM-PE do Uruguai, a prestação é escalonada com o objetivo de incentivar a frequência ao ensino médio, sendo decrescente por número de filhos. Para os beneficiários que apresentem alguma deficiência (que não recebam pensão), foi estabelecido um montante de prestação em dobro. De acordo com os parâmetros assinalados, é determinado um montante global que dificilmente supera o salário mínimo nacional. O benefício é transferido por meio de agências bancárias descentralizadas e através de caixas automáticas. A essa prestação é acrescentada a *Tarjeta Alimentaria* paga mediante recarga de cartão magnético, cujos montantes variam segundo o número de beneficiários na família e são duplicados em caso de pessoas com deficiência.

O TCCTP de Trinidad e Tobago oferece uma transferência monetária mensal baseada no tamanho da família beneficiária. O benefício é depositado no TTCard automaticamente no primeiro dia de cada mês. O dinheiro deve ser aplicado para compra de alimentos e outros itens essenciais nos supermercados credenciados e que tenham uma indicação do credenciamento na porta. Esses supermercados dispõem de um terminal especial para recebimento do TTCard. Entretanto, utilizando-se de uma tecnologia avançada que permite armazenar um conjunto de informações para controlar eletronicamente e bloquear compras de itens como álcool e cigarros, o TTCard só pode ser utilizado para compra de uma lista de cerca de 40 itens previamente aprovados.

No *Programa Bono Madre — Niño "Juana Azurduy"* da Bolívia, o benefício monetário é efetivado pelos seguintes tipos de bono: *Bono pré-natal* com recebimento de bolsa mensal, desde que a mulher grávida comprove a realização de acompanhamento pré-natal no momento da inscrição; *Bono institucional e monitoramento pós-natal* para beneficiárias com crianças menores de 2 anos, desde que seu parto tenha sido realizado em um centro de saúde e faça o pós-parto até dez dias após o parto e *Bônus de saúde* abrangente destinado a beneficiárias com crianças com menos de 1 ano, com recebimento bimestral de uma bolsa desde que realizem exames de saúde em departamentos de saúde oficiais de acordo com a localização de sua residência ou em clínicas designadas. O pagamento do Bono ocorre por intermédio de convênios com entidades públicas ou privadas mediante cheques.

No AUH da Argentina, a transferência monetária mensal é por cada filho menor de 18 anos e para cada filho com deficiência, independente da idade. A transferência é feita em conta bancária, e o beneficiário saca o dinheiro com o cartão magnético. Uma especificidade desse programa é que os adultos responsáveis recebem 80% do total do benefício monetário, mensalmente, mediante o depósito em conta bancária e os 20% restantes só podem ser retirados uma vez por ano quando for demonstrado o cumprimento das condicionalidades na saúde e na educação.

No *Programa Mi Bono Seguro* da Guatemala, a transferência monetária é mensal e por família (e não por filho).

A apresentação e análise dos benefícios monetários, via de regra apresentados nos *sites* dos respectivos programas, teve como principal limite a variedade e dispersão dos valores monetários transferidos. De qualquer forma, o importante é que os valores representam sempre um patamar de mínimos destinado a atender necessidades específicas, não superando o nível da sobrevivência, até porque as transferências monetárias desses programas cumprem a função, não de substituir, mas de complementar renda, embora essa possa ser a única renda com que muitas famílias beneficiárias contam.

No contexto da diversidade de valores, de periodicidade das transferências e de fontes pagadoras dos benefícios monetários dos PTRC, merece destaque a transformação dos beneficiários em clientes bancários, portadores de cartão magnético que parece transformá-los em cidadãos da sociedade contemporânea, considerando que a ideia de constituir-se em cliente de banco tem todo um simbolismo ostentado na sociedade de consumo, parecendo transformar os beneficiários desses programas num igual. Isso, por mais desejável e positivo que possa parecer, cumpre também um papel ideológico revelador do pertencimento da integração.

3.3.9 Benefícios não monetários

O que estamos denominando de benefícios não monetários é a oferta de ações complementares que se propõem a fazer dos PTRC programas que buscam, além da melhoria imediata das condições de vida dos beneficiários, mediante a concessão de benefícios monetários, oferecer condições que possam alterar o que denominam de pobreza intergeracional. Nesse caso, a ideia de formação de capital humano, essencial na composição das propostas dos programas, toma corpo na sua estreita relação entre essas ações e o cumprimento das condicionalidades. Nesse aspecto, o AUH da Argentina referencia as ações dirigidas aos membros das famílias beneficiárias como relacionadas às condicionalidades de saúde e de educação. Portanto, os benefícios não monetários disponibilizados pelo Programa são considerados indiretos e orientados ao desenvolvimento do *capital humano* das crianças e o *Red Juntos* do Peru ilustra bem o oferecimento de ações no campo da saúde, educação e nutrição diretamente relacionadas com as condicionalidades do Programa, considerando acesso à educação, à saúde, ofertando ações de imunização e pré-natal a gestantes e ainda a possibilidade de suplementação alimentar para crianças de 3 a 36 meses, e distribuição de uma espécie de mingau. Acrescidas a essas ações é indicado o acesso à certidão de nascimento para crianças e carteira de identidade para maiores de 18 anos.

Portanto, na sua relação com as condicionalidades, os benefícios não monetários são representados em especial por ações no campo da saúde, educação, alimentação/nutrição e trabalho, estas dirigidas à formação profissional, à inserção no mercado de trabalho e ao desenvolvimento de ações produtivas.

Como ilustração, podemos destacar o PRAF de Honduras, que através de seu componente denominado *Bonos 10.000*, centraliza suas ações complementares no campo da saúde, com destaque à atenção básica em saúde de acordo com a Cartilha Nacional de Saúde dirigida para toda a família, ações de caráter essencialmente preventivo, de promoção à saúde e de detecção de doenças de maior impacto na saúde pública, considerando também o cuidado com os aspectos curativos e de controle das principais doenças; vigilância e monitoramento da nutrição de crianças menores de 5 anos, das mães grávidas e em período de amamentação, e controle dos casos de desnutrição; educação em saúde, priorizando a educação alimentar e nutritiva, a promoção da saúde e a prevenção de enfermidades; desenvolvimento de estratégias de fortalecimento da infraestrutura de saúde; oferecimento de serviços de saúde gratuitos às famílias beneficiárias, por intermédio de consultas programadas, sendo também oferecido um *Pacote Básico Garantidor de Saúde* com ações do primeiro nível de atenção; monitoramento sistemático do crescimento infantil e alterações de desenvolvimento nutricional, sendo identificado a tempo o estado de desnutrição.

O *Programa Bono Madre — Niño "Juana Azurduy"* propicia atividades educacionais, como orientações nutricionais e recebimento de serviços de saúde como: pré-natal regular; acompanhamento pós-parto, exames médicos dos filhos de até 2 anos; imunização das crianças; capacitação de médicos comunitários, além da emissão gratuita de documentos dentre os quais: certidões de nascimento e carteiras de identidade para mulheres grávidas e mães de filhos menores de 2 anos.

O BDH do Equador destaca ações no campo da incorporação de beneficiários no processo produtivo. Desenvolve o *Programa Crédito Productivo Solidario*, orientado para dinamizar a economia dos grupos vulneráveis do país, mediante a incorporação da população em extrema pobreza a processos produtivos sustentáveis de natureza microempresarial para geração de autoemprego, sendo oferecidas duas linhas de microcrédito: o *Crédito de Desarrollo Humano* e o *Crédito Productivo Solidario*. São ainda ofertadas atividades de capacitação em direitos dos cidadãos, gestão microempresarial e desenvolvimento produtivo. Por conseguinte, o Programa compreende três componentes, a saber: *Apoio Psicosocial* orientado a impulsionar a corresponsabilidade e motivar mudanças nas dinâmicas de relacionamiento na família; *Piso Proteção Social* direcionado a garantir o acesso a serviços de proteção social para satisfazer as necessidades da família relacionadas ao ciclo de vida, a incapacidades, à saúde, educação, habitação e saneamento; e *Inclusão Econômica e Mobilidade Social* voltado para gerar capacidades e oportunidades por meio do acesso a serviços e produtos financeiros e não financeiros, com vistas à autonomia econômica familiar e à capacidade de gerar renda suficiente e sustentável para o núcleo familiar (Apolo, 2013).

O *Programa Familias en Acción* da Colômbia destaca nas suas ações complementares a promoção e formação na saúde e o fortalecimneto institucional, de modo que o Programa desenvolve atividades de promoção à saúde e à educação familiar, mediante a articulação dos conceitos de cuidado e atenção, realizando três encontros de cuidado das crianças três vezes ao ano para acompanhamento e capacitação das mães beneficiárias, objetivando melhorar suas condições de vida. Desenvolve também encontro familiar e infantil com atividades culturais, lúdicas e sociais, oportunidades para as instituições apresentarem às famílias suas ofertas de serviços. Relacionado com o fortalecimento institucional, é oportunizado às mulheres desempenharem novos papéis e presença na vida municipal, além do desenvolvimento de variadas e diversas ações, como foros de prefeitos, mesas temáticas, reuniões com agentes de saúde e educação, prefeitos, equipes municipais e o comitê municipal de certificação, sendo ainda facilitada a interação qualificada e organizada com as autoridades governamentais para fortalecer os mecanismos de participação cidadã e controle social. No âmbito do componente Jovens em Ação, o Serviço Nacional de Aprendizagem oferece formação profissional titulada e gratuita, direcionada ao desenvolvimento e fortalecimento das competências do recurso humano, compreendendo atividades de formação, treinamento e retreinamento em temas específicos (Osorio, 2013).

Mais uma ilustração pode ser o PATH da Jamaica, que desenvolve para o grupo de 0 a 5 anos um programa de almoço, também destinado a jovens que não são elegíveis para o Programa. Para a população adulta também são desenvolvidos programas de capacitação em escolas e centros de saúde, assim como são oferecidas subvenções para empreendedorismo, projetos geradores de renda e, como estratégia de promoção da coesão social, são trabalhadas situações individuais para articular as pessoas com os serviços sociais existentes, além do Registro de uma série de serviços para grupos específicos como indígenas, portadores de patologias específicas etc.

Esse esforço inicial de análise dos benefícios não monetários dos PTRC em implementação na América Latina e Caribe já nos revela a amplitude das ações em desenvolvimento, extrapolando o campo da educação, saúde, nutrição e trabalho, ao incluir ações de cidadania, como oferta de documentação de identificação e ações de fortalecimento institucional. Avançando nessa área, podem ainda ser destacadas ações de formação ou educação familiar, desenvolvimento humano, infraestrutura, habitação, entre outras.

No seu início, o *Programa Tekoporã* do Paraguai fazia entrega direta aos beneficiários do benefício monetário, sendo fornecidos, nessa oportunidade, serviços básicos de saúde prestados por hospitais ou regiões sanitárias correspondentes, como serviços de odontologia, ginecologia, vacinação, além de serviços de documentação realizados pela polícia. Ademais, o Programa inclui uma iniciativa de apoio que, além de outros impactos, deve aumentar o potencial produtivo das famílias e sua participação social. Trata-se de um serviço de apoio familiar implementado pelos *Guías Familiares* (conselheiros familiares) que verificam o cumprimento das condicionalidades e fornecem informações para melhoria da habitação, hábitos de higiene, disponibilidade de alimentos, saúde e acesso aos serviços públicos. Relacionados ao benefício monetário, o *Programa Ñopytyvô*, também do Paraguai, desenvolve iniciativas como hortas comunitárias, bairros limpos e comitês de produção e distribuição de suco de soja.

O *Red de Oportunidades* do Panamá, além dos benefícios monetários, oferta às famílias dos usuários uma gama de serviços, como acompanhamento familiar e planejamento de infraestrutura das comunidades em que as famílias residem para melhorar as condições de habitação, além do *Conjunto Business Network* — Rede de Oportunidades de Negócio para as famílias pobres. Enquanto no TCCTP de Trinidad e Tobago são oferecidas aos membros das famílias beneficiárias do Programa ações, como: assistência em forma de Fundo de Emergência; treinamento para implantação de microempresas e pequenos negócios, encaminhamentos para aconselhamento e serviços para a família, habitação e educação; recolocação em empregos, além de aconselhamento para a vida social e planejamento familiar.

No âmbito do *Programa Solidaridad* da República Dominicana os benefícios não monetários são representados por um projeto que tem o objetivo de reforçar as ações de desenvolvimento humano dos membros das famílias beneficiárias, voltando-se para criar competências relacionadas com o potencial dos beneficiários para expandir as possibilidades de melhoria da qualidade de vida das famílias e contribuir para superar a situação de pobreza. O Relatório Memória 2011 destaca os seguintes projetos complementares: *Projeto de Nutrição Materno-Infantil* que objetiva melhorar o estado nutricional dos beneficiários, especialmente os grupos mais vulneráveis à desnutrição e à pobreza, destacando-se o *Projeto Piloto de Nutrição Materno-Infantil*, com as seguintes ações: distribuição de suplementos nutricionais para crianças de 6 a 59 meses, bem como para grávidas e lactantes; ação de educação nutricional e vigilância nutricional da comunidade; ações educativas para a juventude e alfabetização de adultos, com o objetivo de combater a pobreza e melhorar as condições de vida das famílias com o aumento da renda por meio da qualificação dos beneficiários individuais do Programa e o *Projeto de Geração de Emprego*, visando a autonomia das famílias mediante a garantia da renda familiar e, assim, encaminhar os beneficiários com um mínimo de qualificação para que possam ser inseridos no mercado de trabalho.

Essa diversidade de ações em forma de benefícios não monetários faz considerar-se que os PTRC em implementação na América Latina e Caribe são fundamentados por uma concepção de pobreza multidimensional, embora fique omisso o componente estrutural desse fenômeno. Esse aspecto é, explicitamente, colocado pelo *Programa Comunidades Solidárias Rurais* e *Programa Comunidades Solidárias Urbanas* de El Salvador que admitem, em sua concepção e desenho, alinharem-se à perspectiva teórica segundo a qual a pobreza é um fenômeno multidimensional, não se restringindo à insuficiência de renda. Portanto, consideram que, para seu enfrentamento, além da transferência monetária, há necessidade de articulação de um conjunto de ações de educação, saúde e nutrição, trabalho e serviços públicos de infraestrutura urbana e rural, além do destaque ao fortalecimento das capacidades pessoais e sociais, no acesso aos bens públicos básicos, na reconstrução do tecido social e na criação de oportunidades de trabalho e renda como parte do *modelo de crescimento econômico com inclusão social*. Nesse sentido, os benefícios monetários são complementados por benefícios não monetários nos dois componentes do Programa: *Pensión Básica Universal para la Persona Adulta* com oferta complementar do *Programa de Atención Integral a La Persona Adulta Mayor*, contemplando atenção médica em clínica geral, nutrição, vacinação e serviços odontológicos; no componente *Programa de Apoyo Temporal al Ingresso* são oferecidos cursos de formação profissional. Ademais, integra os *Comunidades Solidárias* um componente voltado para a *Ampliación de Servicios y/o Infraestructura*, contemplando, nas áreas rurais, o provimento de infraestrutura de estradas rurais e melhoria das habitações e entornos, e oferta de serviços básicos como água, luz e saneamento; para as áreas urbanas, as ações são voltadas para melhoria dos assentamentos precários, no acesso aos serviços básicos e infraestrutura, como legalização da propriedade imobiliária.

No aspecto da diversidade dos benefícios não monetários, podem ser destacados os maiores e mais conhecidos PTRC que se encontram em implementação na América Latina e Caribe, como demonstrado a seguir.

O *Programa Oportunidades* do México desenvolve as seguintes ações complementares: atenção básica em saúde de acordo com a *Cartilha Nacional de Saúde* para toda a família, de caráter principalmente preventivo, de promoção à saúde e de detecção de doenças de maior impacto na saúde pública, sem menosprezar o cuidado com os aspectos curativos e de controle das principais doenças; vigilância e monitoramento da nutrição de crianças menores de 5 anos, das mães grávidas e em período de amamentação, assim como o controle dos casos de desnutrição; educação em saúde, priorizando a educação alimentar e nutritiva, a promoção da saúde e a prevenção de enfermidades; desenvolvimento de estratégias de fortalecimento da infraestrutura de saúde; serviços de saúde gratuitos às famílias beneficiárias, disponibilizados por intermédio de consultas programadas e registradas no documento denominado *Citas para la Familia* e oferta de um *Pacote Básico Garantidor de Saúde* que proporciona o primeiro nível de atenção e inclui a oferta de medicamentos especificados no Pacote e monitoramento sistemático do crescimento infantil e alterações de desenvolvimento nutricional, com identificação do estado de desnutrição com orientação às mães ou responsáveis pelas crianças sobre os benefícios da ingestão adequada de suplementos alimentares.

O *Chile Solidario* é constituído dos seguintes componentes: *Programas de Apoyo Psicosocial Personalizado*, objetivando gerar processos motivacionais com as famílias e apoiar sua disposição e compromisso para mudança e para o desenvolvimento autônomo das pessoas nas redes de serviços. Nesse componente, tem-se o *Programa Puente*, executado pelos municípios e administrado e assistido tecnicamente pelo *Fondo de Solidaridad e Inversión Social* (FOSIS); *Programa Vínculos*, para adultos maiores vulneráveis e que vivem sozinhos, executado pelos municípios com assistência técnica do *Servicio Nacional del Adulto Mayor* (SENAMA); *Programa Calle*, para os adultos moradores de rua, executado pelos municípios, governos provinciais e Organizações não Governamentais (ONGs), com administração e assistência técnica a cargo do *Ministerio de Desarrollo Social*, e *Programa Caminos* para crianças de contextos familiares críticos, quando há situação de separação forçada em razão da condenação de algum integrante da família, executado por organizações governamentais e não governamentais, ficando o seu desenho e suporte a cargo do *Ministerio de Desarrollo Social*. O componente *Acesso* referente a programas de promoção social, por meio do qual as famílias e pessoas incorporadas à rede institucional, mediante solicitação, veem incrementada sua probabilidade de obter os benefícios e apoios que necessitam e que estejam disponíveis. Esse componente envolve distintas instituições e organismos das áreas de saúde, educação, trabalho, habitação e justiça, entre outras, que se comprometem com o *Ministerio de Desarrollo Social* para dar prioridade aos beneficiários do *Chile Solidario* (disponível em: <www.chilesolidario.gob.cl/sist/sist2.php>. Acesso em: jun. 2012).

O BF do Brasil oferece benefícios não monetários pela realização de ações e programas complementares visando contribuir para a ruptura intergeracional de situações de pobreza e extrema pobreza das famílias beneficiárias do Programa. Essas ações e programas são implementadas mediante o estabelecimento de parcerias intersetoriais que visam qualificar o acesso das famílias a direitos sociais básicos, por meio de políticas e programas relacionados às áreas de Saúde, Segurança Alimentar e Nutricional, Educação e Assistência Social, em complementação às condicionalidades. Ademais, as famílias beneficiárias do BF têm prioridade no acesso a outros programas sociais, como: taxa social para pagamento de energia, água e telefone, acesso a financiamento de programas de apoio ao pequeno produtor, pequenos empréstimos para desenvolver ações de empreendedorismo, participação em cursos de treinamento e capacitação profissional, acesso ao *Programa Minha Casa, Minha Vida*, dispensa de pagamento de taxa em concursos públicos, entre outros. Destacam-se, ainda, serviços e encaminhamentos a diferentes serviços para as famílias em descumprimento das condicionalidades que recebem acompanhamento específico para o atendimento das necessidades apresentadas (informações disponíveis no *site*: <www.mds.gov.br>).

No AFAM-PE do Uruguai, além das transferências monetárias, as famílias beneficiárias podem participar dos seguintes programas: *Programa Uruguay Trabaja* que oferece uma transferência monetária, denominada *Apoyo a la Inserción Laboral*, para integração a um processo socioeducativo que supõe o cumprimento de tarefas de valor público (reparação e manutenção de espaços públicos, escolas, policlínicas, por exemplo) e a participação em atividades de capacitação; *Programa Objetivo Empleo* que visa incentivar empresas privadas para a contratação de pessoal, diminuindo o custo laboral mediante um subsídio; *Programa Uruguay Integra*, com o objetivo de promover a integração social, direcionado a pessoas com distintos níveis de vulnerabilidade; *Programa Fondos de Iniciativas Locales*, para promoção de empreendimentos produtivos e de cooperativas sociais mediante a assistência técnica e financeira; *Programa Nacional de Discapacidad* que agrupa serviços que outrora dependiam do *Ministerio de Salud Pública (Centro de Rehabilitación e Instituto Nacional de Ciegos)*; *Programa de Atención a las Personas en situación de calle*, oferecendo assistência e abrigo a pessoas em situação de rua; *Programas de Educación en Contextos Críticos* que oferecem apoio em infraestrutura, doação de materiais de apoio e recursos humanos, ampliação e reforço da cobertura alimentar em escolas inseridas em contextos críticos por sua situação de pobreza.

Podemos, ainda, ressaltar que o *Programa Abrazo* do Paraguai, além da distribuição de cesta básica para as famílias também com crianças e adolescentes de 0 a 13 anos, concentra suas ações complementares na oferta de serviços, considerando seu principal objetivo que é o combate ao trabalho infantil, incorporando ações de educação e formação profissional. Além disso, destaca-se o trabalho dos educadores de rua que desenvolvem ações educativas de conscientização junto aos empregadores da área, e, também, nas escolas. Desde setembro de 2011 o Programa vem sendo implementado, com o apoio da OIT e assistência técnica da Dequeni Foundation, desenvolvendo um projeto-piloto para proteção e promoção dos adolescentes em situação de risco em razão de trabalho perigoso. Esse projeto orienta-se para o acompanhamento de egressos de 2010 na faixa de 14 anos, com o desenvolvimento de 27 cursos de formação para adolescentes em diferentes campos profissionais, além de apoiar a manutenção dos jovens na educação formal, bem como a formação de liderança e cidadania, vinculando-os aos negócios e capacidades técnicas para viabilizar o acesso ao emprego.

Numa apreciação geral sobre as ações complementares, disponibilizadas a título de benefícios não monetários, destacamos que tem se verificado limite quantitativo dessas ações para atender ao público dos programas. Todavia, o que chama mais a atenção é a natureza e a qualidade das ações e serviços ofertados, com destaque às ações consideradas de qualificação profissional, na maioria das vezes, desvinculadas da realidade do mercado de trabalho, propiciando, no limite, inserção precária, subordinada e com baixos salários, sobretudo no mercado informal de trabalho. Mesmo no campo da educação e saúde, os serviços, inclusive as ações básicas de saúde, são insuficientes, gerando longas esperas e até o não atendimento. Nas escolas, embora a inserção de crianças e adolescentes venha ocorrendo em quantidades aceitáveis, o questionamento pode ser direcionado principalmente à qualidade do ensino e às condições de infraestrutura e de pessoal devidamente qualificado. Essas situações, certamente, minimizam os impactos dos PTRC na almejada redução da pobreza e na formação de capital humano.

3.3.10 Gestão e implementação

O Quadro 3 a seguir, conforme anteriormente mencionado, indica a abrangência nacional dos PTRC em implementação na América Latina e Caribe, sendo os órgãos gestores a própria Presidência da República, Ministérios, Secretarias ou Departamentos. Assim, a grande maioria deles contou, desde sua implantação, com o financiamento de recursos próprios dos respectivos países, com exceção de alguns desses programas que receberam ou recebem financiamento de organismos internacionais, merecendo destaque o PRAF, de Honduras, financiado com recursos do BID e recursos nacionais. O *Programa Abrazo* do Paraguai é um programa social com foco nos direitos de crianças e adolescentes e conta com o apoio técnico e financeiro do Unicef, enquanto o *Programa Ñopytyvô*, também do Paraguai, conta com financiamento do BID e do BM, o mesmo ocorrendo com o *Programa Solidaridad* da República Dominicana, tendo sido instituído mediante acordos com essas agências de financiamento. O RPS da Nicarágua, implementado no período de 2000 a 2006, contou com financiamento do BM, sendo interrompido pelo governo da Nicarágua por ser considerado ineficaz e por falta de apoio interno.

Quadro 3

Instituições gestoras dos PTRC na América Latina e Caribe

Nome do programa	País	Instituição gestora
Programa de Asignación Familiar (PRAF) "Bonos 10.000" — 1990	Honduras	Programa de Asignación Familiar (PRAF), organismo subordinado à Presidência da República, através de uma Direção Executiva e um Conselho de Administração.
Bono de Desarrollo Humano — 1998	Equador	Ministerio de la Inclusión Económica y Social (MIES) Programa de Protección Social (PPS).
Programa Familias em Acción — 2000	Colômbia	Departamento para la Prosperidad Social, DPS.
Programme of Advancement Through Health and Education (PATH) — 2001	Jamaica	Ministerio de Trabajo y Seguridad Social (MTSS) — División de Asistencia Pública.
Oportunidades — 2002	México	Secretaria de Desarrollo Social (SEDESOL); Secretaria de Educación Pública (SEP); Secretaria de Salud (SSA).
Chile Solidario — 2002	Chile	Ministerio de Desarrollo Social/ Secretaría Ejecutiva y Secretarías Regionales Ministeriales.
Bolsa Família — 2003	Brasil	Secretaria Nacional de Renda de Cidadania (SENARC)/Ministério de Desenvolvimento Social e Combate à Fome.
Red Juntos (Programa Nacional de Apoio Directo a los más Pobres) — 2005	Peru	Ministério de Desarrollo y Inclusión Social (MIDIS).
Abrazo — 2005	Paraguai	Secretaria Nacional de la Infancia y Adolescencia
Programa Ñopytivô — 2005	Paraguai	Secretaria de Acción Social.
Programa Tekoporã — 2005	Paraguai	Secretaria de Acción Social.
Programa Solidaridad — 2005	República Dominicana	Presidência da República/Gabinete de Coordenação de Políticas Sociais/ Administração de Subsídios Sociais.

continuação

Nome do programa	País	Instituição gestora
Red de Oportunidades — 2006	Panamá	Ministerio de Desarrollo Social (MIDES)/Oficina de la Red de Oportunidades.
Programa Avancemos — 2006	Costa Rica	Instituto Mixto de Ayuda Social.
Targeted Condicional Cash Transfer (TCCTP) — 2007	Trinidad e Tobago	Ministry of the Social Development.
Nuevo Régimen de Asignaciones Familiares del Plan de Equidad (AFAM-PE) — 2008	Uruguai	Banco de Previsión Social (BPS) con colaboración del Ministerio de Desarrollo Social (MIDES) que desarrolla un papel auxiliar en la prestación de las AFAM y más activo en otros componentes del Plan de Equidad.
Programa Bono Madre — Niño Niña "Juana Azurduy" — 2009	Bolívia	Ministerio de Salud y Deportes.
Programa Comunidades Solidárias Urbanas e Rurais — 2009	El Salvador	Secretaria Técnica da Presidência da República (Coordenação); Fondo de Inversión Social para el Desarrollo Local — FISDL (Execução do Comunidades Solidárias Rurais) e Viceministerio de Vivienda y Desarrollo Urbano (Execução do Comunidades Solidárias Urbanas).
Asignación Universal por Hijo para Protección Social (AUH) — 2009	Argentina	Administración Nacional de la Seguridad Social.
Mi Bono Seguro — 2012	Guatemala	Ministerio de Desarrollo Social.

Fonte: Elaboração própria a partir dos *sites* dos respectivos programas.

O estudo de caráter exploratório desenvolvido, embora em termos gerais, possibilitou destacar traços fundamentais identificados no âmbito da gestão e implementação dos PTRC, tais como: descentralização da maioria dessas experiências nacionais até o nível local; inclusão sistemática de práticas de acompanhamento e avaliação dos beneficiários, sobretudo para acompanhamento das condicionalidades e de resultados e impactos dos programas e a prática de envolvimento de entidades da comunidade e de usuários na implementação de alguns programas. Para ilustrar esses traços, que consideramos positivos no desenvolvimento de programas sociais, destacamos os três maiores e mais conhecidos dos PTRC em implementação na América Latina e Caribe: BF, Oportunidades e Chile Solidario, nos quais identificamos os três traços mencionados. Acrescentamos ainda, a título de ilustração, outros programas que explicitam dois ou um dos traços indicados.

O BF do Brasil tem sua gestão descentralizada com o intuito de permitir que União, estados, Distrito Federal e municípios compartilhem processos de tomadas de decisão sobre o Programa. A gestão descentralizada também visa criar bases de cooperação para o combate à pobreza e à exclusão social. Para tanto, nesse modelo de gestão compartilhada, cada um dos entes federados tem competências específicas. Em termos gerais, cabe ao Ministério do Desenvolvimento Social e Combate à Fome (MDS), por meio da Secretaria Nacional de Renda de Cidadania (SENARC), definir as diretrizes gerais; efetuar a seleção das famílias para inclusão no Programa a partir do Cadastro Único; fazer o acompanhamento geral; e financiar o Programa. Cabe aos estados e ao Distrito Federal a supervisão e o acompanhamento do Programa no seu nível de abrangência geográfico e realização de treinamento de pessoal. Aos municípios brasileiros cabe a execução do Programa, destacando-se aí a oferta de serviços e ações complementares, cadastramento das famílias no Cadastro Único de programas sociais do Governo Federal; acompanhamento das condicionalidades e acompanhamento das famílias em descumprimento de condicionalidades.

O MDS, órgão gestor nacional do BF, criou o IGD que mede a qualidade de gestão do BF em níveis estadual e municipal. A eficiência na gestão do Programa é levada em conta e as informações são utilizadas pelo MDS para repassar mensalmente recursos para estados e municípios, visando o aperfeiçoamento da gestão do Programa. O IGD é um indicador que mostra a qualidade da gestão descentralizada do BF, tendo como objetivo medir a qualidade da gestão municipal e do Cadastro Único, constituindo-se também numa forma de controle sobre o cumprimento das condicionalidades do Programa no âmbito da educação, saúde e assistência social. Com base nesse indicador, o MDS repassa recursos a estados e municípios para a realização da gestão do Programa. Os recursos do IGD são utilizados na melhoria da gestão do Programa, para aquisição de mobílias, compra e aluguel de veículos, aquisição de materiais didáticos, materiais permanentes e de consumo, conserto e compra de computadores, impressoras e outros equipamentos necessários ao registro e repasse das informações nos sistemas, pagamento de internet, compra de *modem*, treinamento e capacitação de pessoal, realização de cursos e outras ações para geração de renda direcionada às famílias, dentre outras.

A participação local no BF ocorre através de um Conselho Municipal, constituído de representantes das prefeituras municipais, de instituições ligadas à educação, saúde e assistência social e de representante das famílias beneficiárias. A existência desse Conselho é obrigatória e o mesmo tem funções de acompanhamento do Programa nos municípios. Ademais, é ampla a participação de organizações governamentais e não governamentais no desenvolvimento do BF nos três níveis de governo: nacional, estadual e municipal, com destaque ao Ministério Público e Conselhos Tutelares da Criança e do Adolescente.

O *Programa Oportunidades* do México tem como instituições gestoras e financiadoras a *Secretaría de Desarrolo Social* (SEDESOL), *Secretaría de Educación Pública* (SEP) e *Secretaría de Salud* (SSA). Articula incentivos nas áreas de educação, saúde e nutrição, a fim de promover o desenvolvimento de capacidades de famílias em situação de extrema pobreza. Sua operacionalização se rege pelas regras estabelecidas pelos titulares dessas Secretarias e também pelo que é estabelecido pela *Secretaria da Fazenda e Crédito Público* (SHCP) e pelo *Instituto Mexicano de Seguro Social* (IMSS).

No intuito de garantir a ação conjunta e complementar dessas três Secretarias, foi criada a Coordenação Nacional do *Programa*

Oportunidades, como órgão descentralizado da SEDESOL. Para o acompanhamento da operação, conta com um Comitê Técnico, e a coordenação nos estados se efetiva por meio de Comitês Técnicos Estaduais, que envolvem o governo federal e os estados associados com a operação do Programa.

Com a finalidade de estabelecer consultas entre os atores locais que participam do Programa, cada entidade federativa conta com um Comitê Técnico Estadual (CTE) ou um órgão colegiado equivalente no Distrito Federal. Os comitês operam com base em sua regulamentação interna e são subordinados às autoridades federais correspondentes. Há outro nível de comitês denominado de *Comités de Promoción Comunitaria*[18] (CPC), caracterizados por instâncias de participação integradas por conselheiros da educação, saúde, nutrição e vigilância sanitária, juntamente com representantes de usuários. Os conselheiros contribuem ao estabelecer um vínculo entre as famílias beneficiárias e os profissionais dos serviços de saúde, educação e a Coordenação Nacional. Para canalizar seus pedidos e sugestões, busca fortalecer as ações de nutrição, controle social e transparência do Programa, preservando em todo o momento a liberdade das famílias beneficiárias com interlocução direta com as instâncias operativas e normativas (México, 2011).

O *Sistema de Proteção Social Chile Solidario*

> Na sua operação é um sistema descentralizado que funciona em estreito vínculo com os governos locais, sendo as municipalidades as principais responsáveis pela proteção social (Chile, 2009a).

Enquanto *modelo de gestão*, o *Chile Solidario* articula e organiza múltiplos serviços, orientando-se pelos seguintes princípios: centra sua organização na família e nas pessoas; reconhece o âmbito local como o espaço privilegiado da implementação do Sistema; estabelece gestão sistêmica, cujo objetivo é desenvolver intervenção sinérgica,

18. Tradução: Comitês de Promoção Comunitária.

complementar e pertinente; mantém administração descentralizada para gestão do Sistema e desenvolve processos de fortalecimento institucional, para assegurar que os operadores da proteção social desenvolvam competências, conhecimentos e tecnologias suficientes para cumprir com suas funções e propósitos de proteção.

O *Ministerio de Desarrollo Social* administra, coordena, supervisiona e avalia o *Sistema de Proteção Social Chile Solidario* através da *Secretaría Ejecutiva de Protección Social*, que representa o nível nacional do Sistema. Os níveis regionais e provinciais adaptam as diretrizes gerais sobre critérios de focalização, modalidades de transferência de benefícios e provisão de serviços, readequando-os ao contexto de intervenção. A unidade de gestão do sistema de proteção é o território (regional, provincial, comunitário ou local), para organização da inversão na distribuição da população. Em particular, o *Chile Solidario* orienta-se pelo repasse de competências e recursos às municipalidades e pela construção de redes locais de intervenção. Dispõe de sistema nacional de registro da população beneficiária, representada pela *Ficha de Protección Social*, aplicada nas residências de maneira descentralizada no território nacional, respondendo solicitações diretas das famílias, ou de um conjunto de famílias localizadas em uma determinada área do território comunitário.

Os Programas BF, *Oportunidades* e *Chile Solidario* mantêm sistemas internos sofisticados de acompanhamento e avaliação sistemáticos da implementação e de impactos produzidos nas famílias beneficiárias. Ademais, é recorrente e frequente a realização e divulgação de avaliações sobre esses Programas realizadas por instituições externas, por iniciativa própria ou por demanda do órgão gestor dos referidos programas e de organizações multilaterais.

O *Programa Familias en Acción* da Colômbia ilustra bem a descentralização e a participação nos PTRC. Seu modelo de gestão é descentralizado com a intervenção de entidades públicas em nível nacional, departamental e municipal e a participação dos beneficiários. A coordenação geral do Programa encontra-se a cargo do *Departamento Administrativo de Prosperidad Social*, responsável pelo *Setor da Inclusión*

Social y la Reconciliación. A *Unidad Coordinadora Nacional* (UCN) é encarregada da orientação conceitual, formulação de políticas, planejamento e acompanhamento da execução e administração técnica, operativa e financeira. Em cada um dos departamentos existem *Unidades Coordenadoras Regionales* (UCR) encarregadas da execução de diferentes processos operativos do Programa dentro de seu território e atuam como canalizadores dos processos entre os órgãos nacionais e municipais. As UCR aplicam os lineamentos técnicos da UCN e cumprem funções de coordenação, gestão e capacitação das equipes municipais de cada departamento, promovendo os processos de articulação setorial.

Nos municípios, a implementação do *Programa Familias en Acción* é de responsabilidade direta das prefeituras que devem garantir a oferta institucional dos setores de educação e saúde; nomear um funcionário municipal, que é responsável pela execução e coordenação do Programa no território. As prefeituras também são responsáveis pela atualização do SISBEN de programas sociais, pelo apoio aos processos operativos para a vinculação de famílias, a capacitação de funcionários dos setores saúde e educação, das mães beneficiárias, e pelo processo de verificação do cumprimento das condicionalidades e pagamento dos benefícios, pelas queixas e reclamações. Nos municípios é essencial a participação dos estabelecimentos de educação e saúde, não só como prestadores de serviços, mas também como colaboradores no processo de verificação no cumprimento das condicionalidades.

As instâncias de administração e implementação do *Programa Famílias en Acción* são representadas por: *Unidad Administrativa, Unidad de Direccionamiento Estratégico e Monitoreo, Unidad de Fortalecimiento Institucional y Gestión Territorial*. Ademais, o Programa desenvolve uma estratégia de comunicação para manter as famílias permanentemente informadas de sua dinâmica, desenvolvendo programas de rádio, teleconferências, mensagens de texto remetidos para celulares dos beneficiários com informações sobre datas de pagamento e convocatórias. A partir de 2013, com a implementação do *Jovens em Ação*, o Departamento Administrativo para a Prosperidade Social (DPS) passou a se articular com o Serviço Nacional de Aprendizagem, vinculado ao Ministério do Trabalho, responsável pela oferta de formação profissional aos jovens beneficiários do Programa (Osorio, 2013).

Igualmente, o *Programa Abrazo* do Paraguai evidencia a descentralização e a participação como aspectos importantes de sua gestão. É constituido de quatro componentes: rua, família, centros e redes de proteção. Os centros são classificados em Centros Abertos para atendimento a crianças e adolescentes de 6 a 14 anos; Centros de Proteção para crianças de 0 a 5 anos; e Centros Comunitários para atendimento a crianças e adolescentes de 6 a 14 anos. As redes de proteção são constituídas por escolas, Centros de Saúde, Instituições de registro civil, o Conselho Nacional da Infância e Adolescência (CODENI), Defensorias, Juizados de Paz, entidades comunitárias, dentre outras. Realiza o monitoramento de 217 áreas urbanas com educadores de rua que observam e registram as horas de permanência de crianças e adolescentes na rua, estabelecendo a ligação para a inclusão no Programa. Atua em estreita colaboração com as famílias cujos filhos ainda contabilizam horas registradas de permanência nas ruas.

Os municípios fazem parte do sistema global de proteção estabelecido pelo Código Nacional de Crianças e Adolescentes e, por lei, são as instituições responsáveis pela realização de programas de proteção para situações de vulnerabilidade e o apoio familiar, fortalecidos mediante implantação de um novo sistema de acompanhamento às famílias com visitas mais frequentes por parte de assistentes sociais e desenvolvimento de planos familiares com o uso de um manual que orienta o processo de acompanhamento das famílias.

A descentralização e acompanhamento podem ser percebidos no TCCTP de Trinidad e Tobago, que é administrado pelo Ministério de Desenvolvimento Social, sendo instituído um Comitê Central, um Comitê Interministerial e uma Unidade de Gestão do Projeto (PMU). O Ministério é responsável pela administração central do TTCard. A implementação do Programa ocorre por meio de escritórios regionais, que são responsáveis pela implementação e acompanhamento do Programa, sendo mantidos contatos com os beneficiários várias vezes por ano para verificar o cumprimento das condicionalidades, com elaboração mensal de relatórios por região. Todavia não há estratégia explícita nem um sistema para acompanhar as famílias desligadas do Programa.

O PATH da Jamaica ilustra a descentralização e o acompanhamento. É subordinado ao *Ministerio de Trabajo y Seguridad Social* (MTSS), División de Asistencia Pública. O Ministério conta com 13 escritórios que administram o Programa em cada divisão administrativa do governo. Na implementação do Programa, além do MTSS e seus diferentes níveis, intervêm o *Ministerio de Gobierno Local y Desarrollo Comunitario*, o *Ministerio de Educación, Juventud y Cultura* (MOEYC), o *Ministerio de Salud* (MS), as escolas primárias e secundárias e os Centros de Saúde.

Cada ano o PATH formula e apresenta um Plano Operativo que é monitorado através de informes trimestrais apresentados à Secretaria Permanente do MTSS e também são elaborados informes bimestrais para os supervisores do PATH. O Programa é auditado uma vez por ano, por auditores internos e externos. São desenvolvidos mecanismos para o controle de qualidade e prevenção de qualquer irregularidade, para garantir a eficiência da execução do Programa. A auditoria externa do Programa viabiliza a avaliação detalhada do orçamento e do funcionamento interno, permitindo a redução do tempo entre a tramitação e a concessão do benefício, fazendo com que a entrada das informações ocorra em nível local (Barnes, 2006). Os procedimentos de inscrição são realizados em diferentes locais como instituições públicas, igrejas ou escolas.

Percebemos que o AUH da Argentina destaca no seu processo de gestão e implementação a descentralização e o acompanhamento das condicionalidades. Firma Convênios de Cooperação para sua implementação com todas as províncias, tendo como objetivo o intercâmbio de informações a fim de dispor de um registro consistente para a implementação efetiva da cobertura e determinar as possíveis incompatibilidades. Quanto ao acompanhamento das condicionalidades, é determinado que o Programa seja outorgado a todo cidadão que cumpra com os requisitos básicos, ficando o pagamento do benefício condicionado à validação de uma *Libreta Nacional para la Seguridad Social, Salud y Educación*, documento individual e intransferível, criado especificamente para o controle do cumprimento das condicionalidades. Desse modo, cada criança e adolescente recebe a *Libreta Nacional de Seguridad Social, Salud y Educación* no seu nome, na qual os profissionais da saúde e educação registram, nas suas respectivas áreas, os controles médicos, os esquemas de vacinação, a inscrição no Plan Nacer e a frequência à escola, requisitos indispensáveis para poder receber a Prestação Universal e permanecer no Programa. Para a certificação do cumprimento da condicionalidade da educação, o adulto responsável deve solicitar do estabelecimento educativo frequentado pela criança e pelo adolescente que sejam prestadas as informações correspondentes à *Educação*. Em relação à comprovação dos requisitos de saúde, deve ser solicitado ao hospital ou ao estabelecimento de saúde mais próximo do seu domicílio para que os profissionais da saúde certifiquem-se de que os controles de saúde estão sendo cumpridos com o plano de vacinação na página correspondente à *Saúde*. Com isso, é verificada a centralidade do acompanhamento das condicionalidades na gestão e implementação da AUH.

A partir do que foi apresentado, verificamos que a introdução e consolidação de práticas de monitoramento e avaliação podem ser destacadas como um dos traços fundamentais da gestão dos PTRC na América Latina e Caribe, o que, não resta dúvida, representa um avanço no campo das políticas sociais na região. Todavia, a observação dessa prática nos permite indicar algumas constatações e levantar alguns questionamentos. Entre as constatações, podemos apontar: essas avaliações têm sido centradas em possíveis impactos imediatos dos programas sobre seu público beneficiário, registrando-se, porém, praticamente ausência de avaliações de impactos de longo prazo, pela quase inexistência de avaliações sobre como passaram a viver os egressos dos programas. Essa lacuna tira a possibilidade de dimensionar o alcance real e duradouro no que se refere à diminuição sustentável da pobreza e da desigualdade social nos países em que os PTRC são implementados. Ademais, a maioria das avaliações desenvolvidas apresenta um viés quantitativista, além de não buscarem dimensionar, mesmo a quantidade e muito menos a qualidade dos serviços disponibilizados às famílias inseridas nos programas. Igualmente, não se verifica o desenvolvimento de avaliações direcionadas para dimensionar o desempenho das instituições gestoras e implementadoras dos PTRC.

Essas constatações permitem que sejam levantados, entre outros, os seguintes questionamentos: Até que ponto os resultados das avaliações têm contribuído para melhoria do padrão de gestão e implementação dos programas? Os resultados das avaliações têm sido publicizados? Têm fundamentado debates públicos? Têm contribuído para o melhor atendimento dos beneficiários?

Ainda em relação à gestão dos PTRC, merece ser mais uma vez mencionado o desenvolvimento de nova institucionalidade, com a criação de ministérios e secretarias estaduais e municipais para cuidar do bem-estar dos pobres; a inclusão de novos profissionais, com destaque a economistas e pessoal da informática, para sustentação do aparato quantitativista e tecnicista adotado; a adoção de novos mecanismos com significativa sofisticação, como os procedimentos e instrumentos utilizados para manter bancos nacionais de registro de pobres; para controlar o uso de cartões bancários magnéticos; para identificar e fragmentar os pobres; para acompanhar e mensurar o desempenho das condicionalidades e para verificação da manutenção ou não das condições de pobreza dos beneficiários, para que possam permanecer ou serem desligados dos programas. Essas inovações abarcam a grande maioria das ações da proteção social não contributiva, dimensionada pela grande expansão da Política de Assistência Social, cujo objetivo é usar a tecnologia para aferir a pobreza e controlar os pobres, num exercício que enfatiza a eficiência em detrimento da eficácia e efetividade.

Em relação à implementação dos PTRC, o destaque é a descentralização de programas instituídos em nível nacional, com implementação regionalizada em nível local. Essa inovação marca as políticas sociais desde os anos 1980, a partir de quando a luta pela transparência e controle social das políticas públicas, uma demanda de movimentos sociais organizados, é indiscriminadamente incorporada pelos movimentos de contrarreforma dos estados patrocinados sob a inspiração da ideologia neoliberal. A partir de então o local passa a ser o *locus* privilegiado dos programas sociais, mesmo que as políticas e as diretrizes mais gerais continuem a emanar do nível federal e as municipalidades nem sempre apresentem condições estruturais de recursos e de pessoal para desenvolver as atribuições a elas impostas.

3.3.11 Impactos atribuídos aos PTRC

Falar de impactos de programas sociais na sua população-alvo e nas comunidades de modo geral coloca, inicialmente, a necessidade da indicação de uma concepção do que estamos considerando impactos. Partimos então do entendimento de que impactos são

> [...] mudanças duradouras ou significativas — positivas ou negativas, planejadas ou não — nas vidas das pessoas e ocasionadas por determinada ação ou série de ações (Roche, 2000, p. 37).

Entendemos que não é fácil medir ou dimensionar os impactos dos PTRC, sobretudo por considerar que as mudanças provocadas podem produzir efeitos diretos e indiretos na população-alvo, nas famílias e nas comunidades, no geral. Contudo, estamos falando de ações complexas por envolver, como visto anteriormente, transferências monetárias articuladas a um conjunto amplo de ações complementares ou benefícios não monetários, além de esses programas serem implementados em realidades abertas que estão recebendo, ao mesmo tempo, intervenções de outros programas e de ações de natureza econômica, além de influências de ordem cultural. Portanto, não há como atribuir diretamente aos PTRC mudanças duradouras e significativas, ou mesmo imediatas. O que podemos atribuir a essas intervenções são indícios ou possibilidades de os impactos identificados nos frequentes estudos avaliativos terem relação com as ações desenvolvidas nesse campo amplo da proteção social (Silva, 2013).

Partindo dessa referência, verificamos que as análises já desenvolvidas no presente texto sugerem que os impactos esperados dos PTRC apontam para duas dimensões: redução da pobreza e da desigualdade social e formação de capital humano das gerações representadas por crianças e adolescentes, já que são os focos privilegiados desses programas. Nesse contexto, os destaques encontram-se nos campos da educação, da saúde, da nutrição, do trabalho e da redução da pobreza, da extrema pobreza e da desigualdade social, entre outros, o que pode ser ilustrado por alguns PTRC em implementação na América Latina e Caribe.

Na educação, estudo comparado entre crianças que recebiam o bônus do PRAF *Bonos 10.000* de Honduras verificou que no nível primário (5 a 12 anos), em relação à matrícula, não foram identificadas diferenças estatísticas significativas entre grupos beneficiários e grupos de comparação, todavia foi considerado que o Programa teve efeito importante na evolução das crianças matriculadas previamente, independente da idade e do tempo em que estiveram na escola. As taxas de frequência escolar também foram pouco afetadas, visto que crianças das famílias que receberam o *Bono Escolar* assistiram, em média, apenas um dia a mais por mês de aula, se comparadas com as que não o recebiam, porém foi registrada uma redução significativa da evasão escolar dos receptores de bônus, sendo a taxa de abandono entre os beneficiários a metade que entre as crianças sem bônus. Foi também incrementada em 10% a aprovação no primeiro grau entre as crianças com bônus em relação às que não o receberam, todavia a iniciativa de retirar a elegibilidade para o bônus das crianças que repetiram de ano teve impacto moderado. Nos outros graus escolares (segundo, terceiro e quarto), os bônus não pareceram causar efeitos. Outro estudo concluiu que para o total de crianças que recebiam o bônus (em todos os graus) não se verificava efeito significativo da intervenção nas taxas de aprovação. Já em relação ao *Bono de Desarrollo Humano* do Equador existe um consenso entre as avaliações sobre a efetiva contribuição para incrementar a matrícula escolar entre a população mais pobre (León e Broborich, 2002; Osterbeek et al., 2008; Ponce, 2006, apud Calvas Chávez, 2010). Por sua vez, não é indicado impacto nos resultados escolares médios por meio de provas de aprendizagem (Ponce e Bedi, 2009, apud Calvas Chávez, 2010). Já, segundo Apolo (2013), os principais impactos do Programa do Equador incidem no consumo de alimentos, nos índices de nutrição infantil, nas taxas de matrícula e na redução do trabalho infantil nas famílias extremamente pobres. Ademais, dados da Cepal, apresentados por Apolo (2013), apontam para uma redução da pobreza e da indigência entre os anos de 2002 e 2011 de 49,0% para 32,4%, e de 19,4% para 10,1%, respectivamente, o que pelo menos em parte pode ser atribuído ao Programa.

Ainda no campo da educação, no PATH da Jamaica, a avaliação sobre seus principais componentes indicaram que o Programa teve impacto de 3% na frequência escolar do ensino básico em um contexto no qual a frequência escolar já era elevada, enquanto o *Red Juntos* do Peru, mesmo apresentando melhoria na educação, Cabrera (2011) aponta que também são identificadas certas carências na infraestrutura escolar e capacitação docente. No *Programa Solidaridad* da República Dominicana, em estudo realizado em 2008, denominado *Impacto del Programa Solidaridad en Asistencia Escolar y Niveles Nutricionales*, com relação à educação, foi verificado melhoria do acesso para crianças a partir de 5 anos, podendo representar um incentivo para que estes atinjam pelo menos 9 anos de estudo na educação inicial e básica e os jovens entre 14 e 18 anos para acesso e permanência para que atinjam pelo menos o primeiro ciclo do nível médio de escolaridade.

Resultados de estudos realizados pelo *Centro de Estudios Sociales Padre Juan Montalvo* (2008) estimam o impacto do *Programa Red de Oportunidades* do Panamá, na matrícula escolar, trabalho infantil, saúde preventiva e participação dos serviços. Os resultados mostraram que o Programa aumentou a matrícula escolar e foi capaz de reduzir o trabalho infantil nas zonas rurais e indígenas. Uma análise mais aprofundada por nível de escolaridade mostra que, em áreas rurais, o Programa propiciou aumento de inscrição apenas no ensino médio por aproximadamente 8,4%. Nas áreas indígenas o aumento de inscrição ocorreu apenas no ensino fundamental em 8,9%.

Sobre o AFAM-PE do Uruguai foram poucas as avaliações de impacto realizadas. As existentes destacam certas linhas de continuidade com as avaliações sobre o PANES, programa emergencial anteriormente implementado, destacando uma baixa incidência relativa do AFAM-PE no alcance de seus objetivos: permanência na escola, em particular secundária, controle de saúde dos menores de 5 anos e melhoria na renda das famílias pobres (Arim, Cruces e Vigorito, 2009). Todavia, estudos recentes (Machado, 2012) destacam que o AFAM-PE gera uma incidência positiva no aumento da matrícula e permanência na educação secundária (promovendo um aumento de 10%), mas careceria de efeitos nos desempenhos escolares. Existiria um aumento na matrícula secundária pública e na frequência escolar nos anos 2008 e 2009. O maior impacto em termos de permanência na escola e matrícula encontra-se entre os adolescentes maiores de 15 anos, com aumento na matrícula de 20% e os níveis de permanência registrados foi de 14% para 2009 (Machado, 2012).

Ao buscarmos exemplificar os impactos na saúde, avaliação do *PRAF Bonos 10.000* indica efeitos no uso dos serviços de saúde no caso de prevalência de enfermidades, sendo tais efeitos mais significativos e consistentes do que na educação, inclusive diminuindo a taxa de anemia e melhorando o desenvolvimento cognitivo dos menores de 6 anos, mas só para as famílias do primeiro decil rural (Francke e Cruzado, 2009). Porém, um efeito não previsto foi o aumento da fertilidade, registrando-se incremento nos nascimentos nas famílias com bônus do PRAF-BID II. Já no PATH da Jamaica foi verificado impacto positivo também na saúde: aumentaram os controles pediátricos aproximadamente em 38% nas crianças de 0 a 6 anos, logo após ingressar no Programa, não tendo sido, porém, registrado um desempenho significativo na atenção preventiva da saúde de pessoas maiores. No *Juntos* do Peru, o estudo de Cabrera (2011) relata em relação à saúde que a maior demanda dos serviços não atribuiu melhorias na qualidade dos serviços. Ou seja, segundo Aramburú (apud Cabrera, 2011), a população comparece com mais frequência aos serviços de saúde e também o número de partos assistidos é maior, no entanto, os centros de saúde ainda não estão habilitados para esta ampliação da demanda. No *Solidaridad* da República Dominicana, estudo realizado em 2008, denominado *Impacto del Programa Solidaridad en Asistencia Escolar y Niveles Nutricionales*, destaca impactos nas áreas da nutrição e da educação. O referido estudo aponta a ampliação do acesso aos serviços oferecidos pelo plano de saúde básico visando diminuir a morbidade e mortalidade nos grupos de intervenção.

Se considerado o consumo de alimentos e nutrição, impactos diretamente relacionados com a saúde, no *PRAF Bonos 10.000* de Honduras foi verificado que os bônus não tiveram efeitos no consumo de alimentos nem na variedade da dieta ingerida pelas famílias beneficiárias, não sendo registrados efeitos nutricionais nos menores de 5 anos nem efeito de redução na anemia por deficiência de ferro. Uma das razões poderia encontrar-se na interação entre baixas transferências e extrema precariedade da situação socioeconômica das famílias do PRAF-II. Por outro lado, Huayta (2011) diz que, de acordo com estudo publicado pelo BM em 2009, o Programa *Red Juntos* do Peru, favoreceu um aumento nas despesas *per capita* mensal em quase todas as categorias de alimentos como pães e cereais, manteiga e óleos vegetais, frutas, grãos, açúcar e tubérculos. Esse estudo também afirma que os gastos com alimentos como frutos do mar, carnes, leite, queijo e ovos não foram afetados, pelo fato de as famílias serem beneficiárias do programa. Apesar de ter um aumento positivo do gasto, este não foi significativo. Ainda, segundo Huayta (2011), alguns estudos realizados demonstraram que os beneficiários do Programa consomem com mais frequência leite e carne. A criação de animais, que anteriormente era para o comércio, passou a ser para consumo familiar, e parte do dinheiro recebido era gasto na compra de frutas e hortaliças. Assim, os resultados dos estudos descritos por Huayta (2011) sugerem que as famílias beneficiárias do *Programa Juntos* estão consumindo mais nutrientes devido à ampliação do consumo de alimentos de origem animal, frutas e hortaliças. A autora ainda destaca que este Programa propicia maior aproximação com um ambiente em que se reforçam boas práticas de saúde, alimentação e nutrição infantil. No entanto, a partir do estudo realizado pelo BM, em 2009, Huayta (2011) assevera que não é possível identificar melhorias nos indicadores finais do estado nutricional dos beneficiários com idade inferior a 5 anos. Igualmente, o estudo de Cabrera (2011) sobre o programa, registrou a tendência no consumo de alimentos com maior valor proteico (ovos, carnes, leite), de melhoras na moradia e na compra de animais para subsistência e comercialização de seus derivados. Também no *Programa Solidaridad* da República Dominicana, considerando sua articulação com o Plano Nacional de Saúde, foi registrada melhoria da alimentação dos membros das famílias beneficiárias, com ênfase nos mais vulneráveis: crianças entre 0 e 5 anos, mulheres grávidas e lactantes, além da promoção da responsabilidade e aumento do conhecimento das famílias pobres em termos de cuidados de saúde e nutrição.

Impactos no trabalho podem ser ilustrados pelos seguintes programas: *Bono de Desarrollo Humano* do Equador, sendo considerado que a transferência monetária tem importantes potencialidades para redução do trabalho infantil, substituindo-o por inversão em capital humano (Rosero e Martínez, 2009); no *Red de Oportunidad* do Panamá, além de impacto na educação e saúde, resultados de avaliações também mostraram que o Programa reduziu o trabalho infantil em crianças e adolescentes de 12 a 15 anos, nas áreas urbanas e rurais, o que corresponde às idades dos que frequentam o ensino médio; no TCC-TP de Trinidad e Tobago são destacados os seguintes resultados: assistência a famílias pelo *Emergency Case Fund* (ECF); melhoria de condições socioeconômicas dos beneficiários que tiveram acesso ao Fundo; para beneficiários interessados em receber o *Micro Enterprise*

Grant (MEG), foi iniciado treinamento para o estabelecimento de pequenos negócios para agricultura e criação de animais.

Na redução da pobreza e desigualdade social, avaliações têm mostrado que o impacto mais significativo é proveniente dos programas mais abrangentes, como o BF do Brasil, o *Oportunidades* do México e programas desenvolvidos pela Argentina. No caso de programas menores como o *PRAF Bonos 10.000* de Honduras, foi concluído que as transferências chegam aos pobres, mas como são baixas e distribuídas uniformemente, pouco contribuem para aliviar a pobreza, sendo que somente 0,9% da renda total das famílias constitui o conjunto das transferências do governo e, sem considerar a alimentação escolar, as transferências são 0,2%.

Um impacto específico que merece ser considerado é o aumento da cobertura, o que pode ser ilustrado pelo AFAM-PE do Uruguai, que permitiu um aumento da cobertura de setores da população antes parcial ou totalmente excluída das políticas sociais. De acordo com o BM (2007), em 2001, pouco mais de 40% das famílias do Uruguai não recebiam benefícios de nenhum programa de transferência de renda, atingindo as famílias menos vulneráveis, já que a magnitude das brechas de cobertura correspondentes ao segundo e ao terceiro quintil foi reduzida de 32% a 19%. Arim, Cruces e Vigorito (2009) entendem que a mudança no regime de transferências familiares, a instauração da transferência para os adultos de 65 a 69 anos e a consolidação da *Tarjeta Alimentaria* levaram à cobertura da rede pública de proteção em níveis ao redor de 95%.

Além dessas ilustrações mais pontuais, convém registrar que os programas mais abrangentes têm sido objeto de inúmeras avaliações internas e externas que evidenciam uma gama mais ampla de impactos. Nesse aspecto, podemos mencionar o *Oportunidades* do México, com 5,8 milhões de famílias beneficiadas, que é avaliado periodicamente pelo BM, sendo considerado um programa eficaz e fundamental na luta contra a pobreza, contribuindo na estratégia do governo para enfrentar a crise, merecendo os seguintes destaques: mais eficiência às redes de proteção social, substituindo, assim, os subsídios que não foram concentrados nos grupos mais necessitados; redução de taxas de abandono escolar entre as sextas e sétimas séries e aumento no uso dos serviços preventivos de saúde; nos níveis de consumo nas famílias mais pobres, bem como na redução dos níveis de pobreza através de investimentos em capital humano; maior cobertura na saúde, nutrição e educação para as famílias pobres por meio de melhorias na qualidade do serviço e aumento no número de matrículas e taxas de atendimento escolar; aumento do número de crianças que são promovidas do ensino primário para o secundário e do ensino secundário para o ensino médio; reforço das redes de segurança social. Draibe (2007) destaca a incidência significativa do *Oportunidades* no poder de negociação das mulheres; no aumento das matrículas e frequência à escola, principalmente no que tange às meninas, embora haja registros de melhoras no desempenho escolar. Cotta (2009) apresenta análises, também, acerca dos componentes: segurança alimentar e saúde, pois o *Oportunidades* defende que não há possibilidade de aproveitamento das ações educacionais se os beneficiários não tiverem acesso à saúde e à alimentação. Considera também que o Programa é frequentemente elogiado por ter um *enfoque de direitos*, o que o afasta da tradição clientelista da política social mexicana, sendo proibido aos governantes e políticos apresentarem o Programa como benesse. A autora destaca também o desenvolvimento de ações afirmativas com o enfoque de gênero, pois a titularidade do benefício é das mulheres e a disponibilização de um valor maior das bolsas da educação secundária para ingressantes do sexo feminino, ocorrendo também investimento na atenção à saúde da mulher. Contudo, segundo Lobo (2013), foram identificados os seguintes impactos: na nutrição: entre 2006 e 2012, a prevalência de desnutrição crônica infantil (baixa estatura para a idade) diminuiu 12%, tendo sido a menor diminuição incidente no âmbito rural; na alimentação: aumentou o consumo total das famílias em zonas rurais em 22% e em 16% nas zonas urbanas, com alimentos ricos em proteínas, frutas e verduras; na saúde: os resultados foram positivos em intervenções de cunho preventivo e limitados em intervenções com interação médica; diminuiu o consumo de bebidas alcoólicas e de tabaco em jovens de 22 a 24 anos mais expostos ao

Programa; incrementou o número de consultas em 30% nos jovens beneficiários de 6 a 18 anos; reduziu de 11% a mortalidade materna e de 2% a mortalidade infantil; na educação: os fatores que causam abondono escolar pesam menos onde existem as bolsas de estudo do *Oportunidades*; reduziram-se as desigualdades étnicas e de gênero no que tange à escolaridade; o prolongamento das trajetórias educativas é maior entre indígenas do que entre não indígenas e também maior entre mulheres do que entre homens; entre 2008 e 2011, a diferença de aprendizagem no nível secundário entre bolsistas do *Oportunidades* e não bolsistas que se submeteram à prova ENLACE foi reduzido em 56,1%.

Maior destaque pode ser conferido à diversidade de impactos atribuídos ao BF, por inúmeros estudos realizados internamente por equipes do Programa e por diversas avaliações encomendadas pelo Ministério de Desenvolvimento Social e Combate à Fome, órgão gestor nacional, além de inúmeros estudos e avaliações de iniciativa de instituições e pesquisadores independentes. Já tendo alcançado um público de mais de 14 milhões de famílias, ao BF são atribuídos impactos em diferentes áreas: na educação, como aumento da frequência escolar, redução do índice de evasão escolar, redução da taxa de repetência escolar, embora não tenham sido dimensionados impactos mais diretos na aprendizagem; aumento no incremento da renda familiar; na redução da pobreza, principalmente da extrema pobreza e da desigualdade; no empoderamento da mulher; na saúde: elevação da cobertura de vacinação, aumento do número de consultas de pré-natal e na saúde de crianças; na melhoria da alimentação; na redução do trabalho infantil; redução do número de horas semanais de trabalho formal e aumento equivalente do trabalho informal, incremento da economia local, principalmente dos pequenos municípios.[19]

Outro programa que apresenta impactos amplos é o *Familias en Acción* da Colômbia. Informações prestadas pelos gestores do Programa

---

19. Para tanto ver Silva (2014) e o *site* do Ministério de Desenvolvimento Social (Disponível em: <www.mds.gov.br>).

admitem que, num primeiro acompanhamento realizado em 2003, nos mesmos municípios da linha base, foram verificados alguns impactos de curto prazo: maiores taxas de frequência escolar; melhorias nutricionais e de saúde para crianças menores de 6 anos; elevação do consumo total das famílias, particularmente de alimentos, se comparado com grupo de não participantes. Foram comprovadas melhores práticas de consumo de alimentos pelas famílias, em particular, melhor distribuição de proteínas para os menores de idade. No segundo acompanhamento, realizado entre 2005 e 2006, buscaram-se identificar impactos de médio prazo, depois de 5 anos do início da intervenção, tendo sido evidenciado incremento no consumo das famílias em 15%, concentrado no consumo de proteínas, roupas e calçados para as crianças e certo aumento de gasto com educação. Os jovens entre 14 e 17 anos frequentavam a escola em proporção maior que os jovens não beneficiários (7%), todavia não foi registrada influência do Programa na frequência escolar dos menores de 12 anos que cursam o primário, verificando-se que na expansão do Programa o subsídio para alunos do primário não era tão necessário como para o secundário. No segmento população remanejada por situação emergencial, depois de um ano e meio de intervenção, foi verificado o quanto o programa contribuía para a estabilização socioeconômica e para o gozo efetivo de direitos, identificando-se maior nível de bem-estar dos beneficiários comparados com a população desalojada por situação emergencial que não havia sido inserida no Programa. Assim, os resultados obtidos indicaram que o Programa tem efeitos positivos em indicadores de educação, saúde e nutrição e que estes resultados são mais altos que os estimados para a população beneficiária mais pobre. Nos pilotos centros urbanos avaliados, entre 2005 e 2007, o Programa mostrou efeitos importantes no aumento do consumo mensal das famílias no primeiro ano de implementação, em particular alimentos ricos em proteínas, roupas e calçados para as crianças. Foram evidenciados também resultados positivos na frequência escolar nas zonas periféricas das grandes cidades, de maneira similar ao observado na avaliação da zona rural, todavia, o Programa parece não ter efeito sobre a população da educação básica primária, contrário ao que ocorreu com a secundária. Em relação à população indígena, uma avaliação desenvolvida em 2009 apresentou como principais resultados a aceitação do Programa por parte dessas comunidades, contribuindo para a atualização de registros de identificação dos beneficiários e para a construção de um coletivo de mulheres que não existia, de modo que as mulheres ganharam visibilidade. Nos centros urbanos, o Programa demonstrou efeitos positivos sobre o tempo, aumentando 0,14% anos de educação e em 2,8% a taxa de matrícula escolar; evidenciou impacto positivo e significativo sobre a afiliação na seguridade social em saúde, com a diminuição de incidência de infecção respiratória aguda, mas não na enfermidade diarreica aguda; mudanças positivas na dieta, com o aumento na frequência de consumo de alimentos fonte de proteína. Foi evidenciado que a educação nutricional como programa integral articulado à oferta do benefício do *Família en Acción* é uma necessidade dos beneficiários; verificando-se menor taxa de desemprego e de inatividade no grupo de tratamento, se consideradas outras avaliações; e que o Programa tem impactos positivos sobre o gasto total da família, especialmente com o aumento de gastos destinados à alimentação e educação. No segundo, acompanhamento da avaliação de médio prazo da intervenção em municípios de menos de 100.000 habitantes, foi destacado que o Programa contribuiu para a redução dos níveis de pobreza extrema e, em menor medida, a pobreza, média, em termos de renda. Isso significa que o Programa teve impactos na distribuição de renda, melhorando a situação dos mais pobres entre os pobres, que era um efeito buscado. Todavia, a proporção de famílias classificadas como pobres, por Necessidades Básicas Insatisfeitas, mudou muito pouco entre 2002 e 2006. O que realmente mereceu destaque foi a grande diminuição da indigência tanto na zona urbana quanto rural, especialmente na urbana (17,1%). Na rural o impacto foi de 12,6%, mas o efeito pela intervenção do Programa foi verificado na redução da brecha em gasto, em similar magnitude em ambas as zonas (6,6% e 6,7%). Em relação ao trabalho, foi evidenciado que, no caso de maiores de 18 anos, o Programa aumentou marginalmente a participação laboral de homens adultos nas zonas rurais em 2,7%, impacto que representou um incremento de 3,12% sobre a população não atendida pelo Programa; incrementou a participação de mulheres urbanas de 4,1% para 7,1%. Não foi observado impacto significativo sobre as horas trabalhadas por semana. Os resultados indicaram, contudo, que os subsídios do Programa tiveram o efeito indesejável de reduzir a participação laboral de adultos. Um efeito esperado do Programa foi o chamado empoderamento das mulheres beneficiárias, evidenciado por mudanças no interior da família, pela maior participação nas decisões das famílias por parte das mães e sua vinculação a novos espaços de participação, como o caso de assembleias, encontros de cuidado, comitês de mães e, em alguns casos, na interação com autoridades locais. Adicionalmente, mais de 2.400.000 famílias já têm conta-poupança no Banco Agrário. Além desses impactos, Attanasio (apud Osorio, 2013) identificou outros: aumento de 1,3 cm na estatura de crianças de 9 anos e de 1,5 cm para crianças de 12 anos na zona rural; incremento de 1,5 visitas ao serviço odontológico por menores de 16 anos beneficiários do Programa na zona urbana; melhores resultados em provas cognitivas e de matemática alcançados por crianças que entraram mais cedo no Programa; diminuição de 13% na probabilidade de menores entre 7 e 11 anos estarem trabalhando; aumento de 6,4% na probabilidade de jovens beneficiários entre 18 e 26 anos terminarem o bacharelado na zona rural. Já Nuñez (apud Osorio, 2013) aponta os seguintes impactos: incremento de 1% na probabilidade dos jovens beneficiários frequentarem a escola além do nono ano nos grandes centros urbanos; aumento de 4,9% de vacinação contra difteria, tosferina e tétano nas grandes cidades; diminuição de 7,6% na incidência de infecção respiratória aguda em crianças do grupo de tratamento nos grandes centros urbanos.

O AUH da Argentina, apesar de ter iniciada sua implementação em novembro de 2009, já desenvolveu vários estudos oficiais e acadêmicos que dimensionaram seus efeitos. Os informes oficiais destacam vários impactos (Argentina, 2009b, 2011, 2010; Administración Nacional de la Seguridad Social, 2010a, 2010b) em relação ao seu alcance e cobertura, sua participação na redução da pobreza e da indigência; contribuição sobre a demanda agregada; sua participação na melhoria no acesso à saúde e educação; nos avanços da universalização da renda; impacto redistributivo nas transferências regionais.

Em relação à cobertura e ao alcance do Programa, em fevereiro de 2011, foram atendidas 3,5 milhões de crianças e adolescentes com as transferências monetárias da AUH, o que é acrescido a 6,8 milhões de transferências familiares do regime contributivo do sistema de seguridade social nacional e dos trabalhadores públicos nacionais e das províncias. Isso significa que 85% das crianças e adolescentes argentinos já se encontravam cobertos pelo sistema de transferências familiares, não contributivo e contributivo. Ademais, as transferências alcançavam mais de 1,9 milhões de famílias; antes, 51% das crianças e adolescentes cobertos pela AUH não tinham recebido qualquer ajuda social em dinheiro.

Sobre a distribuição geográfica, um pouco mais dos 50% dos benefícios eram transferidos para as regiões que apresentam os índices mais elevados de pobreza, superior a 30% (região do noroeste (NOA), e nordeste argentino (NEA) (Administración Nacional de la Seguridad Social, 2011), representando impacto redistributivo regional significativo.

Em termos de impacto macroeconômico, pode ser verificado, numa primeira aproximação, o impacto agregado, representado pela estimação do multiplicador da demanda, com a propensão de aumento no consumo, o que significa uma expansão estimada em cerca de $ 7,6 milhões na moeda local (0,6% do PIB projetado para 2010), estimando-se que o impacto na demanda agregada por efeito do multiplicador seja de $ 20,656 milhões, ou seja, de 1,5% do PIB (Administración Nacional de la Seguridad Social, 2011). Em relação ao impacto na pobreza e indigência, foi estimado que no terceiro trimestre de 2009, os assalariados informais em situação de pobreza eram 14,5% e os desempregados alcançavam 24,4%, enquanto os assalariados formais pobres eram estimados em 1,7%, sendo estimado que os efeitos imediatos da AUH contribuíram para redução da pobreza em 4,2% e a indigência em 2,1% (Administración Nacional de la Seguridad Social, 2011).

Na busca de identificar os impactos dos PTRC, também encontramos registros do que pode ser considerado pontos fortes e debilidades desses programas. No que se refere aos pontos fortes, no *PRAF Bonos 10.000* foi destacado o SIRBHO, sistema de registro dos beneficiários, representando significativo avanço para identificar onde se encontram os mais pobres, permitindo o controle de gestão dos recursos do PRAF. Os estudos realizados sobre o PATH da Jamaica mostraram que houve bons resultados em termos da focalização. Em perspectiva comparada com países da região, inseriu maior proporção de pessoas em situação de pobreza (58% dos beneficiários se encontram no quintil mais pobre da população). Ademais, avaliações de impacto evideciaram altos níveis de satisfação dos beneficiários em relação ao Programa. No *Programa Comunidades Solidárias Rurais* e *Programa Comunidades Solidárias Urbanas* de El Salvador a experiência tem demonstrado que esse tipo de programa pode ser uma ferramenta útil para lograr outras metas, e não especificamente para aliviar a pobreza. Isso porque as transferências em si são pequenas, representando uma pequena ajuda às famílias, porém esse não é o propósito. Seu propósito real é assegurar outros resultados, como garantir a frequência das crianças à escola e promover programas de saúde focados na infância.

Sobre as Debilidades, no *PRAF Bonos 10.000* de Honduras foi ressaltado que uma das razões dos limitados impactos pode ser a baixa transferência e extrema precariedade da situação socioeconômica das famílias, sendo ainda acrescentada a multiplicidade de políticas e programas sociais realizados por diversas entidades sem agrupamento em uma instância organizacional com diversidade de autoridades em nível da política social, o que parece reduzir a eficácia dos programas, percebendo-se interesses contrapostos e agendas nem sempre coerentes. Ademais, a institucionalidade do país é frágil, dificultando uma estratégia de coordenação intersetorial, sendo as informações sobre os programas dispersas, fragmentadas e de difícil acesso e interpretação. Por outro lado, a estratégia de extensão da cobertura dos serviços de saúde, fundamental para um programa de transferências com corresponsabilidade, tem sido de baixa eficácia e os recursos que têm sido destinados a este fim são escassos. No PATH da Jamaica, também foi registrado não ser possível determinar que os impactos positivos na educação e na saúde das crianças se traduziram em melhores resultados no nível do desempenho escolar e na diminuição do trabalho infantil, o que significa que o aumento de frequência escolar e controles de saúde não são suficientes. É necessário melhorias na infraestrutura e na qualidade dos serviços (Levy e Ohls, 2007). No *Red Juntos* do Peru, no que se refere à educação, Cabrera (2011) aponta que se apresentaram certas carências em torno da infraestrutura escolar e capacitação docente. Relata ainda que o processo de focalização apresentava dificuldades, no que tange a erros na identificação correta de pessoas em situação de extrema pobreza. Esse fator faz com que haja famílias nesta situação excluídas do acesso ao Programa. Assim, a falta de clareza no processo de seleção tem gerado reações da população e denúncias contra algumas autoridades, as quais são acusadas de beneficiarem a alguns e não a todos que necessitam do Programa. A autora ressaltou, ainda, que estudos mostraram que o acesso à transferência monetária provoca apenas uma leve melhoria na condição de vida das famílias, não apresentando mudanças significativas, mostrando, inclusive, que o valor monetário transferido torna-se insuficiente no caso de famílias com muitos filhos, principalmente frente a novos gastos gerados pelas maiores demandas: compra de materiais para a escola, uniformes e custos com transporte. Cabrera (2011) admitiu também que a qualidade de serviços é uma prioridade para garantir ações efetivas e evitar situações nas quais as pessoas utilizem serviços de baixa qualidade pela obrigação de cumprir as condicionalidades. Isso porque, com a implementação do Programa, foi ampliada a demanda por acesso a serviços, no entanto, os setores da saúde e educação não se encontravam em condições de corresponder a uma oferta de serviços que gere confiança na população. À demora e à precariedade do atendimento somavam-se à falta de médicos especialistas, equipamentos e medicamentos. Por conseguinte, falta de políticas claras e efetivas que garantam a qualidade dos serviços básicos, como saúde e educação, fazia com que a população estivesse obrigada a receber atendimento limitado e escasso, o que a mantém num estado de exclusão absoluta (Cabrera, 2011). Igualmente, em estudo avaliativo sobre o TCCTP de Trinidad e Tobago, desenvolvido por Ottley (2010), foram destacadas várias fragilidades do TCCTP, como: insuficiência da alocação de pessoal em áreas de elevado e baixo índice de pobreza; debilidade na forma de contrato do pessoal, com a instabilidade de contratos, não assegurando, assim, a continuidade dos serviços; uso de diferentes mecanismos para levantar informações nas diferentes regiões; fragilidade nos procedimentos para priorizar os casos de maior necessidade; recursos de tecnologia de informações (TIC) inadequados para atender às necessidades de informação do Programa, fragilizando o controle nacional, com duplicação de procedimentos para inserção, sendo produzidos duplos cartões; fragilidade em focalizar o público-alvo, demora na emissão de cartões; transferência indiscriminada dos beneficiários do programa antecessor sem considerar os critérios do TCCTP, sem avaliação das estratégias para focalização do público-alvo, com desconsideração a componentes importantes do TCCTP; ineficácia para alcançar a autonomização dos beneficiários, uma vez que estes, após dois anos e meio do Programa, não haviam sido totalmente treinados; pouca prioridade ao monitoramento e avaliação do cartão de débito; insuficiência de pessoal e recursos para a Unidade de Gestão do Programa e seus escritórios regionais para oferecerem os serviços; lentidão em realizar as visitas após a inscrição dos demandatários ao Programa; inabilidade para focalização geográfica, pela inabilidade para alcançar os pobres de modo rápido, e filas de espera; deficiências de equipamentos; impossibilidade de o Ministério dimensionar o alcance e conhecimento sobre o Programa. No AFAM-PE do Uruguai as avaliações apontam certas linhas de continuidade com as avaliações sobre o PANES, destacando relativa baixa incidência do AFAM-PE no alcance de seus objetivos: permanência na escola, em particular secundária (Machado, 2012), controle de saúde dos menores de 5 anos e melhora na renda das famílias pobres (Arim, Cruces e Vigorito, 2009).

Para complementar as ilustrações anteriores, podemos mencionar, ainda, aspectos sobre avaliação apontados por compreensivo estudo publicado pela Cepal sobre balanço da experiência recente dos Programas de Transferências Condicionadas (PTC) na América Latina e Caribe (Cecchini e Madariaga, 2011). Os autores situam as avaliações de impacto desses programas tendo como finalidade detectar a necessidade de realizar mudanças, melhorar os PTC e oferecer informações objetivas e transparentes para os cidadãos, podendo assegurar a continuidade de programas exitosos apesar das transições políticas (Cecchini e Madariaga, 2011).

Nesse aspecto, foram tomados por referência inúmeros estudos que identificaram mudanças em relação aos indicadores de capacidades humanas: acesso à escola e aos serviços de saúde. Esses estudos não revelaram informações conclusivas em relação aos objetivos finais de desenvolvimento humano como aprendizagem, de modo que os efeitos na educação são concentrados no aumento da matrícula escolar, principalmente nos países nos quais os níveis de referência eram mais baixos. No caso do componente saúde e nutrição também são observados aumento de cobertura em controle de crescimento de crianças e em controles médicos preventivos. Todavia a evidência sobre os impactos no estado de saúde e nutricional de crianças são diversificados.

No que se refere aos indicadores de pobreza, Cecchini e Madariaga (2011) consideraram os efeitos do ponto de vista dos usuários e os que dimensionaram suas consequências nos índices de pobreza em nível nacional. Admitiram que as repercussões da transferência de renda às famílias beneficiárias podem ser sustentáveis no curto prazo, variando segundo o porte do programa. Quanto às repercussões das transferências nos indicadores de pobreza em nível nacional, as informações sobre efeitos positivos foram provenientes de países em que esses programas têm amplo alcance e o montante da transferência é significativo (Argentina, Brasil, Equador, Jamaica e México). Ademais, é necessário considerar a sustentabilidade no tempo dos efeitos na redução da pobreza e da desigualdade, demandando que os impactos, para além da duração dos programas, implicam complementação de outros programas de promoção social.

Sobre os impactos dos PTRC sobre o consumo, o estudo citado destacou que avaliações disponíveis em cinco países (Brasil, Colômbia, México, Nicarágua e Paraguai) mostraram que o consumo das famílias aumentou em decorrência de sua participação nesses programas, principalmente no consumo de alimentos, na compra de vestuário para as crianças, aumentando, também, a diversidade dos alimentos consumidos, e que nem sempre eram alimentos mais saudáveis.

Em relação à geração de renda e inserção no trabalho, o mesmo estudo mostrou que os beneficiários dos PTRC, em geral, não conseguiam inserção no mercado formal de trabalho de maneira sustentável, visto que o emprego informal continuava sendo a possibilidade mais factível para grande parte das famílias pobres e vulneráveis. Quanto ao trabalho infantil, esse tem sido considerado de maneira diferenciada pelos PTRC da região, sendo incorporado explicitamente por alguns programas, como o *Abrazo*, do Paraguai. Assim, os resultados alcançados são variados, com tendência maior para as famílias procurarem combinar o trabalho com a assistência recebida.

Finalmente, no que se refere ao empoderamento da mulher, estudos qualitativos realizados sobre o BF (Brasil) e o *Oportunidades* (México) evidenciaram incremento da posição da mulher junto à família, permitindo certo controle sobre as decisões domésticas e sobre o consumo da família, e na sua posição na comunidade, melhorando também seu bem-estar (Cecchini e Madariaga, 2011).

Pelo exposto, verificamos que a dimensão do impacto guarda estreita relação com a gestão e implementação dos PTRC, sendo verificado que os estudos realizados destacaram, sobretudo, alterações nas condições imediatas da vida do público inserido nos programas: educação, saúde, nutrição, trabalho, consumo, fortalecimento da mulher. São também direcionados para dimensionar alterações, mesmo que modestas, no quadro geral da pobreza, da extrema pobreza e da desigualdade social, principalmente nos países em que tais programas são mais massivos, embora não se possa dimensionar a sustentabilidade dessas alterações. Não foi identificado o desenvolvimento de estudos voltados para dimensionar o desempenho de indicadores de efetividade institucional, como o nível de aprendizado institucional, institucionalização de processos, autonomia, indução à mudança e capacidade de transferência de metodologia (Draibe, 2001). Nesse sentido, algumas questões podem ser enfatizadas: Qual a importância das alterações significativas que estão ocorrendo nas formas de gestão e implementação dos programas sociais com a larga tecnificação que vem sofrendo a assistência social? Que alterações esses programas vêm produzindo sobre a proteção social no que se refere à manutenção da dualidade: seguridade social contributiva e assistência social não contributiva? Que rebatimentos os PTRC vêm produzindo na manutenção da proteção social focalizada em detrimento da proteção social universal?

3.3.12 Autonomização dos beneficiários

De todas as dimensões selecionadas para análise dos PTRC em implementação na América Latina e Caribe, possivelmente a questão da autonomização dos beneficiários em relação a esses programas seja a menos consensual no seu conteúdo e na sua compreensão, principalmente no caso dos programas sociais que se direcionam para as ditas populações pobres, extremamente pobres e vulneráveis. Isso significa que temos mais indagações do que respostas: O que é autonomização? Autonomização de quem? Das famílias beneficiárias no seu conjunto? De alguns de seus membros, como as crianças e adolescentes de hoje no seu futuro? Portanto, seria a autonomização uma decorrência da formação de capital humano, já que esta é uma ideia motriz dos PTRC?

A análise do conjunto dos programas nos levou a identificar limites fundantes para tal autonomização. Os PTRC são direcionados para famílias ou indivíduos, como já mencionado, que vivem em situação de pobreza extrema, pobreza e vulnerabilidade. De um lado, a realidade desse público-alvo representa em si um limite para se falar de autonomização em sociedades marcadas pela exploração e divisão de classes, no caso das sociedades capitalistas, onde as oportunidades são desigualmente distribuídas. Por outro lado, os PTRC analisados têm duas dimensões: a transferência monetária, comprovadamente insuficiente para atender a necessidades básicas das famílias que são elevadas à condição de consumidores, não resta dúvida, mas num nível de consumo marginal para garantir a mera sobrevivência. Ademais, o público atendido pela maioria dos PTRC na América Latina e Caribe não chega a incluir grande parte da população, ou seja, grande contingente de pobres e extremamente pobres ainda está fora dessa proteção social assistencial não contributiva. A segunda dimensão dos PTRC é o que qualificamos como benefícios não monetários ou ações complementares direcionadas aos membros das famílias beneficiárias, com destaque a ações de educação, saúde, nutrição e trabalho. Uma análise dessas ações tem revelado a insuficiência para atendimento ao público a quem deve se direcionar e, sobretudo, à baixa qualidade da maioria dos serviços prestados.

Partindo dessa reflexão inicial, o que é possível buscar na caracterização dos PTRC em foco que possa ser qualificado, pelo menos como indícios de autonomização? Em primeiro lugar, as referências a esses programas pouco falam de autonomização e quando o fazem é expressando mais uma expectativa do que uma realidade, ou seja, fica mais no campo da intencionalidade e da subjetividade, o que é bem representado por um dos objetivos centrais desses programas: formação de capital humano.

Para ilustrar a autonomização como uma expectativa que se situa mais no campo da subjetividade, temos o *Programa Famílias en Acción* da Colômbia que, segundo afirmação de gestores, tem transformado a vida de muitos colombianos, contribuindo para desenvolver *capacidades*; tem incrementado os níveis de consumo das famílias participantes; tem incentivado a demanda de serviços de educação e saúde; tem contribuído para que os menores completem os ciclos de vacinação;

tem incidido na diminuição do trabalho infantil; tem aumentado o poder de negociação das mulheres no interior de suas famílias e comunidades; tem contribuído para a mobilidade social; mais jovens têm se graduado no secundário; e tem promovido a vinculação das famílias ao setor financeiro. Admitem ainda que a execução do Programa tem permitido a integração de diversos atores envolvidos no desenvolvimento social como setor educativo e de saúde, agências de pagamento, governos locais, bancos multilaterais; igualmente tem sido precursor na geração de uma cultura de avaliação dos programas sociais. Todavia, para manter e fortalecer esses resultados, os principais desafios são a evolução das corresponsabilidades, o melhoramento da qualidade na oferta de serviços de educação e saúde e na definição de condições de saída e o empoderamento dos governos locais. A recente inclusão do componente Jovens em Ação tem em vista exatamente a autonomização de jovens mediante incremento da sua empregabilidade, através da oferta de formação profissional (Osorio, 2013).

No *Chile Solidário* é destacado o aprendizado das famílias em decorrência, sobretudo, do Apoio Familiar durante o período de acompanhamento psicossocial, permitindo que as famílias possam se fortalecer mais internamente e vincular-se mais efetivamente com a rede institucional. Os três anos de ingresso no Programa parecem ter se convertido em meio para cumprir outro tipo de projetos e obter benefícios concretos: adquirir equipamento para melhorar a habitação, desenvolver uma microempresa, fazer uso de redes de apoio institucionais, entre outros, fortalecendo a possibilidade de autonomia das famílias, verificando-se que há propotas de projetos de acordo com as necessidades que vivenciam: habitação, trabalho, renda, microempreendimentos, projetos educacionais e outros projetos de superação de situações concretas (Chile, 2009b). Todavia, é considerado que as famílias com êxito relativo na sua trajetória de egresso do *Programa Puente* só conseguiram desenvolver aprendizagem em um dos âmbitos referidos: nas condições no interior da família ou em ter um melhor manejo da rede pública existente.

No BF do Brasil, também a questão da autonomização é tratada de modo vago, tendo sido divulgados casos de famílias que solicitaram seu desligamento por terem ultrapassado os limites de renda para inserção no Programa, quer seja por iniciativa própria, quer por ser constatada essa situação nos recadastramentos ocorridos a cada dois anos. Todavia, como se sabe, os limites de renda fixados são muito baixos para se considerar que seu alcance possa realmente representar autonomização dessas famílias. Ademais, as famílias egressas não são acompanhadas na sua trajetória para que se possa dimensionar que nível de autonomização alcançaram, de fato.

No *Programa Tekoporã* do Paraguai a autonomização é mera expectativa: é esperado que ao final dos três anos de permanência no Programa, as famílias possam desenvolver mecanismos ou habilidades para substituir a interrupção da transferência monetária recebida.

O *Asignación Universal por Hijo para Protección Social* da Argentina se refere a uma autonomização de curto prazo e outra de longo prazo. Ao se dirigir às famílias dos trabalhadores informais, que se encontram em situação de desproteção social por não ter acesso aos benefícios da seguridade social, pretende outorgar certa estabilidade e segurança monetária mínima periódica aos trabalhadores informais. Nesse sentido o impacto, em termos relativos, é significativo, por permitir estabelecer um piso de renda mínima, o que pode significar uma autonomía relativa. Ao mesmo tempo os fundamentos do Programa, por meio dos requisitos exigidos na saúde e educação, aspiram a um impacto a longo prazo que permita romper o *círculo intergeracional* da pobreza, situando a autonomização como variável dependente da formação de capital humano.

Nessa análise, o que verificamos foram indicações mais frequentes dos limites e insuficiência dos PTRC para o alcance de autonomia dos seus beneficiários, o que pode ser ilustrado com o *PRAF Bonos 10.000* de Honduras. De acordo com as informações apresentadas, as transferências monetárias distribuídas pelo PRAF não representam em si mesmas uma contribuição ao incremento da autonomia de seus beneficiários, mas um aporte mínimo à renda familiar. Sua maior contribuição parece orientar-se para a formação de atores locais (pais de família, líderes comunitários, organizações de mulheres), enquanto comitês comunitários escolares, organizados ao redor das escolas de cada aldeia com participação de representantes de associações de pais de família, Igreja, voluntariado social e autoridades municipais, para verificar que os beneficiários cumpram com os critérios estabelecidos, mas desenvolvem função — precária, subordinada e limitada de controle social sobre as transferências.

No *Oportunidades* do México, alguns estudos destacam mais os limites desse Programa para contribuir para a autonomização das famílias. Nesse sentido, Cotta (2009) afirma que o *Oportunidades* emprega um modelo individualista de ação, estabelecendo condicionalidades e sanções a cada componente, no caso de descumprimento. Ademais, atribui às famílias um papel fundamental na provisão de bem-estar aos seus componentes, sendo vistas como fonte primária de amparo social e material, cabendo aos pais investir no desenvolvimento das capacidades de seus filhos, mediante o cumprimento das condicionalidades do Programa. A autora também considera que o Programa tem uma intervenção junto às comunidades, mas esta ocorre de modo intermitente e ambíguo. A perspectiva comunitária acaba aparecendo devido ao enfoque territorial na seleção do público-alvo e na criação dos conselhos comunitários. Assim, destaca os desafios a serem enfrentados pelo *Programa Oportunidades* que estão relacionados com questões da autonomização das famílias, tais como: garantir a contribuição do componente educação para formação de capital humano, por meio do investimento na qualidade do ensino e do estímulo ao aproveitamento escolar; estender a complementação alimentar a outras etapas do ciclo de vida; refletir sobre os custos e benefícios das condicionalidades; elaborar estratégias de saída das famílias beneficiárias; garantir sustentabilidade dos efeitos positivos do Programa; equilibrar a sobrecarga de trabalho gerada entre os membros familiares; melhorar a qualidade do atendimento; e aumentar a presença do Programa nas localidades. Segundo Lobo (2013), há o reconhecimento de que um dos desafios enfrentados pelo *Oportu-*

nidades é a necessidade de melhorar a qualidade dos serviços de educação e saúde, o que, contudo, não se restringe à população beneficiária do Programa. Mas o principal desafio assumido pelo governo diz respeito à necessidade de conciliar as ações no campo da educação com oportunidades produtivas. Para tanto, têm iniciado ações para que se promova o acesso a programas de apoio produtivo e geração de renda. Na verdade, o desafio atual é que o Programa seja uma plataforma que sirva para potencializar de maneira efetiva as oportunidades dos beneficiários para a inclusão no mercado de trabalho e/ou alcance de maiores níveis de estudo e/ou a vinculação com projetos produtivos.

Referindo-se aos limites para a automização no *Programa Bono de Dessarrollo Humano* do Equador, em geral, os analistas apontam que as principais contribuções do Programa são relacionadas com as possibilidades de eliminar ou reduzir significativamente o esforço das famílias na sua reprodução biológica, permitindo que apliquem maiores recursos na ampliação de seu capital humano, verificando-se, por um lado, a redução do trabalho infantil e o aumento da permanência das crianças no sistema escolar (Rosero e Martinez, 2009; Calvas Chávez, 2010) e, por outro lado, a possibilidade de os adultos participarem em processos de capacitação, que os habilitariam para autonomía, significando a capacidade das famílias transformarem-se em microemprendedores e também na possibilidade de sua inclusão no sistema financeiro (Francke e Cruzado, 2009; Maldonado et al., 2011).

No *Programa Comunidades Solidárias Rurais* e *Comunidades Solidárias Urbanas* de El Salvador, em análise para verificar se o Programa pode gerar assistencialismo e acomodação por parte da população beneficiária, foi considerado que o benefício monetário, embora represente uma ajuda às famílias, é muito pequeno, não sendo suficiente do ponto de vista da autonomia para a superação da pobreza, sendo mais importantes os demais componentes do Programa articulados às áreas da educação, saúde, infraestrutura e acesso a serviços básicos. Todavia, para maximizar a possibilidade de autonomização das famílias é destacada a necessidade de continuação do Programa nos mesmos municípios e em atendimento às mesmas famílias, além de incluir outras, para que as crianças possam permanecer na escola além do sexto grau de ensino e da necessidade de reforçar as ações de capacitação.

No *Red Juntos* do Peru foi possível verificar, a partir dos estudos apresentados, que o Programa produz apenas modificações no modo de vida das famílias, não gerando, assim, um processo de autonomização em seu interior, limitando-se às condições mínimas de sobrevivência.

No TCCTP de Trinidad e Tobago, estudo já referenciado admite que o Ministério responsável pelo Programa falha em implementar a autossuficiência dos beneficiários, como assegurar o registro de todos os beneficiários empregáveis em agência de emprego para procura ativa de trabalho. Tem ocorrido também retardo em possibilitar capacitação para autossuficiência, além do aumento do custo do TCCTP ao longo do tempo, ameaçando a sustentabilidade e o alcance dos principais objetivos.

O exposto sugere a debilidade da dimensão autonomização dos beneficiários a partir da inserção nos PTRC, tanto no que se refere à sua concepção como à concretização dessa dimensão. Ademais, podemos inferir o estabelecimento de uma relação entre autonomização e cumprimento das condicionalidades e responsabilidades atribuídas às famílias, com destaque à responsabilização da mulher. Ou seja, no provimento de condições e oportunidades que favoreçam a pretendida autonomização, parece que a responsabilidade das famílias é maior que a do Estado.

3.4 Conclusão

A análise desenvolvida sobre os PTRC na América Latina e Caribe nos leva a considerar que não se trata de um modelo único de proteção social, visto que os programas foram adaptados à realidade econômica, sociopolítica e institucional de cada país. A diversidade identificada se expressa também nos diferentes níveis de cobertura da população e no volume de recursos destinados a esses programas, verificando-se que os países que apresentam o menor nível de desenvolvimento humano, portanto com um contingente relativamente maior de pobres, são os que têm menos possibilidades de investir nesses programas, o que leva a uma menor cobertura e a efeitos mais modestos. Assim, as transferências monetárias, que já se situam num patamar de mínimo de sobrevivência, pouco têm conseguido fazer com que grande parte das famílias consigam ultrapassar a linha da indigência.

Na busca de desvendar a essência dos PTRC, consideramos importante verificar que a construção das propostas é referenciada pelo menos em quatro categorias teóricas principais: pobreza, teoria do capital humano, focalização e neodesenvolvimentismo.

No que se refere à categoria pobreza, identificamos evidências de uma concepção multidimensional da pobreza na formulação dos objetivos, dos critérios de inserção, na fixação de condicionalidades e de benefícios não monetários, materializados na oferta de um conjunto de ações complementares a pessoas ou a integrantes das famílias beneficiárias. Embora seja identificada nessas dimensões a compreensão da pobreza na sua multidimensionalidade, expressando um conjunto de deficiências, carências, ausências, não resta dúvida de que a deficiência de renda é considerada o determinante principal, o que qualifica a pobreza, em última análise, numa perspectiva economicista e individualista do pobre. Não se percebeu qualquer indicação ou consideração à dimensão estrutural da pobreza, engendrada pela forma como a sociedade, no caso a capitalista, organiza-se para produzir e distribuir a riqueza gerada socialmente, transmutada em forma de mercadoria. Se a dimensão estrutural da pobreza não é considerada, o indivíduo passa a ser o responsável pelo seu estado de pobreza, havendo fértil espaço para a ideologia da responsabilização e da estigmatização. Mais que isso, o que passa a importar não é superar ou erradicar a exploração e, consequentemente, a pobreza, mas mitigar situações extremas, com melhorias imediatas nas condições de vida do pobre que é transformado num consumidor marginal, com consequente redução do seu potencial de sujeito perigoso à estabilidade da ordem social.

A teoria do capital humano é sobejamente utilizada pelos PTRC, transformando a educação, coadjuvada pela saúde e nutrição, num fator de produção do capital. Referenciando, principalmente, os objetivos e a fixação de condicionalidades, os PTRC atribuem à educação o poder de transformar os beneficiários em sujeitos capazes de romper com a pobreza intergeracional no qual estão imersos. Poucos programas se colocam como ações complementares à transferência monetária e à melhoria de infraestrutura, de condições básicas de saneamento, de moradia, de transporte coletivo. Os benefícios não monetários ou ações complementares disponibilizados são insuficientes quantitativamente e de baixa qualidade, mesmo a educação ofertada é insuficiente e de qualidade duvidosa, em muitos países, para efetivamente produzir o efeito anunciado de ultrapassagem da pobreza intergeracional.

A problematização que fazemos sobre o grande destaque atribuído à teoria do capital humano enquanto uma das referências teóricas fundantes dos PTRC na América Latina e Caribe é seu caráter reducionista ao considerar a educação descontextualizada das relações sociais. Posto que a educação é reduzida a mera potencializadora da capacidade de trabalho e de produção, considerando o investimento em capital humano como altamente rentável no plano geral do desenvolvimento das nações, igualmente no plano da mobilidade individual. Com isso, a teoria do capital humano é disseminada como uma panaceia da solução da pobreza e das desigualdades entre países desenvolvidos e subdesenvolvidos e entre os indivíduos, com o registro de grande penetração nos países latino-americanos pela mediação de organismos internacionais, sendo os PTRC espaço fértil para disseminação dessa teoria e da ideologia que a fundamenta. Uma das consequências é a emergência da noção de empregabilidade que atribui às pessoas individualmente a responsabilidade de sua inserção e manutenção no mercado de trabalho e pelo caráter reducionista que tira da educação atributos de formação humana que se situam para além do mercado de trabalho.

A focalização na pobreza é o qualificador central dos PTRC na América Latina e Caribe. Como já mencionado, trata-se de uma focalização que mais fragmenta do que focaliza a pobreza. Os processos de seleção dos pobres, aparentemente multidimensionais, privilegiam a variável renda. São dimensionados por procedimentos técnicos quantitativistas na busca da eficiência, não chegando a possibilitar a inclusão de todos, mesmo considerando os critérios por demais restritivos de elegibilidade do público-alvo. Trata-se mais de uma focalização residualista que, portanto, não dá conta de realizar uma discriminação positiva que se centre naqueles a quem foram negados o acesso a direitos civilizatórios da sociedade moderna, deixando-os à margem do direito ao acesso a políticas e programas universalizantes e de qualidade.

O neodesenvolvimentismo é a categoria teórica que permite compreendermos os PTRC no contexto da crise mais recente do capitalismo. Colocando a falência do neoliberalismo, propõe o estabelecimento de um consenso fundado na proposta de um modelo de desenvolvimento que articule crescimento econômico com desenvolvimento social, mediante a intervenção do Estado na implementação de políticas que permitam atender algumas necessidades imediatas das classes trabalhadoras, mantendo, ao mesmo tempo, as exigências de incremento das taxas de lucro do capital. Trata-se de serem criadas oportunidades para inserção dos indivíduos no mercado de trabalho, mediante a oferta de ações no campo da educação, saúde e nutrição, agenda incorporada integralmente pelos PTRC.

Sob essa orientação, os PTRC na América Latina e Caribe vêm sendo concebidos e implementados a partir da última década do século passado, no contexto de crise gerada pelas consequências negativas da reestruturação produtiva do capital para sua inserção mundializada. Nesse contexto ocorreu o incremento da pobreza e, ao mesmo tempo, é construída uma agenda que precisou destacar o combate à pobreza decorrente, vista como entrave ao desenvolvimento econômico. Inicia-se a interrupção de um processo em curso pela universalização de direitos sociais, produto da luta social, com a prevalência de programas focalizados na pobreza e na extrema pobreza.

Embora essa incursão venha propiciando maior visibilidade à pobreza, as determinações estruturais geradoras da pobreza e da desigualdade social são desconsideradas. Desse modo, a postura que vem orientando a proteção social na região apresenta o risco de limitar a reflexão e a intervenção social a melhorias imediatas de condições de vida dos pobres, que são reproduzidos em nível de sobrevivência, mesmo que ascendam à categoria de consumidores marginais. Nesse contexto, os fundamentos de natureza estrutural da sociedade, como a concentração da riqueza socialmente produzida, da renda do trabalho e da propriedade e o incremento da renda do capital, continuam praticamente inalterados.

As experiências dos PRTC, embora marcadas na América Latina e Caribe por especificidades históricas e contextuais da realidade de cada país, no geral, como considerado anteriormente, três componentes comuns estão presentes nesses programas: a focalização na pobreza e na extrema pobreza; a instituição de um conjunto de condicionalidades, contrapartidas a serem cumpridas pelas famílias e pessoas inseridas nesses programas, sob pena de algum tipo de punição; e a disponibilização de transferência de renda monetária, articulada a ações complementares. Com isso, alarga-se a responsabilidade, sobretudo, das mães, principal responsável da família perante os programas. Assim, é instituído um espaço propício para sustentação de um falso moralismo que dissemina, na sociedade, nas instituições e entre segmentos do seu quadro técnico e até entre os próprios beneficiários, a ideia de que os pobres precisam *fazer por onde merecer* a proteção do Estado, mesmo que essa proteção seja para garantir o direito inalienável da sobrevivência, além de disseminação da crença de que esses programas criam dependência e desestímulo ao trabalho. Assim, a dinâmica de implementação dos PTRC coloca o confronto entre a oferta e a demanda de serviços. Se, por um lado, as famílias são estimuladas pela transferência monetária a demandar serviços de educação e saúde, por outro, o Estado, responsável pela disponibilização desses serviços, apresenta uma oferta quantitativa e qualitativamente insuficiente para o atendimento de todos.

Ainda no espaço dessa conclusão é fundamental ressaltar que o recente crescimento e consolidação dos PTRC na América Latina e Caribe vêm produzindo profunda reconfiguração do campo assistencial em que são situados, adotando dispositivos gerenciais e tecnológicos que vêm reconstruindo no desenho institucional a configuração da gestão e da implementação das políticas e programas de proteção social, com uma ampla tecnificação da gestão assistencial da pobreza. Para tal, são demandados novos saberes, equipes profissionais especializadas e práticas profissionais altamente tecnificadas para construção e implementação de complexos sistemas de seleção, acompanhamento e avaliação do público inserido nos programas. O campo assistencial é direcionado para a busca da eficiência em detrimento da humanização e da efetividade. São desenvolvidos sofisticados sistemas de cadastramento dos pobres, de sua seleção e de acompanhamento da população beneficiária, com institucionalização das políticas de combate à pobreza em novas bases. Mudanças institucionais são amplamente adotadas, com a criação de ministérios sociais e de secretarias estaduais e municipais de desenvolvimento social para gerir sofisticados sistemas, favorecidos pelo avanço da tecnologia da informação e comunicação. Com esse aparato, busca-se identificar os pobres merecedores de ajuda e segui-los na trajetória de acompanhamento das condicionalidades e no controle das condições que permitem a continuidade ou não de sua inserção nos programas.

As análises acima, ao procurarem desvendar a essência dos fundamentos e qualificadores dos PTRC na América Latina e Caribe, não devem servir para desconsiderar o significado, a importância e as contribuições que esses programas oferecem a um amplo contingente populacional de famílias que vivem em extrema pobreza na região, cuja fonte única de uma renda certa, para muitos, é somente a transferência monetária recebida.

Por último, é essencial considerar que a efetividade dos PTRC depende, em grande medida, da existência de sistemas universais de saúde e educação consolidados e de uma economia dinâmica que permita gerar, de modo sustentável, empregos de qualidade (Cecchini e Madariaga, 2011).

Há que se destacar, finalmente, que a prevalência dos PTRC utilizados enquanto mecanismos para enfrentamento à pobreza na América Latina e Caribe, conforme ficou demonstrado no decorrer das reflexões desenvolvidas no presente texto, expressa o que Pereira (2012, p. 748) denomina de *monetarização da política social* que, no dizer da autora "[...] não mais visa concretizar direitos sociais, mas fortalecer o mérito individual do pobre de conseguir, por meio do mercado, a satisfação de suas necessidades". Assim, o repasse do dinheiro aos pobres não lhes garante a cidadania via serviços sociais públicos, empregos e salários de qualidade, de modo que a utilização do poder mágico e fetichista do dinheiro transforma os pobres em consumidores e, portanto, em pagadores de impostos numa realidade na qual o sistema tributário é regressivo, incidindo largamente no consumo e, em consequência, sobre os pobres. Assim, secundariamente, os beneficiários dos PTRC são transformados em detentores de contas bancárias, portando cartão de crédito, que os transforma em compradores de produtos a prazo e, com isso, em permanentementes endividados.

Referências

ADMINISTRACIÓN NACIONAL DE LA SEGURIDAD SOCIAL. *Asignación Universal por Hijo para Protección Social*: una política de inclusión para los más vulnerables. Argentina, mayo 2010a. Realizado por Equipo de Trabajo Gerencia Estudios de la Seguridad Social. Disponível em: <observatorio.anses.gob.ar/files/subidas/Cuadernillo_AUH.pdf>. Acesso em: 8 abr. 2012.

______. *Inclusión y previsión social en una Argentina responsable*. Argentina, jul. 2010b. Presentación ante La Cámara de Senadores de la Nación de D. Bossio y A. Boudou.

______. ______. *Asignación Universal por Hijo para Protección Social*: una política de inclusión para los más vulnerables. Argentina, jul. 2011.

______. *Programa Asignación Universal por Hijo para Protección Social* [página oficial]. Argentina, 2012. Disponível em: <www.anses.gob.ar/AAFF_HIJO2/index.php>. Acesso em: 8 abr. 2012.

ALVORADO, Milagros. Peru: o Programa Juntos e seu papel na política de inclusão social. In: PAINEL TÉCNICO INTERNACIONAL DE PROGRAMAS DE TRANSFERÊNCIA DE RENDA CONDICIONADA NA AMÉRICA LATINA, *Anais eletrônicos...*, Brasília: MDS/Banco Mundial, 2013. Conferência em *power point*. Disponível em: <www.mds.gov.br>. Acesso em: 25 jun. 2013.

ANTUNES, Ricardo (Org.). *Riqueza e miséria do trabalho no Brasil II*. São Paulo: Boitempo, 2013.

______. *Adeus ao trabalho?* Ensaio sobre as metamorfoses e a centralidade do mundo do trabalho. 3. ed. São Paulo: Cortez, 1995.

APOLO, Frenzel. Equador: o Bono de Desarrollo Humano e sua vinculação com o Sistema de Proteção Social. In: PAINEL TÉCNICO INTERNACIONAL DE PROGRAMAS DE TRANSFERÊNCIA DE RENDA CONDICIONADA NA AMÉRICA LATINA, *Anais eletrônicos...*, Brasília: MDS/Banco Mundial, 2013. Conferência em *power point*. Disponível em: <www.mds.gov.br>. Acesso em: 25 jun. 2013.

ARGENTINA. Decreto n. 1.602, de 29 de outubro de 2009. Asignaciones Familiares. Incorpórase el Subsistema no Contributivo de Asignación Universal por hijo para Protección Social. Buenos Aires, 2009a.

______. Ministerio de Economía y Finanzas Públicas. Secretaría de Política Económica. Nota Técnica n. 23: la Asignación Universal por Hijo en Argentina. *Informe Económico*, Buenos Aires, n. 70, 2009b. Disponível em: <www.mecon.gov.ar/peconomica/informe/notas_tecnicas/23%20NOTA%20TECNICA%20Empleo%20e%20Ingresos%20inf%2070.pdf>. Acesso em: 8 abr. 2012.

______. Ministerio de Trabajo, Empleo y Seguridad Social. *Ampliación del Sistema de Protección Social en Argentina*. Buenos Aires, 2010.

______. Presidencia de la Nación. Ministerio de Educación. *Análisis y evaluación de los aspectos educativos de la Asignación Universal por Hijo* (AUH). Buenos Aires, 2011. [Informe elaborado en base a los estudios realizados por universidades nacionales.]

ARIM, Rodrigo; CRUCES, Rodrigo; VIGORITO, Andrea. Programas sociales y transferencias de ingresos en Uruguay: los beneficios no contributivos y las alternativas para su extensión. *Serie Políticas Sociales*, Santiago, Chile, n. 146, 2009.

ARREGUI, Carola C. O debate sobre a produção de indicadores sociais alternativos: demandas por novas formas de quantificação. *Serviço Social & Sociedade* [*on-line*], São Paulo, n. 111, p. 529-54, 2012. Disponível em: <www.scielo.br/scielo.php?script=sci_arttext&pid=S0101-66282012000300008&lng=en&nrm=iso>. Acesso em: 15 maio 2013.

ARRIGH, Giovanne. *O longo século XX*. Rio de Janeiro: Contraponto; São Paulo: Ed. da Unesp, 1996.

BANCO DE PREVISIÓN SOCIAL. *Indicadores de la Seguridad Social*. Montevideo, Uruguai, 2012. Disponível em: <www.bps.gub.uy/BrowserNetCM.

aspx?menuBN=&res=Institucional/estadisticas&desc=no&var=>. Acesso em: 15 maio 2013.

BANCO MUNDIAL. *Desigualdade na América Latina e no Caribe*: rompendo com a história. Washington, D.C., 2003. Edição da Conferência. Relatório para 2003. Disponível em: <www.worldbank.org>. Acesso em: 7 out. 2003.

______. *Las políticas de transferencia de ingresos en Uruguay*: cerrando las brechas de cobertura para aumentar el bienestar. Buenos Aires, Argentina, 2007.

BARNES, Stacy-Ann. Jamaica: Programme of Advancement through Health and Education (PATH). In: INTERNATIONAL CONFERENCE ON CONDITIONAL CASH TRANSFERS, 3., *Anais*..., Estambul, Turquía: Banco Mundial, jun. 2006.

BATISTA, Paulo Nogueira. O Consenso de Washington: a visão neoliberal dos problemas latino-americanos. In: ______ et al. *Em defesa do interesse nacional*: desinformação e alienação do patrimônio público. Rio de Janeiro: Paz e Terra, 1994. p. 99-144.

BERG, Janine; RIBEIRO, José; LUEBKER, Malte (Orgs.). *Perfil do trabalho decente no Brasil*. Brasília: OIT, 2009.

BIRDSALL, Nancy; LA TORRE, Augusto de; MENEZES, Rachel. *El Disenso de Washington*: políticas económicas para la equidad social en Latinoamérica. Washington, D.C.: Fondo Carnegie para La Paz Internacional y Diálogo Interamericano, 2001.

BRASIL. Ministério do Desenvolvimento Social e Combate à Fome. Portaria n. 666, de 28 de dezembro de 2005. Disciplina a integração entre o Programa Bolsa Família e o Programa de Erradicação do Trabalho Infantil. *Diário Oficial da União*, Brasília, 30 dez. 2005, ed. 251, seção 1.

BULMER-THOMAS, Victor. *La historia económica de América Latina desde la independencia*. México: FCE, 2010.

CABRERA, Cecilia Correa. *Juntos — Programa de Transferência de Renda no Peru*: alcances e perspectivas. Dissertação (Mestrado em Política Social) — Universidade de Brasília, Brasília, 2011.

CALDEIRA, Teresa. *Cidade de muros*. São Paulo: Editora 34, 2003.

CALVAS CHÁVEZ, Glenda Viviana. *Evaluacĩon de impacto del Bono de Desarrollo Humano en la educación*. Tesis (Maestría en Ciencias Económicas)

— Facultad Latinoamericana de Ciencias Sociales, Programa de Economía, Ecuador, abr. 2010. Disponível em: <www.flacsoandes.org/dspace/bitstream/10469/2405/4/TFLACSO-2010GVCC.pdf>. Acesso em: 15 maio 2013.

CASTEL, Robert. *As metamorfoses da questão social*: uma crônica do salário. Petrópolis: Vozes, 1998.

CASTELO, Rodrigo. O social-liberalismo brasileiro e a miséria ideológica da economia do bem-estar. In: MOTA, Ana Elizabete (Org.). *Desenvolvimento e construção de hegemonia*: crescimento econômico e reprodução da desigualdade. São Paulo: Cortez, 2012.

CECCHINI, Simone et al. Desafíos de los programas de transferencias con corresponsabilidad. Los casos de Guatemala, Honduras y Nicaragua. *Documentos de proyectos*, Santiago de Chile, n. 248, 2009.

______; MADARIAGA, Aldo. *Programas de transferencia condicionadas*: balance de la experiencia reciente en América Latina y el Caribe. Santiago: Naciones Unidas, 2011. (Cuadernos de la Cepal, n. 95.)

______; MARTÍNEZ, Rodrigo. *Protección social inclusiva en América Latina*: una mirada integral, un enfoque de derechos. Santiago de Chile: Cepal, 2011.

CENTRO DE ESTUDIOS SOCIALES PADRE JUAN MONTALVO. *Estudo solidaridad en La Republica Dominicana*, Santo Domingo, República Dominicana, abr. 2008.

CHILE. Ministerio de Planificacción Nacional y Política Económica. Ley n. 19.949, de 25 de noviembre de 2004. Crea el Sistema de Proteccion Social denominado Chile Solidário, Santiago, 14 mar. 2005.

______. ______. *Sistema de Protección Social Chile Solidario*: satisfacción de usuarios y factores psicosociales. Santiago, 2009a. Disponível em: <www.chilesolidario.gob.cl/rec/rec1.php>. Acesso em: 25 jun. 2012.

______. ______. *Trayectorias familiares al egreso del Programa Puente.* Santiago, jun. 2009b. Disponível em: <www.chilesolidario.gob.cl/rec/rec1.php>. Acesso em: 25 jun. 2012.

CODES, Luíza Machado de. A trajetória do pensamento científico sobre a pobreza: em direção a uma visão complexa. *Texto para Discussão*, Niterói, n. 1.332, 2008.

COHEN, Ernesto; FRANCO, Rolando; VILLATORO, Pablo. México: el Programa de Desarrollo Humando Oportunidades. In: ______; FRANCO, Rolando. *Transferencias con corresponsabilidade*: una mirada latinoamericana. México: Secretaría de Desarrollo Social, 2006. cap. 2, p. 85-136.

COMISSÃO ECONÔMICA PARA AMÉRICA LATINA E O CARIBE. *Panorama Social de América Latina 2010*. Santiago de Chile, 2010.

______. *Anuário Estadístico de América Latina y el Caribe*. Santiago de Chile, 2011.

______. *Cambio estructural para la igualdad*: uma visión integrada del desarrollo. Santiago de Chile, 2012a.

______. *Panorama Social de América Latina 2012*: documento informativo. Santiago de Chile, 2012b.

______. *Panorama Social de América Latina 2009*. Santiago de Chile, 2009. Disponível em: <www.eclac.cl>. Acesso em: 30 jan. 2013.

______; ______. Organização Internacional do Trabalho. *Panorama social de América Latina 2000*. Santiago de Chile, 2000.

______; ORGANIZAÇÃO DAS NAÇÕES UNIDAS. Organização Internacional do Trabalho. *Coyuntura Laboral em América Latina y el Caribe*. Santiago de Chile, 2011b.

COSTA RICA. *Programa Avancemos* [página oficial]. San José, 2012. Disponível em: <www.imas.go.cr/ayuda_social/avancemos.html>. Acesso em: 23 ago. 2012.

COTTA, Tereza Cristina Silva. *Visões de proteção social e transferências de renda condicionadas no Brasil e no México*. Tese (Doutorado em Américas) — Universidade de Brasília, Brasília, 2009.

DEDECCA, Cláudio Salvadori. Emprego e qualificação no Brasil dos anos 90. In: OLIVEIRA, Marco Antônio de (Org.). *Reforma do Estado e políticas de emprego no Brasil*. Campinas: IE/Unicamp, 1998.

DRAIBE, Sônia M. Avaliação de implementação: esboço de uma metodologia de trabalho em políticas públicas. In: BARREIRA, Maria Cecília Roxo Nobre. *Tendências e perspectivas na avaliação de políticas e programas sociais*. São Paulo: IEE/PUC-SP, 2001.

DRAIBE, Sônia M. *Programa Oportunidades (México) e Programas Puente/Chile Solidário (Chile)*. Campinas: Ed. da Unicamp, 2007.

EQUADOR. Ministerio Coordinador de Desarrollo Social. *Bono de desarrollo humano* [página oficial]. Disponível em: <www.rips.gob.ec/rs/>. Acesso em: 23 ago. 2012.

EUZEBY, Chantal. *Le revenu minimum garanti*. Paris: La Decouvert, 1991.

FILGUEIRA, F. El nuevo modelo de prestaciones sociales en América Latina: residualismo, eficiencia y ciudadanía estratificada. In: ROBERTS, B. (Ed.). *Ciudad y política*. San José, Costa Rica: Flacso/SSRC, 1998.

FIORI, José Luís (Org.). *Poder e dinheiro*: uma economia política da globalização. 6. ed. Petrópolis: Vozes, 1998.

FRANCKE, P.; CRUZADO, E. *Transferencias monetarias condicionadas e instrumentos financieros en la lucha contra la pobreza*. [S.l.]: Proyecto Capital. 2009. Disponível em: <www.proyectocapital.facipub.com/facipub/upload/publicaciones/1/140/francke_cruzado_transferencias_monetarias_condicionadas_e_instrumentos_financieros_en_la_lucha_contra_la_pobreza.pdf>. Acesso em: 23 ago. 2012.

FRIGOTTO, Gaudêncio. *Educação e a crise do capitalismo real*. 6. ed. São Paulo: Cortez, 2010.

GARRIDO, Maria Laura Vecinday. *La reconfiguración del campo asistencial el caso del Plan de Equidad de Uruguay*. Montevideo, 2012. (Mimeo.)

GENTILI, Pablo. Educar para o desemprego: a desintegração da promessa integradora. In: FRIGOTO, Gaudêncio (Org.). *Educação e crise do trabalho*: perspectivas do final do século. Petrópolis: Vozes, 1998.

______. Educação na América Latina. In: SADER, Emir; JINKINGS, Ivana (Coords.). *Enciclopédia contemporânea da América Latina e o Caribe*. São Paulo: Boitempo, 2006.

HONDURAS. Gobierno Unidad Nacional. *Programa de Asignación Familiar* [página oficial]. Tegucigalpa, [2012]. Disponível em: <www.praf.hn/>. Acesso em: 23 ago. 2012.

HUAYTA, Violeta Magdalena Rojas. *Transferência condicionada de renda e segurança alimentar em espaços rurais*: uma análise do Programa Juntos na comunidade indígena de Pilpichaca no Peru. Dissertação (Mestrado em

Administração de Organizações) — Universidade de São Paulo, Ribeirão Preto, 2011.

INFANTE, Ricardo. *El desarrollo inclusivo en América Latina y el Caribe*. Santiago de Chile: Cepal, 2011.

JESSOP, Bob. Changing forms and functions of the State in an era of globalization and regionalization. In: EUROPEAN ASSOCIATION FOR EVOLUTIONARY POLITICAL ECONOMY, 1991, Paris. *Anais*..., Paris: [s.n.], 1991.

KERSTENETZKY, Célia Lessa. Políticas sociais: focalização ou universalização? *Textos para Discussão*, Niterói, n. 180, 2005.

KLIKSBERG, B. *Desigualdade na América Latina*: o debate adiado. Trad. Sandra Valenzuela. 2. ed. São Paulo: Cortez; Brasília: Unesco, 2001.

LEVY, D.; OHLS, J. *Evaluation of Jamaica's PATH programme*: final report. Jamaica: Ministry of Labour and Social Security; Princeton, NJ: Mathematica Policy Research, 2007. Disponível em: <www.mathematica-mpr.net/publications/pdfs/JamaicaPATH.pdf>. Acesso em: 25 jul. 2012.

LIMA, Valéria Almada. Reforma do Estado e controle social: limites e possibilidades da descentralização e do terceiro setor. *Revista de Políticas Públicas*, São Luís, v. 6, n. 2, p. 127, jul./dez. 2002.

______. Apresentando referências de fundamentação das experiências de pesquisas avaliativas. In: SILVA, Maria Ozanira da Silva e (Org.). *Pesquisa avaliativa*: aspectos teórico-metodológicos. São Paulo: Veras, 2008.

LOBO, Joaquim Narro. México: redesenho do Programa Oportunidades e o contexto da Cruzada Nacional Contra el Hambre. In: PAINEL TÉCNICO INTERNACIONAL DE PROGRAMAS DE TRANSFERÊNCIA DE RENDA CONDICIONADA NA AMÉRICA LATINA, *Anais eletrônicos*..., Brasília: MDS/Banco Mundial, 2013. Conferência em *power point*. Disponível em: <www.mds.gov.br>. Acesso em: 25 jun. 2013.

MACHADO, Alina (Coord.). *El nuevo régimen de Asignaciones Familiares*: su impacto en la participación y permanencia en el Ciclo Básico de educación media. Uruguay: Ministerio de Desarrollo Social/Facultad de Ciencias Económicas y de Administración, mar. 2012. [Material não publicado.]

MALDONADO, Jorge et al. *Los programas de transferencias condicionadas*: ¿hacia la inclusión financiera de los pobres en América Latina. Lima: IEP/Idrc,

2011. (Serie Análisis Económico, n. 26.) Disponível em: <www.proyectocapital.org/index.php/es/documentos/itemlist/filter?array4[]=Ecuador&Itemid=583>. Acesso em: 23 ago. 2012.

MARANHÃO, Cézar Henrique. Desenvolvimento social como liberdade de mercado: Amartya Sen e a renovação das promessas liberais. In: MOTA, Ana Elizabete (Org.). *Desenvolvimento e construção de hegemonia*: crescimento econômico e reprodução da desigualdade. São Paulo: Cortez, 2012.

MARX, K.; ENGELS, F. *Textos sobre educação e ensino*. São Paulo: Moraes, 1983.

MESA-LAGO, Carmelo. *Social Security in Latin America*. [S.l.]: Inter-American Development Bank, Economic and Social Progress in Latin America, 1991.

MÉXICO. Secretaria de Desarrollo Social. Estados Unidos Mexicanos. *Documentos de normatividad*: reglas de operación del Programa de Desarrollo Humano Oportunidades, dez. 2011. Disponível em: <www.oportunidades.gob.mx/Portal/wb/Web/normatividad_vigente>. Acceso en: 12 jun. 2012.

MIDAGLIA, Carmen. Un balance crítico de los programas sociales en América Latina. *Revista Nueva Sociedad*, Buenos Aires, n. 239, p. 79-89, maio/jun. 2012.

MILANO, Serge. *La pauvreté absolute*. Paris: Hachete, 1988.

MINTO, Lalo Watanabe. Teoria do capital humano: verbete. In: LOMBARDI, José Claudinei; SAVIANI, Dermeval; NASCIMENTO, Maria Isabel Moura (Orgs.). *Navegando pela história da educação brasileira*. Campinas: Graf. FE, HISTEDBR, 2006. Disponível em: <www.histedbr.fae.unicamp.br/navegador/glossario/veb_c_teoria_do_capital_humano.htm>. Acesso em: 3 mar. 2013.

MIRZA, Christian Adel (Coord.). ¿Es posible un nuevo Estado de bienestar en América Latina?: la reconfiguración de las matrices de bienestar en el Mercosur. *Avances de Investigación*, Madrid, n. 36, mar. 2010. Disponível em: <www.fundacioncarolina.es>. Acesso em: 30 jul. 2012.

MOTA, Ana Elisabete. Redução da pobreza e aumento da desigualdade: um desafio teórico-político ao Serviço Social brasileiro. In: ______ (Org.). *Desenvolvimento e construção de hegemonia*: crescimento econômico e reprodução da desigualdade. São Paulo: Cortez, 2012.

OLIVEIRA, Francisco de. *Vanguarda do atraso e atraso da vanguarda*: globalização e neoliberalismo na América Latina. São Paulo: ALAS, 1997.

ORGANIZAÇÃO DAS NAÇÕES UNIDAS; ______. Memoria del Director General: trabajo decente y protección para todos. In: REUNIÓN REGIONAL AMERICANA, 14., *Anais...*, Lima, Peru, ago. 1999.

______; ______. Oficina Regional para América Latina y el Caribe. *Panorama laboral de América Latina y el Caribe.* Lima, Peru, 2002.

ORGANIZAÇÃO DAS NAÇÕES UNIDAS. Organização Internacional do Trabalho. *Accelerating action against child labour.* Genebra, 2010.

______. Programa das Nações Unidas para os Assentamentos Humanos. *Relatório* Estado de las ciudades da América Latina y el Caribe: rumbo a una nueva transición urbana. *Kenia, 2012.*

OSORIO, Ana Cecília Tamayo. Colômbia: más famílias com Acción e sua vinculação com as políticas de trabalho e emprego dos jovens. In: PAINEL TÉCNICO INTERNACIONAL DE PROGRAMAS DE TRANSFERÊNCIA DE RENDA CONDICIONADA NA AMÉRICA LATINA, *Anais eletrônicos...*, Brasília: MDS/Banco Mundial, 2013. Conferência em *power point*. Disponível em: <www.mds.gov.br>. Acesso em: 25 jun. 2013.

OTTLEY, Sharman. *A special report by the Auditor General of Trinidad and Tobago on the Target Condicional Cash Transfer Programme* (TCCTP): self-suficiency or dependency? Republic Trinidad and Tobago: Auditor General's Department of the republic of Trinidad and Tobago, Sept. 2010.

PADILLA, Lilí Orell. Chile: Programa Ingreso Ético Familiar e sua vinculação com o Sistema de Proteção Social. In: PAINEL TÉCNICO INTERNACIONAL DE PROGRAMAS DE TRANSFERÊNCIA DE RENDA CONDICIONADA NA AMÉRICA LATINA, *Anais eletrônicos...*, Brasília: MDS/Banco Mundial, 2013. Conferência em *power point*. Disponível em: <www.mds.gov.br>. Acesso em: 25 jun. 2013.

PANAMÁ. Secretaria Nacional de Coordenação da Política Alimentar e Nutricional. *Red de Oportunidades.* Cidade do Panamá, [2009]. Disponível em: <www.senapan.gob.pa>. Acesso em: 30 jul. 2012.

______. Ministerio de Desarrollo Social. *Programa Red de Oportunidades.* Cidade do Panamá, [2011]. Disponível em: <www.mides.gob.pa>. Acesso em: 30 jul. 2012.

PELIANO, José Carlos Pereira. Demandas sociais e econômicas em educação profissional. In: LEITE, Elenice Monteiro; SOUZA, Francisco Heitor de

Magalhães (Orgs.). *Centros públicos de educação profissional*: teoria, propostas, debates e práticas. Brasília: Ed. da UnB, 2002.

PEREIRA, Potyara Amazoneida P. Utopias desenvolvimentistas e política social no Brasil. *Serviço Social & Sociedade*, São Paulo, n. 112, p. 729-53, out./dez. 2012.

POCHMANN, Marcio. *Nova classe média?* O trabalho na base da pirâmide social brasileira. São Paulo: Boitempo, 2012.

REPÚBLICA DOMINICANA. Programa Solidaried. *Relatório Memórias 2011*, 2011. Disponível em: <www.solidaridad.gov.do>. Acesso em: 19 maio 2013.

ROCHE, Chis. *Avaliação de impacto dos trabalhos de ONGs*: aprendendo a valorizar as mudanças. São Paulo: Cortez/Oxfam/Abong, 2000.

ROSERO, José; MARTINEZ, Dobronsky José. *Impacto del Bono de Desarrollo Humano en el trabajo infantil en el Ecuador.* Quito: Ministerio de Coordinación de Desarrollo Social, 2009. Disponível em: <white.oit.org.pe/ipec/documentos/tmc_ecuador.pdf>. Acesso em: 23 ago. 2012.

SADER, Emir; JINKINGS, Ivana (Coords.). *Enciclopédia contemporânea da América Latina e o Caribe.* São Paulo: Boitempo, 2006.

SAMPAIO JR., Plínio de Arruda. Desenvolvimentismo e neodesenvolvimentismo: tragédia e farsa. *Serviço Social & Sociedade*, São Paulo, n. 112, p. 672-88, out./dez. 2012.

SEN, Amartya. Three notes on the concept of poverty, income distribution and employment programme. *Working Paper*, Genebra, n. 65, 1978.

______. *Hunger and entithements*: research for action. Filand: World Institute for Development Economics Research: United Nation University, 1988.

______. *Desenvolvimento com liberdade.* São Paulo: Companhia das Letras, 2000.

______. Sobre conceptos y medidas de pobreza. *Comércio Exterior*, México, v. 42, n. 4, p. 310-22, abr. 1992.

SILVA, Maria Ozanira da Silva e (Coord.). *A Comunidade Solidária*: o não enfrentamento da Pobreza no Brasil. São Paulo: Cortez, 2001.

SILVA, Maria Ozanira da Silva e. *Pobreza e suas diferentes expressões*: questões teórico-conceituais e empíricas. São Luís: GAEPP, 2012. Disponível em<www.gaepp.ufma.br>. Acesso em: 3 mar. 2013.

SILVA, Maria Ozanira da Silva e. *O Bolsa Família no enfrentamento à pobreza no Maranhão e Piauí*. 2. ed. São Paulo: Cortez, 2013.

______ (Coord.). *Avaliando o Bolsa Família*: unificação, focalização e impactos. 2. ed. São Paulo: Cortez, 2014.

______; GUILHON, Maria Virgínia Moreira; LIMA, Valéria Ferreira Santos de Almada. As Codicionalidades e o Índice de Gestão Descentralizada (IGD) enquanto dimensões centrais do Bolsa Família (BF): uma incursão na realidade do programa no Maranhão. *Cadernos de Pesquisa*, São Luís, ano 1, n. 1, 2013. Disponível em: <www.gaepp.ufma.br>. Acesso em: 3 mar. 2013.

______; YAZBEK, Maria Carmelita; GIOVANNI, Geraldo Di. *A política social brasileira no século XXI*: a prevalência dos programas de transferência de renda. 6. ed. rev. e ampl. São Paulo: Cortez, 2012.

STALLINGS, Bárbara; PERES, Wilson. *Crescimento, emprego e equidade*: o impacto das reformas econômicas na América Latina e Caribe. Rio de Janeiro: Campus, 2002.

STEIN, Rosa Helena. Configuração recente dos programas de transferência de renda na América Latina: focalização e condicionalidade. In: BOSCHETTI, Ivanete et al. (Orgs.). *Política social no capitalismo*: tendências contemporâneas. 2. ed. São Paulo: Cortez, 2009.

STIGLITZ, Joseph E. *A globalização e seus malefícios*. São Paulo: Futura, 2002.

TELLES, Vera. Questão social afinal, do que se trata? *São Paulo em perspectiva*: reformas políticas e do Estado, São Paulo, v. 10, n. 4, p. 85-96, 1996.

UNITED NATIONS CHILDREN'S FUND. *Situação Mundial da Infância 2012:* crianças em um mundo urbano. Nova York, 2012.

URUGUAY. Ley n. 18.227, de 22 de deciembre de 2008. Asignaciones familiares. *Diário Oficial*, Montevideo, 9 enero 2008.

______. Ministerio de Desarrollo Social. *Informe Tarjeta Uruguay Social*. Montevideo, marzo 2012. Disponível em: <www.mides.gub.uy/innovaportal/file/14984/1/informe_tus_2011_componente_alimentario.pdf>. Acesso em: 30 jan. 2013.

VALLA, V. V. Globalização, a questão social e a nova pobreza. In: ______ et al. (Orgs.). *Para compreender a pobreza no Brasil*. Rio de Janeiro: Contraponto, 2005.

WANDERLEY, Luiz Eduardo. A questão social no contexto da globalização. In: YAZBEK, Maria Carmelita et al. (Orgs.). *Desigualdade e questão social*. São Paulo: EDUC, 2011.

WILLIAMSON, J.; KUCZYNSKI, P. P. *Depois do Consenso de Washington*: retomando o crescimento e a reforma na América Latina. São Paulo: Saraiva, 2004.

WRIGHT, James T. C. *A saúde no Brasil e na América Latina*. São Paulo: Fundação Instituto de Administração, 2008.

GRÁFICA PAYM
Tel. (11) 4392-3344
paym@terra.com.br

Eva

Caminhar é difícil para mim. Manquejo, cambaleio para frente sobre o asfalto fumegante.

A cada passo nasce um monstro, plenamente formado.

A noite da cidade se infla, elástica, em torno de mim. O ar salgado vindo do Caudan raspa minhas dores e minha pele, mas continuo.

Seguirei apenas a minha própria lógica. O que foge em mim, esse gota a gota da vida que se escapa e me transforma numa criatura exangue, vampirizando a noite, não tem mais nenhuma importância. O silêncio que entrou em mim me tira o fôlego.

Entro no meu passo. É o único recurso, daqui para frente. Meu barulho sobre a estrada é um martelamento feito de perdas. Prendo a mochila da escola em meu ombro direito. Nesta noite, contém apenas livros. Um inchaço tranquilizante se encontra ali, bem contra minha axila: a queimadura de todos os falsos inícios e de todas as chegadas perdidas. Logo não será mais um ritmo escondido nas minhas veias. Minha marca se imprimirá sobre uma fronte, entre as sobrancelhas. É para este instante que eu nasci.

Passo a mão sobre minha nuca. A superfície rugosa me surpreende. A ausência de cabelos me deixa mais nua que nunca. Depois, eu me lembro: minha mãe os cortou. Quando me olhei no espelho, vi que tinha uma cabeça de leoa. Tinha a juba da minha fome.

Caminho, apesar de querer correr em direção a mim mesma. A noite vibra. A cidade treme. Eu saí. Nada mais me deterá.

PRIMEIRA PARTE

Sad

Eu sou Saadiq. Todo mundo me chama de *Sad*, como triste em inglês.

Entre tristeza e crueldade, a linha é tênue.

Eva é minha razão, mas ela finge não saber disso. Quando cruza comigo, seu olhar me atravessa sem se deter. Eu desapareço.

Estou num lugar cinza. Ou, na verdade, castanho amarelado, que merece bem seu nome: Troumaron, "buraco marrom". Troumaron é um tipo de funil; o último ralo onde se despeja o esgoto de todo um país. Aqui, realocam os refugiados dos ciclones, aqueles que não conseguiram se alojar depois de uma tempestade tropical e que, dois ou cinco ou dez ou vinte anos depois, ainda têm os dedos do pé na água e os olhos pálidos de chuva.

Eu vivo aqui desde sempre. Sou um refugiado de nascença. Como todos aqueles que cresceram à sombra amarela desses prédios, não entendi nada de seus ângulos nefastos. Não via as fissuras, nascidas em nossos pés, que nos separavam do mundo. Brincava com Eva. A gente a chamava de esqueleto porque ela era magra demais, mas também para disfarçar um afeto inconfesso. Brincávamos de guerra até que entrássemos em guerra.

Estamos colados na montanha dos Signaux. Porto Luís se agarra a nossos pés, mas não nos arrasta consigo. A cidade nos dá as costas. Seu zumbido de lava surda se detém em nossas fronteiras. A montanha nos obstrui a visão de outra coisa. Entre a cidade e a pedra, nossos prédios, nossos entulhos, nossos lixos. O eczema das pinturas e o asfalto sob nossos pés. Uma área de lazer para crianças se tornou um campo minado, com suas agulhas, seus cacos de garrafas, suas esperanças enroscadas como cobras. Aqui, os meninos serraram os punhos pela primeira vez e as meninas choraram pela primeira vez. Aqui, cada um encarou suas certezas.

Um dia a gente acorda e o futuro desapareceu. O céu esconde as janelas. A noite entra nos corpos e se recusa a sair.

A noite e a raiva dos hormônios. Nós, meninos, estamos em abstinência. Começamos a perseguir as garotas até a usina fechada que devorou os sonhos de nossas mães. Talvez seja isso também que as aguarde. Da usina não resta mais que uma casca de metal vazia e centenas de máquinas de costura que deram a seus ombros esta curva de derrota e às suas mãos buracos e entalhes como se fossem tatuagens. Restam os dejetos de todas as mulheres que trabalharam aqui. Vemos que elas tentaram dar uma aparência humana às suas desolações. Ao lado de cada máquina, há uma flor de plástico malva, fotos de família amareladas, cartões postais vindos da Europa ou uma presilha vermelha de cabelo esquecida, com seu tufo de cabelo arrancado. Ou ainda símbolos religiosos — crucifixo, versículos do Corão, estátuas do Buda, imagens de Krishna — que permitem adivinhar a qual comunidade pertenciam suas proprietárias, por mais que não tenhamos vontade de brincar de adivinhação. Quando a usina fechou, elas não puderam nem mesmo entrar para recuperar seus objetos. Foi de repente assim, quase inesperado; mas, mais tarde, entendi que elas não quiseram ver nada. Me pergunto de que isso serviu, toda essa piedade. Agora, tudo isso está destinado à ferrugem e a nossos jogos perversos, escondidos por trás das cortinas verde-cinza. São os nossos vestígios que invadem as salas apodrecidas e as tocas dos ratos. A tinta de todas as virgindades perdidas aqui.

Às vezes, quando o bairro está calmo, tenho a sensação de que todos os barulhos da ilha, ao redor de nós, são diferentes. Outras músicas, sonoridades menos fúnebres, os cliques das caixas registradoras, o tilintar do desenvolvimento. Eles, os turistas, nos provocam sem saber. Têm a inocência de seu dinheiro. Nós os enganamos para conseguirmos algumas rúpias até que começam a desconfiar de nossas caras doces e falsas. A ilha põe seu vestido de céu azul para melhor os seduzir. Um perfume de mar sai de suas coxas. Daqui não vemos a maquiagem de fora, e os seus olhos deslumbrados com o sol não nos veem. Está na ordem das coisas.

As mães desaparecem numa bruma resignada. Os pais encontram no álcool as virtudes da autoridade. Mas eles não têm mais autoridade. A autoridade somos nós, os meninos. Traçamos nossos batalhões como chefes militares. Nós nos apropriamos de pedaços do bairro. Desde que nossos pais não trabalham mais, viramos os donos. Entendemos que ninguém podia nos dar ordens. Ninguém mais podia nos olhar no fundo dos olhos sem tremer. A partir desse momento, cada um começou a viver de seu jeito, livre de tudo, libertado das regras. As regras somos nós que ditamos.

Mas há algum tempo, alguma coisa diferente se infiltrou em meus sonhos. Mancho as paredes do meu quarto com as minhas interrogações, com o suco das palavras as ensanguento. Aprendo a me calar. Aprendo a me dizer. Aprendo a me construir e a me escapar. Suponho que somos todos assim; seguimos a onda, como os outros, mas, interiormente, cada um se dobra sobre si mesmo e alimenta seus segredos. Sigo os seus passos e finjo pertencer, pela forma, pela sobrevida. Eva não entende isso.

Eva, com a cabeleira de noite espumosa, quando passa em seu jeans justo os outros riem e rangem os dentes, mas eu tenho vontade de me ajoelhar. Ela não nos olha. Não tem medo de nós. Tem a sua solidão como armadura.

À noite, meus hormônios tomam seu rosto e a desenham com grandes jatos de desejo. Quando não consigo mais aguentar, saio com a gangue, nossas motos se irritam e atormentam os velhos dormindo. De manhã, os outros afundam no estupor da droga e de suas raivas. Eu tomo banho, me barbeio e vou para a aula. Essa vida dupla me esgota, mas por nada no mundo perderei o perfil de Eva pela manhã, no ponto de ônibus, um dedo de sol brincando com sua orelha.

E, confesso, eu amo as palavras.

Coloco um livro de poesia em sua mochila.

Mais tarde, ela me encontra e apoia sobre mim seu olhar. Isso me deixa fora de mim.

Dedico a ela todas as frases que escrevo nas minhas paredes. Dedico a ela todos meus sóis amargos.

Nosso conjunto habitacional é nosso reino. Nosso bairro no bairro, nossa cidade na cidade. Porto Luís mudou de figura, cresceram nele dentes longos e prédios mais altos que suas montanhas. Mas nosso bairro não mudou. É a última trincheira. Aqui, a gente constrói uma identidade automaticamente: a dos não pertencentes. Eles nos chamam de *bann Troumaron* — os Troumaron —, como se estivessem tratando de uma nova comunidade nesta ilha que já tem tantas. Talvez sejamos mesmo.

Nosso antro, nossa área de lazer, nosso campo de batalha, nosso cemitério. Tudo está aqui. Não precisamos de nada mais. Um dia, seremos invencíveis e o mundo tremerá. Essa é a nossa ambição.

Eva

Um lápis. Uma borracha. Uma régua. Papel. Chicletes. Brincava de cabra-cega com meus desejos. Eu era uma criança, mas não totalmente. Tinha doze anos. Tampava os olhos e estendia a mão. Amassava o ar. Tremia ao vento em minhas roupas finas. Achava que tudo estava ao meu alcance. Fazia nascer luas nos olhos dos meninos. Achava que tinha poderes.

Um lápis. Uma borracha. Uma régua. Estendia a mão porque, na minha mochila, não tinha nada. Ia à escola, vazia de tudo. Experimentava um tipo de orgulho em não possuir. Podíamos ser ricos de nossos nadas.

Como eu era minúscula, como era magra, como meus braços e minhas pernas eram retas como desenhos de criança, os meninos maiores me protegiam. Eles me davam o que eu queria. Pensavam que um golpe de vento me faria afundar como um barco de papel quando a água morde sua barriga.

Eu era um barco de papel. A água embebia minha barriga, meus flancos, minhas pernas, meus braços. Eu não percebia. Achava que era forte. Calculava minhas chances. Avaliava cada instante. Sabia perguntar sem transparecer.

Um lápis, uma borracha, uma régua, qualquer coisa. Eles me davam. Em seus rostos, havia essa breve doçura que muda tudo, que dava a eles uma aparência humana. E depois, um dia, quando pedi, como sempre, sem transparecer, me pediram algo de volta.

Achava que era simples, que era fácil. O que ele queria de volta? Eu era a mascote da turma, a mais insignificante das coisas. Todo mundo sabia que eu não tinha nada. Dessa vez, disseram que eu possuía. Na minha mochila, havia o vazio: do apartamento, menor e mais despido que todos os outros, dos nossos armários, e mesmo da nossa lixeira. Havia o olhar do meu pai, que o álcool deixava gorduroso. Havia a boca e as pupilas seladas da minha mãe. Eu não tinha nada, realmente nada, para dar.

Mas eu estava enganada.

O que ele queria era um pedaço de mim.

Ele me arrastou para um canto do pátio do recreio, atrás de uma grande amendoeira, me apoiou contra o tronco da árvore, e deslizou sua mão sob minha blusa. Eu vestia uma blusa vermelha, com o nome de um jogador de futebol escrito por cima. Não me lembro mais quem. Sua mão se deteve no meu peito, subiu e desceu lentamente, até a ponta minúscula e preta. Eu não tinha quase nada ali. Ouvia os gritos das outras crianças que brincavam. Elas me pareciam distantes. Era um outro mundo. O garoto colocou sua outra mão também. Seu rosto ficou confuso. Sua bochecha estava quente. Tomou seu tempo, mesmo se estivesse com medo. Eu não sentia nada. Eu existia fora do meu corpo. Não tinha nada a ver com ele.

Nesse dia, não me pediu mais nada. Ele me deu a borracha, ou o lápis, ou o caderno, não sei mais. Aproximou sua boca de minha orelha. Na próxima vez, ele disse, vamos tentar outra coisa.

Dei de ombros, mas olhei com curiosidade seus olhos recobertos por uma camada prateada, como açúcar queimado. Ele pareceu anulado. Agora só existia através de suas mãos. Agora só existia através de mim.

Pela primeira vez, minha mochila não estava mais vazia. Eu tinha uma moeda de troca: eu.

Podia comprar. Trocar o que precisava por mim mesma. Pedaços, parcelas. Peças de mim separadas. Olhava os meninos mais velhos ao sair do colégio com atrevimento. Você quer ver uma coisa?, eu perguntava a eles. Eles riam, dizendo, cai fora, não tem nada para ver. Mas, em seguida, me olhavam mais longamente, e meus olhos diziam outra coisa. Eu sabia como fazer. Fazia correr nos meus olhos o líquido de uma outra pessoa, que não tinha nada a ver com meu corpo esquelético. Negava minha pequeneza e minha fragilidade. Eu me contradizia. Isso mudava tudo. Eles tentavam respirar. Juntavam as sombras e as asas sobre meu rosto. Ali deixavam uma carícia, uma calda de desejo que corria sobre minha bochecha direita. Eles, os meninos mais velhos, tinham outra coisa a dar em retorno: livros, calculadoras, discos. Tudo o que eu dava a eles era a sombra de um corpo.

Estou em negociação permanente. Meu corpo é uma escala. Partes inteiras são navegadas. Com o tempo, florescem queimaduras, fissuras. Cada um deixa ali a sua marca, delimita o seu território.

Tenho dezessete anos e não ligo. Estou comprando meu futuro.

Sou transparente. Os meninos me olham como se pudessem ver através da minha pele. As meninas me evitam por medo do contágio. Minha reputação está feita.

Estou sozinha. Mas entendi há muito tempo a necessidade da solidão. Caminho reta, intocada. Ninguém pode ler meu rosto fechado, exceto quando escolho abri-lo. Não sou parecida com as outras. Não pertenço a Troumaron. O bairro não me roubou a alma como a dos outros robôs que moram ali. O esqueleto tem uma vida secreta gravada em sua barriga. Está esculpido pelo corte da recusa. Nem passado nem futuro têm importância: eles não existem. O presente tampouco, aliás.

Uma borracha. Um lápis. Uma régua. Os inícios são sempre simples. E depois a gente abre os olhos sobre um mundo desolado, sobre um universo doentio. O olhar dos outros, que julga e condena. Tenho dezessete anos e decidi minha vida.

Afronto meus recifes. Não serei como minha mãe. Não serei como meu pai. Serei outra coisa, mesmo sem ser viva. Caminho sozinha e reta. Não tenho medo de ninguém. São eles que têm medo de mim, do inexplorado que adivinham sob a minha pele.

Quanto mais me tocam, mais me perdem. Aqueles que ousam olhar sob meus olhos ficam tomados de vertigem. São tão simples. O inexplicado os assusta. Querem quadros rígidos. Moça para casar, moça para pegar e jogar fora. São as duas únicas categorias que conhecem. Mas não pertenço nem a uma nem à outra. Eles não conseguem entender e se exasperam.

À noite, vou assombrar o asfalto. Os encontros estão marcados. Me levam, me trazem. Permaneço fria. Se algo em mim mudou, não é a parte mais verdadeira. Eu me protejo. Sei me proteger dos homens. O predador sou eu.

Me levam, me trazem. Às vezes, me maltratam. Não tem problema. É apenas um corpo. Isso a gente pode consertar. É feito para isso.

Passo além das armadilhas e dos obstáculos. Faço minha dança de evasão.

Sombra ou asa, o que você era não existe mais. Você está se tornando outra coisa. No bairro de Troumaron, um reflexo te segue. Ele te provoca. Diz que você está andando ao contrário. Transforma suas superfícies, inverte o sentido da sua trajetória, revela o inverso do seu silêncio. O barco de papel é invadido pela água em todas as partes e você não sabe disso. Você se olha afundar sem se ver. Borrachas, papéis, lápis, réguas, livros, coração, rins, calcanhares. Um dia, você se vê no espelho, e absolutamente mais nada é seu.

Você vê um rosto preso em mentiras. Você se pergunta aonde foi. Estava procurando uma chave e encontrou uma porta arrombada.

Clélio

Eu sou Clélio. Estou em guerra. Luto contra todos e contra ninguém. Não consigo me livrar da minha raiva. Um dia, com certeza, matarei alguém. Não sei quem. Meus pais, talvez, ou um chefe ou um colega da gangue ou uma mulher ou eu mesmo. Não sei quem. Eu sou Clélio. Lembrem-se de mim, mas não me irritem. Tenho raivas o suficiente para preencher dez vezes o saco furado da minha vida.

Tive todos os trabalhos. Só me resta agora o de matar. Às vezes, eu canto. Quando canto, as pessoas escutam. Parece que eu as faço parar. Paro a vida e o coração delas. Tenho uma voz que perfura o infinito, diz Sad, que fala como ninguém aqui. Tenho uma voz que faz tremer todo ferro-velho, ao que parece. Os prédios param de esmagar as pessoas. Afrouxo o punho do cimento. As paredes ganham um jeito de nostalgia. As meninas ganham um jeito de rosa. Mas não vou me matar de cantar para nada.

Uma ou duas vezes, me disseram para cantar num casamento. As pessoas me olham com esse jeito contente e idiota que me dá vontade de quebrar a cara delas. Ver todas elas reunidas ali em suas roupas bonitas e seus sapatos bem apertados que farão nascer calos como calcanhares extras, negando tudo o que acontece, negando suas misérias com uma ostentação de comida e bebidas, isso me deixa louco de vontade de fazer com que comam também seus sorrisos. Fico pensando que se uma décima velhinha me pedir para cantar *Marinella*, vou mandá-la dançar de vez com o bom Deus. Sou fraco para a bebida. Um copo de cerveja e viro as mesas e a noiva. Uma vez, até saltei sobre a noiva para arrancar seu véu, porque sabia que era uma fantasia.

Se não tivessem me segurado, teria arrancado o seu vestido também, e suas promessas.

Acho que nasci desse jeito. Acho que vi o futuro e não gostei. E quando vejo pregos, tenho vontade de engoli-los ou de fazer alguém engolir.

Fui parar na prisão várias vezes por vias de fato e agressão. Se não fiquei mais tempo lá, é porque sou menor de idade. No ano que vem, quando fizer dezoito anos, as penas serão mais severas. Os juízes, por enquanto, me dão lição de moral. Os juízes se derretem um pouco com meu olhar de criança e me dizem, com um tipo de afeição desesperada, para me comportar melhor. Mas sei que não mudarei. Sou um pivete, um moleque, um merdinha.

Eu sou Clélio, um sujo necessitado. Aquele que engole os pregos enferrujados dos outros. O que vocês querem? Não dá para mudar.

Sad

Dizem que terei sucesso. É preciso dizer que ter sucesso não quer dizer a mesma coisa para todo mundo. É uma palavra com declinação variável. No meu caso, isso quer dizer simplesmente que as portas fechadas poderiam se entreabrir e que eu poderia, encolhendo bem a barriga, deslizar entre elas e enganar a vigilância de Troumaron. Todo mundo sabe que a pobreza é o mais feroz dos carcereiros. Já os professores dizem que tudo é possível. Eles me contam que também faziam os trabalhos de casa sob a luz de uma vela. Vejo, aliás, em seus olhos, a obscuridade de pensamento que resultou disso. Eles me dizem, aproveitem as suas chances, vocês não devem frear o desenvolvimento do país. "Vocês", quem?

Os estereótipos são feitos para nós: temos todos. Somos os campeões de estereótipos.

Fazem vislumbrar a miragem do sucesso, como se me dissessem, sem acreditar tanto nisto, com o olhar esquivo, você é capaz de milagres. É verdade, tenho boa memória. Sou uma esponja: absorvo tudo. E sou uma vesícula: devolvo tudo. Parece que isso ajuda a ter sucesso. Engolir e regurgitar.

Mas estou me servindo deles também. Vou às aulas. Sou aprovado nas provas. Levo uma vida dupla: de noite com a turma, de manhã com os sábios.

Me lembro do dia em que me separei em dois: na aula de francês, a professora, uma jovem doentia, tão amarela quanto sua blusa amarelo-ovo, e que não ficou tanto tempo (e por isso que digo que ela estava ali apenas para mim, nesse momento, como um destino que batia na minha cabeça adormecida), a professora, então, disse: a gente vai ler poemas de alguém da idade de vocês. Os meninos, assim que ouvem a palavra poesia, fingem que vão vomitar e tapam as orelhas fazendo barulhos grosseiros. Mas, mesmo assim, ela leu os poemas no meio da gritaria e também cartas desse menino, com sua vozinha trêmula. Começou por: *Ninguém é sério quando tem dezessete anos*. Primeiro, pensei, ele está enganado, porque, para nós, dezessete anos é muito sério. Mas depois ouvi, em vez da voz dela, a voz dura de um garoto que falava de suas vontades, de sua revolta, de seus machucados, de seus desejos, mas não só isso, falava também do mundo, do seu e do meu, e então tive a impressão de que ele falava apenas para mim. Sim, diretamente. Ele me dizia, sou seu irmão. Ela leu um poema em que ele dizia que as vogais tinham cores e isso me pareceu tão evidente que tive um sobressalto: para mim também, as palavras tinham cores. Mais que a ilha, com seus azuis e laranjas, as palavras declinavam raivas violetas na minha cabeça. Quando acabou, ela disse, esse poeta se chama Rimbaud.

Eu sou seu irmão.

Sou seu duplo. Sou seu singular. Eu me dividi muito propriamente: eu era Sad, sentado, petrificado, na minha cadeira reta (ou reto, na minha cadeira petrificada), e alguma outra pessoa, que não tinha amarras, que observava as coisas e as conjurava com seu pensamento, com seu desafio, com sua mortalidade.

Nessa noite, estendido na minha cama, peguei um marcador e comecei a escrever coisas na parede, perto da minha cabeça. É claro, eram coisas sobre Eva. Apenas ela ocupava meu pensamento. Comecei a falar com ela, a tratá-la com intimidade, adivinho onde ela vai, o que pensa, o que vê. Não sabe que eu a adivinho tão bem. Escrevi tanto sobre ela que às vezes penso que escrevi também sua vida, e a das outras, e a de todos.

Leio em segredo, sem parar. Leio na privada, leio no meio da noite, leio como se os livros pudessem desatar o nó amarrado em torno da minha garganta. Leio entendendo que há um outro lugar. Uma dimensão onde as possibilidades deslumbram.

Eva

A água e seus redemoinhos. Suas linhas, seus marmoreados, suas bruscas mudanças de sentido. Passo horas a olhar o córrego fluir para nada. Cores deslizam sob sua transparência quando o sol o atinge na face. Eu também, deslizo para frente, levada pelo tempo, levada por nada.

Os prédios estão na minha frente. Não tenho medo deles. Desafio a me olharem de volta. Condenam a morte todos aqueles que nascem aqui, mas isso não muda nada. Todo mundo nasce condenado. As palavras têm os olhos desbotados de cores e de céu. Já eu conheço há muito tempo a frieza do metal. Foi ela que me inoculou sua força líquida.

Esse bairro era um pântano ao pé da montanha. Aterraram tudo para construir esses blocos, mas não aterraram o cheiro do sargaço nem a incerteza do sol onde nascem apenas cadáveres das sarças e dos sonhos. Certos prédios já estão pendendo. Logo teremos nossa torre de Pisa particular. A oitava maravilha do mundo: o bairro de Troumaron.

Sentada sobre um morro não longe, fumo e os observo. Há um guarda embaixo de cada bloco. Os pontos luminosos dos baseados marcam o círculo fechado. Os meninos fazem pactos, estabelecem regras, formam alianças: o espírito de bando. Se você preza pela sua vida, pelo seu corpo, se é uma menina, se é um velho, é melhor fazer um grande desvio. Espalham ao redor uma poça de óleo, na qual se refletem as faces assustadas das pessoas e o inverso de seus passos. Nessa hora, ninguém anda. Todo mundo corre. Uma dança da morte acontece. Para eles, a maioria das mulheres ocultam o mesmo peso: este buraco que é uma porta de entrada intransponível e aberta, e cujo segredo eles não conhecem.

Então, vão à caça, como as centenas de cachorros vadios que exploram a cidade em todos seus sentidos e a dilaceram.

Mesmo Sad, que é um pouco diferente, que pensa em outra coisa além da abertura de nossas coxas, faz parte de uma gangue. Não tem coragem de se demarcar, de ficar sozinho, de seguir uma outra curva. Não tem nenhuma ideia do que há em nós:

Essa água turva, esse mundo opaco, esse sorriso distante de uma noite de lua, quando o vento vem nos dizer coisas na boca que nos deixam pensativas e tristes.

Sad fala de poesia quando estamos sozinhos. Mas não tem nenhuma ideia da poesia das mulheres.

A poesia das mulheres é quando nós, Savita e eu, andamos juntas sincronizando nossos passos para evitar os buracos do chão. É quando brincamos de ser gêmeas porque somos parecidas. Usamos as mesmas roupas, o mesmo perfume. Parecemos dançar. Nossos brincos fazem barulho. Ela tem uma pedra minúscula na aba do nariz, como uma estrela. A poesia das mulheres é o riso, nesse canto perdido, que abre um pedaço de paraíso para não nos deixar afogar.

Mas esses instantes são breves. Quando estou sozinha, mergulho novamente em minha escuridão e sei que vou morrer.

Decido voltar para casa. O córrego não é profundo, mas preferiria ficar aqui e escutar sua voz, bem mais que as grosserias que esguicham quando eu passo.

Vejo Sad entre eles. Ele finge não me ver. Sei que tem vergonha. Eu sorrio.

Uma mão se fechou sobre seu tornozelo e te puxa, suavemente. Seu olhar foge. No início, você pensava que a dimensão dos gestos e dos atos era estreita. Pensava que estavam circunscritos pela pressa do desejo. Mas depois, a violência entrou na equação. E a mão te puxa, e o desejo se altera. O ato toma outras formas, outros furores. É preciso sempre mais. As possibilidades são multiplicadas.

Acabaram os coitos apressados atrás de uma árvore, nas privadas. Você é engolida por lugares escondidos que não imaginava existir sob as superfícies dos hábitos. Uma mão te arrasta. No escuro, não conhece nem as bocas nem as formas. No escuro, a dor é inesperada. Ou então, sob a luz vermelha iluminando um cômodo nu, você vê aquele que te espera, e seu coração fraqueja.

Quando você sai, caminha pela cidade sem pressa, como fora do centro. Caminha para se desfazer da memória. Abre a boca e deixa entrar um vento escaldante que carboniza a ameaça da lembrança. Volta para casa para dormir, acreditando ter esquecido. Pode assim recomeçar, sem saber por quê.

A mão ao redor de seu tornozelo não te deixa mais e aumenta o aperto. Você não tem mais escolha. Pode apenas apagar, uma vez e outra mais, suas superfícies tão carregadas, sem saber que apaga a si mesma também.

O esquecimento é o laço entre o dia e a noite, a parede lisa que te protege de si mesma. Você está se tornando surda. Não ouve mais os grunhidos que antes atormentavam suas orelhas. Não ouve mais a música, tão contraditória em relação ao seu olhar.

Sad

Baby won't you give it to me, give it to me, you know I want it.

Elas fazem uma espécie de dança de quadris com a música, mal um movimento, uma ondulação que as aproxima de frente, as separa e as aproxima de novo. Nesse movimento, os jeans se retraem em torno de suas bundas como duas mãos coladas em suas circunferências.

Baby won't you give it to me...

As duas vestem tops justos, um vermelho, o outro branco, cruzados sobre seus pequenos peitos suculentos.

Afundado num sofá, deixo o movimento delas se misturar à música e à cerveja, tudo isso faz fluir em mim um líquido com cadências idênticas, que balança no fundo do meu abdômen. As notas do baixo vêm fazer cócegas no meu baixo-ventre. Quase com o mesmo movimento, quase, fico duro.

Eva e Savita dançam juntas. Elas não nos olham. Não olham ninguém. De suas bocas escapa um aroma de tabaco. Seus ombros se balançam no ritmo. Os jeans se retraem seguindo o mesmo ritmo. Imagino que se deslizam na dobra, na cavidade.

Não aguento mais. Eu me levanto e desço rapidamente a escada até o banheiro. Passo por cima dos corpos. No alto dessa discoteca de Grand Baie, há quartos. Imagino que Eva e eu subimos até lá. Abrimos a janela porque o quarto está empesteado com os antigos corpos. O ar salgado de Grand Baie engolfa o ambiente, transformando o quarto das putas em quartinho nupcial, todo vestido de vermelho. Tomo o lugar das mãos em seu jeans. Tomo o lugar da música em suas pernas, em seus ombros. Tomo o lugar do cigarro entre seus lábios. Sou o vento que percorre todo o seu corpo. Ponho sobre sua pele uma camada de sal. A música se modifica, fica mais urgente, mas na minha cabeça há *won't you give it to me, give it to me, you know I want it*, murmuro *I want it I want it I want it*, minhas mãos estão furiosas.

Meu rosto está coberto de suor. Quando saio do banheiro, eu que estou fedendo. Mas me sinto melhor. Volto para a discoteca, onde elas continuam a dançar, sem saber que um vulcão acaba de explodir.

Retomo minha cerveja. Os outros debocham de mim. Falam dela, criticam, cantam músicas chulas. Eva tira a roupa mais rápido que a própria sombra, dizem. Não os escuto. Eva, sou o único a saber quem ela é.

Eva e Savita, a gente não sabe o que as une. Eva e Savita são as duas faces da lua. Savita também mora em Troumaron, mas é como se um abismo dividisse as duas famílias. A família de Savita age como se ela não pertencesse a Troumaron, como se estivesse ali apenas por acaso. O acaso da miséria, sim. Mesma velha ladainha: o pai apostava em corridas e a mãe limpava os pisos do hospital civil. Ele respirava o suor dos cavalos, ela cheira a sangue e aos corpos apodrecidos. Savita não parece se importar. Se por acaso elas se cruzam no caminho, a família de Savita desvia os olhos de Eva como quando encontramos cachorros copulando, mas os olhos delas duas se encontram e se ligam. Nasce ali um sorriso tão distante e tão secreto que é preciso saber olhar para ver. Esse sorriso das duas meninas, olhar preto, olhar bronze, tremor de uma minúscula luz desaparecida antes mesmo de brilhar, fluxo de uma água cúmplice, quase como uma mistura de salivas, esse sorriso é uma porta para um local que apenas elas conhecem. Uma coisa de meninas; evidentemente, não sabemos nada disso, nós, os galos briguentos.

Em Grand Baie, à noite, o mundo se vira como uma luva. A pequena cidade balneária, que abunda de turistas e alegria de dia, é invadida por um enxame de insetos que só saem à note. Meninas com roupas curtas, homens transformados em lobos, a perseguição pode começar. As discotecas se abrem sobre um labirinto onde as transações se fazem em todas as línguas, inglês, francês, italiano, alemão, russo. As meninas idênticas são cada vez mais jovens. As menores são as de Malgache e as de Rodrigues; mal parecem ter treze anos. Esperando com paciência, algumas perfeitamente imóveis, outras fazendo tentativas para seduzir os primeiros turistas que entram, tudo perfeitamente lamentável. Tenho vergonha e fico irritado.

Elas, essas, não têm escolha.

Mas ela? Não me digam que não havia outro caminho para ela. Não me digam que possibilidades não existiam. Ela ronda, tem prazer nas zonas, nos matagais. Tento ver o horizonte que se desenha no fundo de seus olhos. Tenho certeza de que é isto o que a conduz, uma ilusão de luz, uma paisagem que ela é a única a ver. Sei que ela não é um ponto onde todos os ônibus param. Se outras pessoas falam dela desse jeito é para se exorcizarem, porque ela os enfeitiça, e eles não a possuem.

Volto para casa e, durante vários dias, fico de cara feia. Ela finge não perceber nada.

Baby won't you give it to me...

Não, afinal, prefiro voltar para Rimbaud: *As meninas vão à igreja, contentes de ouvirem os meninos as chamarem de garças.*

Garça, garça, garça.

É uma bela palavra.

Mais tarde, copio uma outra frase dedicada a ela na parede do patamar diante de seu apartamento: *Eis o pano de desgosto que me enfiaram na boca.*

Não sei se falo dela ou de mim. Ou então de Troumaron.

Clélio

Ao sair da partida de futebol, um cara grande esbarra em mim. Na mesma hora, eu o pego pela gola de seu casaco amarelo-cocô e o puxo para trás. Se ele cair será uma confusão geral no estádio. Ainda mais que é uma partida que opõe dois antigos rivais, apesar de agora os times não terem mais nomes como Muslim Scouts ou Hindu Cadets. Meus amigos se apressam em me segurar e liberar minhas mãos dessa massa de carne podre. Examino seu rosto como se quisesse mordê-lo. Os amigos me arrastam antes que eu desencadeie uma confusão. Eu, porém, ficaria feliz com isso. Sentir os socos, dar socos, experimentar a liberdade da minha raiva como um vento ácido que me perfura e apaga a memória.

Eles não me deixam fazer. Me empurram para a cidade, para nossa prisão. Monto na moto de Kenny. Antes que ele possa me parar, já fui embora. Sigo uma longa trajetória circular em Porto Luís, iluminado pela poeira quente, passo pela rua da Corderie onde os eflúvios de peixe salgado sobem até as narinas, faço um grande desvio pela rua Wellington, desço pela rua la Poudrière onde cumprimento atrás das paredes de pedra os fantasmas das antigas putas, e volto pelo Champ de Mars, onde a cidadela me observa com seu olhar negro. No caminho, acotovelo as pessoas, subo pelas calçadas, me enfio entre os carros, quase me deixo atropelar pelos ônibus que peidam sua fumaça preta na minha cara. Por toda parte, disparam insultos. Eu rio, eles me notam, todo mundo presta atenção em mim. Também faço gestos injuriosos para eles, arranho de passagem um enorme *off-road* com um para-choque capaz de esmagar bisões inexistentes, conduzido por uma mulher bem pequena pendurada atrás de um volante maior que ela. Ela me viu passar uma chave sobre a pintura do carro novinho, baixou o vidro, mas quando chego à sua altura e que a olho com um sorriso, ela não consegue dizer nada, lambo meus lábios e ela fica vermelha de vergonha, sim, é verdade, garanto a vocês, ela fica vermelha e levanta o vidro disfarçando o ar-condicionado que me borrifava o rosto, seu rosto se torce como se ela fosse começar a chorar, não é nada bonito, uma dama no seu monstro ártico que tem o coração tenro e que não consegue nem mesmo me insultar, eu mando para ela um beijo com a ponta dos dedos, anoto de cabeça o número da placa e continuo meu caminho, com meu bom humor de volta.

As coisas estão como um turbilhão na minha cabeça. Porto Luís rouba alguma coisa de mim. Gente demais, carros demais, edifícios demais, vidros fumê demais, novos ricos demais, poeira demais, calor demais, cachorros abandonados demais, ratos demais. Não sei para onde ir. Continuo minha corrida circular. Mordo meu rabo.

Meu irmão Carlo foi embora. Foi para França, há dez anos. Eu era criança. Ele era meu herói. Me disse indo embora: voltarei para te buscar. Estou esperando. Nunca voltou. Às vezes me liga, mas é para dizer banalidades. Não sei o que está fazendo lá. Mas, pelo som da sua voz, sei que mente, que não teve sucesso. Pelo som da sua voz, sei que ele morreu.

Então, também eu queria matar.

Eva

Um pano de desgosto. Sim, também me colocaram isso na boca desde o nascimento.

De pé perto da janela, cuspo a fumaça do tabaco na noite. Eu a observo se dissolver como se levasse uma parte de mim. Minha mãe, quando vier ao meu quarto depois de ter por muito tempo hesitado diante da porta fechada, não dirá nada, não sentirá nada. Ela deliberadamente insensibilizou a sua carne para não ter de sentir a vida e lamentá-la. Uma existência protegida de todos os solavancos é o que desejaria. Mas será que essa não é a única visão possível para aqueles que foram colocados no mundo por necessidade?

Ela faz penosos esforços para camuflar a feiura do apartamento com imagens recortadas de velhos calendários ou de revistas. Nas paredes de cimento florescem fotos do Monte Fuji com uma charmosa japonesa na frente, também com flores; colinas suíças com vacas mais limpas que a maior parte das pessoas que conheço; uma gravura de Napoleão se coroando sozinho; uma foto da rainha Elizabeth jovem segurando uma criança rosa-camarão nos braços; e várias de Johnny Hallyday em coro e suando, em destaque diante de seu microfone. Os sofás são de plástico vermelho, azul, amarelo e verde, nas cores da bandeira mauriciana, com uma poltrona em couro artificial herdada de sua mãe num canto. Sobre uma mesa de fórmica, está a fonte de sua única felicidade: um televisor e um aparelho de videocassete que preenchem seus dias com chiados. Na cozinha, há quase sempre apenas conservas de carne ou latas Glenryck de peixe, pão endurecido, macarrão, sardinhas. Ela não cozinha para a família. Cada um faz sua própria coisa. Eu quase não como. Pego um pedaço de pão, que grelho diretamente na boca do fogão até que fique carbonizado, e depois como mergulhando tudo no chá. Ou então são biscoitos Maria com sabor de velho, com um pouco de manteiga por cima. Isso não me interessa muito.

Ela está sempre empacotada em roupas estampadas e imundas. Esqueceu de ser mulher. É alguma coisa, não sei o quê.

Não quero seu couro artificial, suas novelas brasileiras, seus sonhos moles. Sempre disse não aos meus pais. É mesmo a primeira palavra que eu pronunciei. Você não sabe dizer sim? perguntou meu pai quando tive idade para compreender. Não, respondi. Eu devia ter quatro anos. Depois, os tapas, como as janelas falsas, como as fotos nas paredes, foram se tornando um costume.

Mas estou andando para longe dos costumes. Desse ponto de vista, a face do meu pai soprando sua raiva é ridícula. A queimadura se apaga rápido, mas não a lembrança da queimadura.

Um pano de desgosto. Isso não termina aí. A cada noite, as frases continuam martelando o patamar da casa.

De qual cor é o seu riso? Eu não o conheço. Você tem dois buracos pelos quais sangra. É o meu pequeno Polegar no caminho ensanguentado. Sigo você para reencontrar os traços dos nossos rostos.

Mijo ouro sobre as torres. Elas estão se afogando no crepúsculo e na amônia.

Una-se a mim e eu a farei morrer.

Eu sei, é claro, que é Saadiq que desperta os ecos do prédio e que me propõe a cada noite uma charada diferente à qual recuso responder.

Não quero entrar nessa cumplicidade. Leio à noite o livro de poesia e vejo de onde ele tirou sua inspiração. Não tenho nada o que fazer de suas palavras de segunda mão.

Quando leio o livro que ele me deu, as palavras dançam e tentam me enlaçar. Mas em seguida fecho meu pensamento com duas voltas de chave e o livro me cai das mãos por causa da pedra que tenho no coração.

Durmo. Acordo. O mofo invade meu quarto. A água do chuveiro ao lado pinga toda noite. A umidade sua das paredes. Tenho a impressão de que sou eu que a estou suando. Ouço meu pai bater na minha mãe. Ouço a passividade da minha mãe. Amanhã, ela ficará com os braços roxos. Amanhã, andará como um pato. Amanhã, terá olhos de enxofre e cheirará a ácido e a homem.

Mijo ouro sobre as torres, cantarolo de manhã, alto o suficiente para que ele me ouça. Ele me encara com um olhar malvado.

Uma noite, entrou no meu quarto. Fingi que estava dormindo. Ele me olhou. Ficou ali por muito tempo.

Não sei o que pensou, quais relâmpagos passaram por sua cabeça. Ele ainda é um pai? Eu sou ainda sua filha? O que sei disso tudo?

Desde esse dia, deixo espalhados meus objetos pessoais para impedir sua entrada. Sei que ele ficará incomodado e irritado, que não saberá como interpretar.

Mas o grunhido aumenta, como uma maré. Minha tranquilidade não durará.

Sad

No dia em que eu disser te amo a um homem, vou me suicidar, diz ela, com um riso crescente.

A estrada também está numa crescente. Muito cedo, numa manhã, arrasto-a com bicicletas tomadas de empréstimo sem permissão. Eu a levo ao monumento de Maria, Rainha da Paz, no flanco da montanha. De lá de cima, o céu parece enrubescer de timidez sob nossos olhares. Este céu, que tudo viu, se presta ao jogo da sedução. É tudo o que encontrei para mostrar a ela alguma outra coisa que não o nosso bairro. Uma vista sobre outra coisa que não a secura das noites cinzas.

A oeste, há a enseada, tão calma de manhã que não se vê a menor tremulação na água. Uma água sobre a qual se poderia andar, é o primeiro milagre. É a nossa ilusão de partida, na ponta dos nossos sonhos. Os barcos que não transportam mais passageiros, apesar de tudo, parecem nos chamar, nos dizer para vir deslizar com eles sobre a água. Ou, então, abrirão asas no lugar das suas velas e tomarão o céu. Nós por cima, crianças maravilhadas. A cidade com o rosto adocicado dos seus tumultos, toda em verdes, azuis e laranjas, é o segundo milagre. Ela parece a cidade de que falam os avós, quando as pessoas tomavam o primeiro sol na soleira das suas portas, pés descalços, e escutavam o sorriso dos passantes ao mesmo tempo que a gula dos guarda-rios nas mangueiras. A gente bebia esse sol como um xarope, diziam eles, antes que ele queimasse demais. Isso nos fazia começar o dia, exatamente como um golinho de rum pela garganta. É claro, isso não nos impedia de tomar também um gole de rum — dois sóis no corpo valem mais que um, não é?

Aqui está a sua cidade, disse a ela em silêncio. Pegue-a na palma da minha mão. Lamba a umidade salgada. Olhe a cidade nos olhos: ela risca o céu com a própria recusa.

Em seguida, montamos em nossas bicicletas roubadas, não, emprestadas, e nos desafiamos a acelerar uma por uma pelas ruelas em seus ângulos loucos. Ela não hesita, evidentemente. Ela me olha com um sorriso de rã e vira as costas e se deixa levar na descida. Eu a sigo. O vento já morno roça nossas bochechas. Seus cabelos estão amarrados para trás. Ela grita e ri ao mesmo tempo. Chegando lá embaixo, pedalamos com todas as nossas forças para subir a ruela e descer novamente depois. Muito rápido, estamos molhados de suor.

De uma só vez, enquanto ela estava em alta velocidade, a roda da sua bicicleta se prende num buraco, e ela derrapa. Acelero para tentar alcançá-la, vendo-a já tombada no chão, um pequeno monte de ferro e carne, mas ela desliza para a esquerda sobre um terreno com mais grama que no fim da descida. Paro perto dela, aterrado, mas ela está rindo.

Deixo minha bicicleta e me jogo sobre ela, prendendo-a na grama. Sinto seu corpo que treme, de rir ou de medo, não sei. Seu suor cheira bem. Ela não está muito vestida e sinto todos os seus ossos e todos os seus espaços de carne. O efeito é imediato. Afundo o nariz na dobra entre o seu pescoço e o ombro.

Diz que me ama, digo.

Ela responde: o dia em que eu disser te amo a um homem, vou me suicidar.

É ela que tem os braços cruzados, mas sou eu que estou crucificado pelas suas palavras.

Não sei se ela se dá conta, mas se livra de mim e sobe na bicicleta.

Obrigada pelo passeio, diz ela partindo.

O seu jeans está muito para baixo, revelando um pedaço de carne morena dourada e a marca preta de uma calcinha. Seus cabelos escondem suas costas. Eu queria poder bebê-los.

Na volta, a gangue me submete a um interrogatório duro. O que eu fiz, o que aconteceu, o que ela disse? Eles veem minha decepção e debocham de mim. Todo mundo ficou com ela, menos você, dizem, sem muita maldade. Mas sabem que isso não mudará nada e, então, acabam por me deixar em paz. Com meu belo amor, minha infante, minha rainha.

Ninguém sabe que se pode amar assim, aos dezessete anos. Eu me banho na água noturna de Eva. Mergulho em sua visão turva. Me afogo na sua lama, na sua inocência. Não me importo com o que ela é, com o que ela faz. Sou a piscadela preta acima do seu jeans. Sou o calcanhar arredondado de seu pé nu nas sandálias. Sou a lembrança de um riso tão raro, da sua força, do seu desafio.

Não vejo nada mais. As frases nas minhas paredes não são mais escritas com tinta preta, mas branca, e a caneta se enche e se esvazia sozinha, num incomparável transbordamento.

Eva

O professor me olha com um sorriso salgado. É gentil, mas sonso. Sei que está à escuta das minhas menores inflexões: meus olhos, minha voz, meus silêncios. À menor rachadura, ele mergulhará. Vejo que está vindo e o espero. Preciso de aulas de apoio. Ele vai dá-las.

Não precisam me julgar. Sou a minha própria lei. Se vocês viessem de Troumaron, entenderiam. A única coisa que me mantém viva é Savita. Quando saímos juntas, temos conversas tão íntimas que sentimos no hálito da outra o que cada uma bebeu. A cerveja Phoenix tem um sabor doce. Um rastro de espuma sublinha o topo dos seus lábios púrpuras. Nossas mãos, quando se tocam, encaixam perfeitamente. Temos os mesmos movimentos, o mesmo ritmo. Não precisamos nos olhar para saber o que a outra pensa.

Isso começou no dia em que Savita me encontrou sob uma árvore no pátio do colégio. Eu não tinha ido à aula. Tinha pegado alguma infecção qualquer. Tremia, batia os dentes, sentia frio. Acho que tinha me molhado. Isso me pegou tão rápido que não pude fazer nada. Todo o meu corpo derrotado se recusava a funcionar. Ela tirou o seu casaco e o colocou sobre meus ombros. Não me disse nada, o que você tem, o que te fizeram? Ou você que foi procurar isso, nada. Ela me ajudou a ficar de pé e nós voltamos para casa juntas. Ela tinha um cheiro de tempero e neblina. Sei que eu tinha o rosto oco e marcas de sombra nas bochechas, como as crianças quando fizeram uma grande besteira.

Eu disse a ela: não quero voltar para casa.

Ela me disse que não podia me levar para a dela, por causa dos seus pais, mas que ficaria comigo até que eu estivesse pronta para voltar. Nós nos sentamos perto do córrego. Ela não pareceu reparar no cheiro acre que eu exalava. Não sei em qual momento coloquei a cabeça em seu colo e dormi. Ela ficou muito imóvel. Quando abri os olhos, vi sobre mim seus olhos nus.

O que você tem? perguntei.

Estou pensando no que você sofreu, disse ela.

Não é verdade, disse, não sofri nada. Escolhi a minha vida.

Ela respondeu: é por isso que você treme de frio, enquanto está fazendo trinta e cinco graus na sombra?

Quis me levantar com raiva, mas ela me deteve. Não me disse mais nada.

Passou a mão no meu rosto. Depois se inclinou e me beijou.

O gosto da sua boca não era nada parecido com o dos homens. Era tão doce que fechei os olhos e o saboreei como um bolo de mamão. Aspirei-o fortemente no interior da minha boca.

Fora do controle dos homens, nos tornamos felizes, brincalhonas, por alguns instantes. Um perfume morno se evadia de seu umbigo. Avançávamos na ponta dos pés. Era tão estranho. Sorríamos como afogadas. Dançávamos sobre uma corda estendida de uma a outra.

Finalmente, voltamos para casa, cada uma separadamente. Mas a noite toda fiquei na janela, olhando em sua direção, envolta no seu casaco cor de canela como sua pele, e eu sabia que ela fazia o mesmo.

Ela nunca me perguntou nada. O que te resta depois de todas essas trocas? Ela sabe. Há uma superfície metálica, impossível de desgastar.

Cantarolo a cada vez que o prof passa ao meu lado. Sua mão sobre meu caderno treme. Ele é tão patético. Parece um suicidado esperando afundar. Seus traços estão desalinhados. Quando abre a boca, é um coaxar que sai. Deve raspar a garganta para poder falar. Suas aulas escapam ao controle. Isso me faz rir. Ele percebe.

Rio porque não tenho nada de belo. Ainda não entendo o poder que tenho. Tenho cabelos tão massivos que quebro todos os meus pentes tentando me pentear. Os pentes têm medo dos meus cabelos. O resto é uma prancha, com esboços de formas e arredondamentos fortuitos, sequer atraentes. Meus traços estão concentrados para o meio do meu rosto, que é triangular. Acho que pareço com um rato de história em quadrinhos.

É talvez por isso que os homens colocam armadilhas no meu caminho. É talvez por isso que eu caio nelas.

Troumaron, por sua vez, me queima o estômago e a vesícula.

No colégio, nos afastam lentamente. Ou, na verdade, nós mesmos caímos um por um no pior lado. A maioria vai para lá como último recurso, para sair do hálito acre do bairro. Aqueles que ficam são os mais brilhantes e os mais desesperados.

Eu fico. Passo através das redes. Não fico presa.

Mas o esforço de ficar me esgota. Desde que o jogo começou, com o prof, me sinto pesada. Ele cobra pelo conhecimento. É pior que os outros. Ao menos, é o que ele tem vontade de fazer, mesmo que por enquanto, por hipocrisia ou covardia, não tem coragem de me dizer francamente o que quer. Cada coisa que eu aprendo deixa uma ferida no meu corpo. O saber é caro e dolorosamente adquirido.

Quando os outros se dão conta do seu procedimento, afastam-se de mim. Isso os diverte. Estou sozinha no palco. Todos os outros são espectadores. Já me sinto nua. Fecho os olhos e ranjo os dentes. Eu jogo o jogo. Serei sempre aquela que olham de longe, até que as mãos me encontrem.

As mãos dos homens se apoderam de você mesmo antes de terem te tocado. Assim que o pensamento deles se dirige a você, já te possuíram. Dizer *não* é um insulto, já que você retira deles o que já tomaram.

Como a mão entrando sob minha camiseta, exigem que levante a minha pele para que possam tatear os meus órgãos, talvez mesmo fazer parar de bater o meu coração. As exigências deles não têm limites. Logo não haverá mais nada a tomar, mas continuam mesmo assim.

Mas por que devo deixá-los fazer o que querem?

Por ferimento. Por mistério. Para confirmar, com raiva, com rispidez, com desespero, o que pensam todos, lá fora.

Para ser. Para se tornar. Para não desaparecer em seus próprios olhos. Para sair da gangue dos passivos, dos ociosos, dos derrotados, do serrar dos olhares, do chumbo dos dias, do cortante das horas, da sombra dos vivos, da ausência dos mortos, do cascalho dos medíocres, do mofado, da nudez, da feiura, do deboche, dos risos, dos choros, dos instantes, da eternidade, do breve, do pesado, da noite, do dia, da tarde, da alvorada, das madonas apagadas, das diabinhas desaparecidas.

Nada disso é você.

Sair de tudo isso, despistar os investigadores, os seguidores, sair da pista, enganar os cachorros, mudar de forma, concluir a sua muda e as suas metáforas e as suas metamorfoses, deixar um rastro prateado que cheira à mulher e às dobras da noite, seguir um caminho de mato que leva longe ao fundo dos mitos e permite sair dali refeita e como nova, esfregada em sua pele, andando e sangrando no vermelho das suas vidas, ser, tornar-se, não desaparecer.

Você não é daqui, diz a si mesma. Dirá até o fim das coisas.

Clélio

Meia-noite queima. Meio-dia queima. Cada hora queima. Impossível parar de me queimar. Eu devo fazer explodir alguma coisa. De pé no telhado do imóvel, canto a plenos pulmões, canto blues seguido de rap seguido de rock seguido de sega, mas as nuvens amordaçam a minha voz, não me importo, a canção volta novamente à minha garganta, *krapo kriye*, sou um sapo, grito ao amanhecer e grito ao crepúsculo e a minha voz rouca de tanto gritar, de pé sobre o telhado do prédio, me dou conta de que grito para ter a força de saltar e depois porque a canção diz que a mãe dorme com olhos abertos, e a mãe é a escrava do pai e o pai é o escravo do patrão e que a mãe nesse caso é escrava de um outro escravo e é pior que tudo, como lutar pelo escravo de um outro escravo?

E eu, eu sou o quê? Não sou um escravo, é claro, apesar de que em alguma parte na minha linhagem houve um homem e uma mulher acorrentados que olharam para mim e me disseram, para além do tempo, você será livre. Não sou escravo, mas parece que há apenas isso ao redor de mim. Colocar o pé para frente, superar uma barreira, dar as costas, isso eles não conseguem. Porque engendraram suas correntes, acreditam que são livres.

Aliás, ir em frente os levará em direção a quê? Para o fim da ilha, que é o fim do mundo. Não podemos partir. Só podemos escapar voando. Só podemos nos liberar pela morte. Eu liberarei todos meus amigos de liberar a mim mesmo.

Você, Carlo, escolheu partir bem antes. Diz que está na França, que é a sua voz que ouço ao telefone, mas sei que não é verdade. Não é a sua voz. É alguém de mentira, que tenta pronunciar os “r” enquanto aqui não pronunciamos.

É alguém de mentira, que finge ser francês, enquanto tudo em você diz que é mauriciano. É alguém de mentira, que fala de seu Renault Clio verde-garrafa enquanto eu sei que você gosta só das marcas japonesas, você dizia sempre que eram os melhores carros do mundo. É alguém de mentira que se esquiva das minhas perguntas enquanto você me jurou que nada nos separaria, que aonde fosse me levaria.

Não, essa traição faz de você outra pessoa. Não é o Carlo. Pego um canivete e entalho na pele da minha coxa o seu nome, Carlo. Agora que meu sangue soletrou o seu nome, você está em mim e você sou eu. Nós somos dois. Aquele que fala de lá como se tivesse perdido a memória é de mentira.

O sapo grita no telhado. Anuncia a noite.

Ele grita, grita, grita. O sangue de Carlo goteja. Se abrir meus braços, será que voarei?

Diga-me você, que sabe.

Eva

Ele está me ajudando, evidentemente. Isso faz parte do toma lá, dá cá. Ele me oferece livros, corrige com mais atenção as minhas redações. Mesmo que ele se aplique, na aula, a não me destacar mais que os outros, a não me encarar no canto de seu olho móvel e leitoso, isso fica evidente de cara. O cheiro de um homem nos arredores da mulher que cobiça não engana ninguém. Seu andar brusco em direção a ela tampouco.

Ele me diz que me dará aulas de apoio. Diz para esperá-lo depois das aulas na salinha de biologia, pois tem a chave.

Depois das aulas, quando todo mundo vai embora, fico no meu lugar. A luz crua dos olhares está apontada para mim. Meus olhos queimam por não piscarem.

Sua caça foi risível. É visível que ele não tem o costume. Precisou de semanas para ter a coragem de me dizer para ficar depois das aulas. Está surpreso que eu aceite tão rápido, com tanta frieza. Como pode ser assim tão simples? Ele se pergunta se eu entendi direito a sua intenção.

Ele me dá a chave e me diz para ir até à sala e chega logo mais. Suponho que vai procurar no banheiro a coragem perdida. Talvez refrescar a pele ardente com água fria. Ou pegar preservativos no seu carro, não sei. Eu vou para a salinha com cheiro de sulfeto e formol. Meus passos ecoam no corredor com revestimento de vinil marcado por milhares de pés. Pelas janelas empoeiradas alguma coisa foge. Não tenho tempo de ver se sou eu.

Ele cuidou do cenário. A mesa está no fundo do cômodo, contra a parede, na sombra. Nós nos sentaremos lado a lado. Eu ficarei apertada contra a parede. A mesa é larga e sólida.

E há também as bancas do laboratório, ao longo das paredes. De uma só vez, a função do cômodo muda.

Quando entra e se senta ao meu lado, percebo que não se refrescou. Ainda sua de desejo. Está gaguejando ainda, com incertezas. Abre um livro ao acaso, tenta debater um tema comigo. Quer perseguir a encenação até que esteja certo de que não vou me precipitar para fora gritando. Ele me faz perguntas e não percebe que respondo deliberadamente fora do tema. Isso me faz sorrir.

Com esse sorriso, ele tenta finalmente a sorte e me encara e segura o meu rosto em suas mãos, a sua boca se apressa em procurar a minha, na sua pressa não encontra o alvo.

Eu te amo, eu te amo, diz ele, incoerente de desejo. É tão desajeitado que fico quase ofendida. Ele acha que vou acreditar? Sua língua está na minha orelha. As palavras se aglutinam em torno da massa espessa. A umidade, o hálito quente, o tateamento, tudo isso me enoja de verdade. Tenho vontade de afastá-lo, mas estou apertada contra a parede, sua mão passeia e o escuto murmurar, você não está vestindo sutiã, e depois não diz mais nada, ele se lança e chafurda e se afoga.

Eu permito que faça.

Ele não consegue tirar a minha roupa, preciso fazer isso para ele. Ele se libera e tenta me penetrar. Minha cabeça bate na parede, mas me sinto somente cansada. Ele está perdido no meu corpo. É magro em alguns lugares, mole em outros. Eu o observo. Vejo o círculo da calvície nascente no centro de sua cabeça. Como é muito alto, não vejo que perde cabelos. Tenho a impressão de conhecer coisas que o resumem em algumas palavras e que o destroem.

O nojo do início desapareceu. As coisas voltam a ser banais. Como sempre, não sinto mais nada. Ele está se esforçando. Não consegue. Faz alguma coisa, suplica. Dou de ombros, depois aceito.

Enquanto me segura pelos cabelos, penso que eu teria curtido um cigarro.

Um cigarro para disfarçar o amargor da sua boca. Olhos abertos, você trabalha. Dezessete anos e não sonha com nada. A não ser continuar a andar assim ao largo de si mesma, fugindo dos próprios reflexos.

Dezessete anos e acredita saber tudo. Seu rosto é rochoso e suas mãos são frouxas.

Eva

Quando passo sob as mangueiras, elas me cumprimentam de um jeito familiar, como se me reconhecessem. Acredito que pareço com muitas coisas, orgânicas, minerais, com mudas estranhas, mas não me pareço com uma mulher. Somente com o reflexo de uma mulher. Somente com a ideia deformada que a gente faz de uma mulher.

Nas vitrines, nos espelhos, nos olhos, há o meu rosto que foge sem cessar. Não quero deixar capturarem a sua alma. Serei tudo, menos uma alma cativa. Menos um pássaro com plumas talhadas. Se cruzo com meu próprio olhar, ele me gela e assusta. Fico com raiva por ser tão hostil comigo mesma.

Um dia, amanhã, mais tarde: nada.

Em casa, há um jogo de empurra. Ganha quem for o mais hábil em não fazer as perguntas necessárias. Estão me vendo e não estão me vendo. Um cheiro de mentira me assalta assim que entro pela porta.

A cada dia conto os passos antes de voltar para minha casa. Ou, na verdade, a casa deles, pois esse lugar não é o meu. Não escolhi viver aqui. Não escolhi nada de nada, nem mesmo nascer. Gostaria de uma terra desconhecida, e que o mar a lamba inteira, e de uma única casuarina disforme e ressecada como um velho levado pelo vento, e de estar sentada sob a árvore, sem fazer nem dizer nada. Às vezes, subo sobre os galhos mais altos da casuarina e olho ao longe. Ao longe, não há nada. Apenas o mar, e o mar a fio. A terra parece acalentada. Uma lua desperta. Eu me encolho embaixo da casuarina e adormeço. Talvez não desperte.

Sobre meu berço não se pendurou nenhuma fada. Quando abri os olhos, acreditei que vi imediatamente a minha vida diante de mim: uma superfície de pedra, barras nos olhos, uma mordaça na boca e metal no coração. É esse rosto que me levou a pronunciar, abrindo a boca, esta palavra essencial: não.

Tudo disfarçar e caminhar sobre brasa, nada deixar parecer evidente. Eu os deixo acreditar que sou para pegar e largar. Deixo acreditar que não sou nada além de um corpo, esse corpo que, quando me tiram a roupa, os faz gemer.

Um corpo tão frágil, tão magro, tão quebrável; um corpo a desejar e destruir; é o que se aplicam em fazer.

Nós, Savita e eu, nos divertimos em imaginar outras versões de nós mesmas, nascidas no lugar certo, nas famílias onde a derrota não está inscrita nas linhas das mãos ou nos joelhos dobrados. Seríamos médicas ou advogadas e iríamos cuidar e defender os fracos e desfavorecidos. Não abandonaríamos ninguém à própria solidão. Imaginamos, assim, sonhos estúpidos. Quando elas se tornam médicas ou advogadas, essas outras meninas esquecem o passado? Recusam abrir as portas que embarricaram?

Savita faz cosquinha nos meus dedos do pé. Eu lambo a planta dos dela. Temos a mesma pele, perfeitamente lisa, sobre a qual a mão se evapora. A parte mais doce está na cavidade das costas e no interior da coxa. Quando a gente se acaricia nesses lugares, o tempo para. Pouso minha cabeça sobre sua barriga e escuto o canto de seus órgãos. Uma efervescência de alguma coisa, uma fome, um desejo, não sei, ou são simplesmente seus intestinos que estão trabalhando. Não sentimos necessidade de falar. Sabemos escutar os nossos silêncios.

Savita

O silêncio de Eva é aquele que ruge bem no fundo do vulcão. Me dá pena de vê-la tão frágil, enquanto se acha tão forte. Quando está séria, seu rosto parece com o de uma criança surpreendida no meio de um sonho, os olhos formigando de luzes. Ela tem o riso raro, mas é como um turbilhão. Aproximar-se de Eva é ser sugado por ela.

Antes dela, eu olhava as coisas de muito longe, nada me tocava.

Eu devia partir, nesse dia. Devia tomar uma pequena mochila e partir direto, andar sem olhar para trás. Estava cansada de ver meus pais chorarem. Que toda a responsabilidade de nos tirar dali, de ajudar minha irmã mais nova, de ser um bom exemplo para ela, recaísse sobre mim. Estávamos em Troumaron perdidos, refugiados dentre refugiados. Viver ali pretendendo estar em outro lugar, outra coisa, recusando a evidência de tudo o que nos fazia parecidos com os outros. Em desacordo com nós mesmos.

Eu tinha decidido abandonar para sempre Savita, a boa menina. Não sabia aonde iria. Mas o que eu queria fugir não era de Troumaron. Era da minha família. Troumaron era o meu lugar, minha pena e minha âncora. Não conhecia nada diferente. Tinha crescido aqui. Mas nos olhos dos meus pais eu via uma outra Savita, uma menina gentil, uma trabalhadora, uma ganhadora. Eu era obrigada a parecer com essa imagem. Não conseguia mais. Ela não era para mim.

E depois, no colégio, me deparei com uma Eva naufragada, com o rosto afogado, não pelas lágrimas, mas pelas sombras da árvore sob a qual estava sentada. Eu vi a barreira que a envolvia por todas as partes. Vi o olhar dos outros alunos, fugidio e falso. Uma solidão tão grande que nada diferenciava da morte.

O mais assustador é que eu tinha a impressão de que ela era eu.

Eu desisti, então. Fiquei pregada ali pela sua tristeza. Pela porta aberta de seus flancos, a vida fugia. Precisei consolá-la, tomá-la para mim como uma mãe ou um amante, e fazê-la esquecer, mesmo brevemente, por que ela tremia.

SAD

Milagre dos meus dias. Os flamboiãs floresceram. Milhares de lábios vermelhos se abrem ao mesmo tempo depois de terem se aproveitado da árvore. As lichias desaparecem sob suas frutas. Uma explosão quase indecente de cores, como se uma brecha tivesse se aberto e percebêssemos no interior um corpo de luz nua.

Para onde quer que a gente se vire, as mesmas cores nos atraem o olhar. O coração vacila. Mesmo aqui, mesmo aqui, na cidade de cimento, o verão chega. Um matagal se transforma em azul-petróleo. A grama, brevemente, verdeja antes de ficar amarela de novo. As mulheres se esforçam em suas varandas para manter minúsculas flores em potes. Elas cantam, livres do peso no estômago. De noite, é possível distinguir o cheiro das frutas do cheiro do lixo. Por um tempo muito curto, é o das frutas que ganha.

O verão nos relaxa em seu início, antes que o calor renove o apelo do lixão e revolva novamente nossas sombras, remexa nossos sedimentos adormecidos.

Janela aberta para tudo o que pode amotinar a noite, eu fico remoendo Eva. A sonoridade dos seus olhos, seu corpo que contradiz e alimenta os fantasmas. O tipo de corpo que a gente poderia fazer desaparecer inteiro dentro de si. Que a gente poderia comer. O tipo de corpo que se pode dobrar em todas as posições possíveis para alcançar os recantos mais impossíveis. E que, dos dedos do pé às extremidades dos seus cabelos, seria uma confusão. Seus dedos teriam um gosto de longan. Seus cabelos, um perfume de alga e de noite. Seu sexo, o cheiro tuberoso das plumerias e a tepidez do mangue.

Ah, eu viajo, não paro de viajar. Eu a imagino com outros, com todos os outros. Isso me excita ainda mais. Fico com ciúmes, mas, ao mesmo tempo, sei que sou o único a amá-la. Ela me espera. Eu sei. Eu sinto.

Sou jovem: segure minha mão.

Sim, ele, o poeta, dizia isso aos dezessete anos, por excesso de esperança. Por excesso de crença, por excesso de promessas. Tinha a escrita. E depois, um dia, deixou de lado esse dom tão pesado. Eu quero as duas coisas: a escrita e Eva. Eva e a escrita. Não aceito uma sem a outra. Sozinho, não sou nada. Elas são as frutas que me preenchem, os grãos que farão germinar outros grãos e multiplicar a minha voz como um baniano que devora o espaço sem cessar.

Sei que, por enquanto, não posso criar. Apenas imito. Minha voz não é a minha. Esta língua não é a minha. Não sei nem mesmo com quem estou falando.

Mas este quarto acaba por se tornar alguma coisa verdadeira. Releio a loucura nas paredes, em tinta preta e branca, e penso que estou também criando, apesar de ser com as palavras dos outros. Fui uma criança que balbuciava palavras. Estou me tornando um homem que as cativa. É claro, no dia em que eles abrirem a porta, não entenderão nada, não saberão o que se desenha atrás dos golpes de cinzel e aríete. Mas ter colocado tudo ali me consola. Tomei uma atitude. Não sei o que tudo isso vale, mas fiz alguma coisa. Não fiquei imóvel, esperando até morrer. Eu me inscrevi, em vez de me apagar. Fabriquei para mim uma ponte com um garoto que também tinha a raiva no corpo, mesmo que ele nunca saiba. Ele me diz:

A estrela chorou rosa no coração das suas orelhas, o infinito rolado branco da sua nuca aos seus rins e o homem sangrando preto em seu flanco soberano.

Eu sou jovem: segure a minha mão.

Amo uma menina cujo corpo foi pisoteado. Mas no dia em que eu estiver nela, apagarei todas suas marcas: ela ficará nova.

Eu sou jovem: estou amando.

É o sol entrado no meu corpo. Ela é a urgência do que escrevo. Retrato de Eva sobre os ecos do meu quarto. Frases que a desenham, que a declinam. Estou amando.

Acredito nas possibilidades. Sim, mesmo aqui. Mesmo deslizando por nossas próprias ladeiras. Uma palavra a descreveu para mim, no dia em que nós descemos de bicicleta lá de cima, da Rainha da Paz. Nesse dia, no momento em que ela me disse que nunca diria te amo, vi a palavra que a descrevia, uma palavra cheia de ressonâncias e ao mesmo tempo estranha, nessas paragens: a graça. Se essa graça faz parte das minhas possibilidades, pensei, posso tudo.

Porto Luís me observava com um outro olhar. Porto Luís preto, mau, Porto Luís desfigurado pelas formas grotescas, Porto Luís intransponível em suas marés humanas, achei que piscava para mim. Seus pombos pretos pontuando todos os telhados aceitaram codificar os seus humores para mim. A cidade me dizia: se há instantes como estes e rostos como o seu, então, você deverá me amar, apenas para isso.

Eu sei, sou apenas uma falsificação. Mas uma gota azul entrou em mim. Eu a transformo em tinta de menino preto dilacerando as paredes. Esta história que vocês leem nas minhas paredes, as palavras partirão apenas quando os prédios arrancados com a umidade dos ciclones terão desaparecido.

Às vezes, quando o vento vem da montanha dos Signaux, quando vejo o fogo ardendo nos seus flancos, fogo de matagal, fogo de detritos, penso que no fundo há beleza aqui também, e alguma coisa crepita e um fogo se acende no meu matagal.

Esqueço o que sou, de onde venho. O vento da montanha apaga o nome de Troumaron nos meus lábios e na minha memória.

Tenho vontade de partir e tenho vontade de ficar. Entre as duas, estou imóvel. Mas meu corpo não para de navegar no nosso pântano de sonhos, de acordo com Eva.

Clélio

A usina cheira a graxa de motor, dejetos apodrecidos, chinelos abandonados, corpos desperdiçados. Às vezes venho aqui sozinho, apenas para ver como a vida mente aos pobres. É bom para a saúde. Minha mãe, quando teve trabalho aqui, pensou que tudo tinha mudado. Com seu primeiro salário, ela me comprou tênis da Nike, achava que isso me agradaria, não tinha nunca percebido que eu possuía vários tênis da Nike, que a gente tinha nossos esquemas para obter todos esses troços inúteis, eu não precisava de nada, precisava de um guia, precisava de uma razão.

Depois, de semana em semana, ela mudou. A usina brotou e se enfiou no interior das nossas vidas. Minha mãe me levava agora suéteres defeituosos. Quando via ainda um suéter Ralph Lauren com uma manga mais curta que a outra, eu o cortava em pedaços e fazia esse senhor que faz de nós seres desequilibrados engoli-lo. Mas para nós não são as mangas. São os braços, as pernas ou os olhos que estão desaparelhados. Nós somos uns rabiscos de humanidade.

Ela se tornou menor, mais cinza. Não via mais o sol. No fim do dia, quando voltava para casa, era uma cópia malfeita de si mesma. Alguma coisa tinha passado uma borracha em seus traços. Meu pai, sentado num sofá, a esperava. Passava o dia a esperando, como um velho estúpido, com os seus olhos de criança perdida, mas tudo o que ele conseguia dizer quando ela chegava era, você trouxe algo para comer? Não conseguia dizer outra coisa. Eu tinha vontade de estrangulá-lo quando dizia isso. Deixa ela se sentar, tirar os sapatos, beber um copo d'água, seu merda, tinha vontade de dizer isso, e vai você mesmo preparar sua própria comida. Ou diga a ela que você passou o dia diante da televisão espiando a própria sombra.

Ela tinha olheiras como o túmulo do Padre Laval, precisávamos descer bastante para poder ver seus olhos. Seus cabelos começaram a cair. Eram como fiapos. Acho que ela não comia o suficiente. Suas mãos eram a superfície da lua: cheias de crateras.

E depois, trouxeram trabalhadoras chinesas que trabalhavam rápido e bem, e sem se queixar. Ou talvez elas se queixassem na língua delas, e ninguém entendia. Tinham dito às mauricianas que precisavam que fizessem parecido se quisessem manter o trabalho. Algumas foram demitidas. Minha mãe aguentou firme. Não era uma perdedora, minha mãe. Era uma lutadora, como eu. Enfim, não exatamente, mas quase. Mas, finalmente, também ela foi demitida quando a usina fechou, porque, de todo jeito, custava muito caro para produzir os suéteres e as camisas aqui. Meu pai disse que entre as gigantes americanas e chinesas, nosso país era uma formiga que ninguém percebia quando andava por cima. E você pensa duas vezes antes de matar uma formiga?, perguntava. Pois é, para eles é parecido. Não é injustiça, é a lógica econômica.

Às vezes, meu pai era menos débil do que parecia.

Eu queria muito que Carlo nos enviasse um pouco de dinheiro, nos ajudasse mesmo, ainda que não quisesse voltar. Mas ele não manda nada. Telefona para Mam, e seu rosto se ilumina como se tivesse acabado de ser decorado para o Natal. Isso me deixa com raiva, a face de Mam que se ilumina para o falso Carlo, que acredita em todas suas mentiras, que me diz, *li pu fer mwa vinn kot li en Frans, li ena enn zoli lakaz ek dis lasam, aham*, nunca ouvi falar de gente de Troumaron que tem uma casa com dez quartos na França e que durante dez anos promete para sua mãe que vai levá-la para lá, mas que nunca faz.

Eu risquei Carlo. Enfim, o falso. O verdadeiro está aqui, perto de mim. A gente se senta no telhado e se diverte, conta histórias, como antes, ele é meu irmão mais velho, bonito como um deus e quando está aqui não tenho medo de nada.

Nessa noite, estou com meu violão. Eu me estico com o último sol que mancha a minha cabeça e coloco a guitarra sobre a minha barriga, toco preguiçosamente. Canto músicas que invento, mas que só canto para os outros. Carlo, se estivesse aqui, entenderia.

Ki to pe atann? Personn. Ki lavi finn donn twa? Nayen. Komye dimunn inn fer twa promes? Zot tu. Komye dimunn in gard zot parol? Okenn. Dimunn pa gard parol, zot zis kass to leker, pa bizin per, fer kuma zot, kas zot leker, pas to simin, pa krwar nayen. Pa krwar nayen, to pa pu sufer. Pa krwar nayen to pa pu sufer.

Não acredito em nada. Mas sofro mesmo assim.

Savita

Depois das aulas, ela me diz, preciso ir lá. Tento persuadi-la de ficar, mas ela vai para a defensiva, como sempre, nessas horas: fui longe demais.

Eva, a inflexível, é assim que te chamo.

Eu te acompanho muitas vezes. Muitas vezes te levei para casa. É como se eu estivesse sempre ali na hora certa para te recolher. Mas é porque estou atenta a você. Você não me chamará nunca. Mas te ouvirei mesmo assim.

Mas te olhando fugir dessa forma, me sinto triste. Você pode dizer não, se quiser. Por que sempre se oferecer a eles? Por que sempre se ligar a eles? Não entendo.

Gostaria de te proteger. Gostaria de te impedir de se perder. Gostaria de ser aquela que te salva de si mesma.

Às vezes, você tem a voz quebrada. Às vezes, eu tenho os olhos quebrados de te ver. Ninguém é inocente, e eu fico com raiva do mundo.

Daria minha vida por você.

Parece tão simples. Apenas você saberá o que eu quis dizer. O que há de milagre e de pena nessas palavras.

Sentada na varanda, olho para você. Aqui nada é meu, menos você. Ouço a impaciência do meu pai, que espera que o baú dos tesouros se abra para ele. Ouço a incredulidade da minha mãe, que o escuta sonhar e o despreza. Tento me escutar, a mim, mas não ouço nada além do ar que entra e que sai dos meus pulmões. O automatismo do corpo. E a ausência de uma vida.

Minha pequena mochila ficou no meu armário, sempre cheia, sempre esperando que eu me decida a partir.

O cheiro da comida me faz pensar que você está com fome sem saber, você que só belisca frutas ácidas.

Você não acha que eu tenho uma cara de rato?, me perguntou um dia.

Beijo a sua cara de rato. Você é a beleza do mundo, sua iluminação.

Eva

A água jorra, escapa, se dispersa. Ela transborda mil lembranças e tropeços. Papéis, caixas, louças quebradas, um cheiro de cova. A vida do bairro é arrastada pela água do córrego, que se incha e transborda das suas margens.

Espero que o córrego se acalme para eu poder voltar para casa. Não quero ver ninguém. Que desça a noite e que tudo desapareça, inclusive as silhuetas das pessoas e a forma das coisas.

Noutro dia, desse escritório onde me chamaram, olhei a cidade e a vi como naquele dia, com Sad, no monumento da Rainha da Paz. Pálida e adormecida. De lá de cima, tudo fica embaçado. As arestas estão aparadas, as feridas remendadas. O escritório climatizado, amortecido pelo carpete, tem um cheiro de couro novo. Os sofás dão vontade de ficar encolhida ali. Há um grande quadro de Chazal no reflexo do vidro. Ele pisca para mim. Eu o conheço. O prof nos falou dele. Vi no seu dodô barrigudo e na sua flor risonha sonhos de criança por muito tempo esquecidos.

Poderia ter dormido aqui, abrigada, nesta bolha que contradiz a realidade. Poderia ter dormido na estranheza do couro e no zumbido do ar-condicionado e na luz sem textura nem tessitura. Poderia ter dormido neste lugar branco, onde estaria protegida do sol e dos gritos. Nesta penumbra, não do dia, mas dos sentidos, eu me sinto bem. Mas sei que se eu dormir aqui, acordarei com o coração congelado. O corpo paralisado pela ausência de vida. É talvez isso que o homem que bebe um whisky depois do outro, na outra ponta do escritório, tenta exorcizar comigo. Ele precisa de um corpo para descongelá-lo. Precisa de uma vida para acreditar que está vivo. Eu o entendo: lutou durante tanto tempo para chegar lá que, tendo conseguido, não sabe mais o que quer. Construiu uma vida, mas não há o seu lugar.

Ele olha a menina com olhos de criança, de pé diante da janela. Não estou com pressa. Espero. Observo. Observaria a noite toda, se me deixasse aqui. A cidade, o escuro, a perda.

O que o senhor procura não está aqui, tenho vontade de dizer a ele. Mas ouço sua resposta: o que você procura também não.

Você está calma. Seus cabelos têm respingos pretos. Seu rosto é grave. Falaram de você para ele. Disseram, ela não é como as outras. Ele se dá conta de que é verdade. Disseram, ela faz tudo. Ele não sabe ainda se é verdade. Você não pergunta nada. É austera e encantadora, é o que ele pensa de você. Mas também falaram do que fizeram com você. Das festas onde estava sozinha, e eles, muitos. Como, numa manhã, quando eles te deixaram quase sem vida não longe do bairro.

Ele não tem dificuldade de imaginar. Seus ossos são tão finos.

O que você quer? O que procura?

No mesmo momento, você se volta e ele se levanta, tirando o cinto da calça dele.

Eva

O córrego se acalma. Eu também. Um dia, fui colocada aqui por homens enlouquecidos pelo álcool e por meu corpo. Não tinham me levado para um escritório climatizado, mas para uma ilha nos arredores de uma ilha, uma ilha de ventos, pássaros, matagais e serpentes.

Beberam, e a lua entrou na cabeça deles. Fizeram um tipo de dança ao redor de mim, tiraram as roupas, pareciam pássaros pesados e desengonçados com patas magras. Quando se jogaram sobre mim, vi que eu era alguma coisa estrangeira para eles. As pessoas destroem o que é estrangeiro a elas. Em seguida o trazem de volta como um saco de areia num barco onde a água o lava.

O saco de areia, quando acorda, olha o céu denso de estrelas e pensa: é a última vez.

Mas os homens me procuram e a vida me arrasta e estou tão indiferente a mim mesma que continuo.

Procuro saber onde se encontra o fundo da minha vida. De qual cor ele é. Como é o ponto sem retorno que me dirá então o que eu sou.

Continuo avançando. Um passo diante do outro, mas é sempre o mesmo passo, refeito infinitamente. Um andar sem sair do lugar, sem outro objetivo que ser a sua própria contradição.

Esse andar cruza com o de outras meninas, outras mulheres, outros meninos, outros homens. Alguns seguem com a cabeça abaixada para frente. Outros recuam. Todos se afastam, me deixando sozinha.

Meu corpo é esmagado por ondas contrárias, por um tumulto de ventos.

Correm para escalar, engolindo a aspereza de seus destinos. Eu fico boiando.

Pela janela aberta, ninguém me responde. Queria compreender o que me espia, o que me guia. A origem dessa recusa. O que enraizou em mim a negação.

A diretora do colégio me disse: *Você precisa conseguir, por você mesma*. Depois, adicionou em inglês: *You owe it to yourself*. E, enfim, em crioulo: *Pa gaspiy u lavi*. Em três línguas, ela me disse a mesma coisa. Que eu sou responsável. Preciso esquecer para onde volto, de noite, e que as baratas seguem o mesmo caminho que eu, e que esse caminho está cheio de aleijados. Fragmentos de corpos, de braços, de pernas, de olhos. Pessoas reduzidas ao mais invisível de si mesmas. No meu caminho me seguem olhares interrogadores e imprecisos, que parecem perguntar, quem é você, que anda com esses olhos sem espera?

Elas não me compreendem, essas desabituadas da vida, que deslizam e desaparecem entre as dobras da cidade.

O lixo martela o caminho como estilhaços. Os buracos no chão parecem afundados por tiros de morteiro. Na televisão, falam de guerra. Mas aqui, tenho a impressão de viver em estado de sítio. Nós estamos em guerra, sim, contra nós mesmos e contra esses organismos que crescem, parasitários, sobre nossos corpos.

Mas não é somente a cidade. O mundo também faz guerra a tudo o que titubeia, a tudo o que não anda no passo do conquistador. Seus ritmos distantes não são para nós. É melhor nascer cego para não olhar sua cólera nos olhos. Cada um afia suas armas. Todos nascem com esta carne nua e disponível. Em seguida, cada um fabrica sua armadura de espinhos, sua garra de espinheiros. Mas a herança dos sexos não é a mesma. Nós não nascemos com a mesma carga.

Que dão os homens em troca do corpo? O corpo deles não é dado: um homem conquista. Guardam bem. São os protetores das suas sombras. Nós somos borboletas capturadas, mesmo no auge da nossa bravata, mesmo no auge da nossa ofensa. Nós somos corpos capturados.

Os dias se seguem. Savita tenta me reter, me entrelaçar, me subtrair de mim mesma, mas é tarde demais. Ela parece já uma doce lembrança. Sei que não me seguirá, lá para onde vou.

Quando digo, fico no colégio depois da aula, ela me olha e não responde. Pesada de tudo o que não consegue dizer, o coração cansado.

Um dia ela me disse, eu te espero.

E depois, a cada vez, ela me espera, como me esperará nesta noite.

Sad

Elas deslizam entre as paredes como duas fantasminhas que decidiram que vão debochar de nós. Fazem sua dança na cara de todos pensando que ninguém perceberá o que quer que seja. Teriam uma aparência quase virginal, essas duas meninas, se seus gestos não tivessem essa lentidão que fala mais da noite que do dia. Eu as veria como vestais, se fizessem de mim sua divindade. Todas vestidas de branco, os véus mal esconderiam seus corações macios, com as costas nuas, suas bundas morenas.

Mas elas são como as duas mãos de um corpo. Não precisam de uma terceira. Não podem fazer o que querem, quando querem. Não precisam de meninos em seus sorrisos. Seus olhos se trancam uma para a outra. Nós somos invisíveis.

Isso irrita a gangue. Sinto alguma coisa que muda neles, eles que até aqui toleraram as extravagâncias de Eva, a beleza distante de Savita, e mesmo o que as tinha aproximado no início. Mas não querem mais que elas exibam esses corpos femininos debaixo dos seus narizes sem oferecer um pedaço. Eva pode passar de homem em homem, mas quando está com Savita, é aí que ela se evade. Nós não somos de vocês, dizem elas. Nós não seremos nunca. Sobre a ponta dos pés, elas deslizam, ondulam. Os cigarros fortemente aspirados acendem um luar nefasto no olhar dos meninos. Kenny murmura, essas duas daí, já é hora de dar uma boa lição nelas. Os outros, por falta do que fazer, se excitam. Isso aí, qual é o jogo delas? Um jogo de meninas, claro, mas elas não sabem o que as espera, essas putas.

Eles falam assim.

Eu me esforço para acalmá-los, a mudar as ideias. Preciso utilizar toda minha imaginação para encontrar alguma distração. Digo a Clélio, ei, Clélio, o carro que você anotou o número, se lembra, tenho o endereço dele, tenho um tio que trabalha no registro. Mas Clélio está em seu próprio mundo, rói as unhas até desnudar a carne viva por baixo, e depois rói a carne, não tem tempo de me escutar. Os outros, ao contrário, estão a favor: vamos furar os pneus daquela monstruosa da 4x4, dizem. Vamos assustar a mulherzinha quebrando as suas janelas.

Ninguém realmente está com vontade de ir lá, mas quando você está em grupo, é preciso esquecer que é uma pessoa, é preciso fazer parte desse corpo quente, móvel, potente, que nada pode parar. Quando você começa, precisa ir até o fim.

Clélio não quer vir.

Deixa ele, diz Kenny, está delirando.

A gente não pode deixar ele sozinho, digo.

Me deixem sozinho, diz Clélio, que está arrancando a pele morta sob a planta dos pés.

Eu deixo, porque quero afastá-los de Savita e de Eva. Quero desviar a atenção para longe delas.

Nós abandonamos a cidade com a cólera no rosto de Clélio.

Eva

Savita acaba de me deixar na frente do meu prédio. Não voltei para casa imediatamente, como sempre. Nesta noite, mais que nunca, tudo me pesa. O prof me perturba. Com seu jeito de réptil, parece estar verdadeiramente apaixonado por mim, na medida em que um homem é capaz de saber amar. Passa longos momentos me olhando e suspirando, e depois, de uma só vez, se liberta com uma violência reprimida que não me deixa nem mesmo irritada.

Nesta noite, aconteceu uma coisa bizarra. Isso nunca tinha me acontecido antes.

No momento em que me dei conta, ele pareceu atormentado, como se fosse começar a chorar. Não consegui decifrá-lo. Não acho que ele tenha apenas vontade do meu corpo, como os outros. Acho que tem vontade de mim também, da parte de mim que se encontra lá no fundo, na parte mole recoberta pela crosta de frieza. Tenho a impressão de que, quando mergulha as suas mãos em mim, é para procurar isso. Para me procurar lá onde não me dói tanto ser tocada. Mas talvez ele queira como os outros me ver torcer de dor, e só isso. Talvez seja um homem como todos os outros são homens.

Felizmente, Savita me espera toda vez na frente do colégio. Ao vê-la, esqueço o que aconteceu antes. Ao vê-la, olho para os instantes que seguirão e vejo a porta sobre o que me separa.

Penso em Savita, nesta noite, que me salva de mim mesma.

Savita

Estou com medo, nesta noite. Volto para casa a seu lado, mas depois do que vi, não posso parar de tremer. Ela, no entanto, parece calma, distante de tudo, apesar de suas coxas estarem vermelhas.

Eu me sinto fraca e com vertigem. Tenho dificuldade de andar. O ar está enlameado. Faz tanto calor que meu corpo está gorduroso. Não sou eu mais que a sustento, é ela quem me guia. Repenso o que vi, na sala de aula. Não quis olhar. Mas como ela demorava a sair, pensei que ela talvez já tivesse ido embora. Subi. A porta não estava inteiramente fechada.

Acho que ele me percebeu ou me pressentiu. Ela não. Ela estava esquecida. Eu me afastei. Desci novamente para esperá-la. Quando ela veio, soube nos seus olhos que ela não sabia que a tinha visto. Ela me tomou pelo braço, como sempre. Levantei os olhos. Alguém nos olhava lá de cima. Esse olhar entrou em mim. Senti sua mordida.

Eu me apressei, mas meus pés estavam pesados. Ela me ouviu arfar e disse, o que você tem? Mas, como sempre, nestas noites, ela está presente pela metade. A outra metade está em outro lugar. A outra metade tenta se unir e se resolver.

Preciso falar com ela. Nós precisamos ir embora, escapar. Os garotos da cidade estão se tornando homens, com ódios de homem. Logo vão se jogar contra nós. Não suportam nos ver juntas, as duas. Ela não presta atenção neles. Eu, sim. Vejo a cólera que se incha. Vejo o calor que fermenta os espíritos. Nós precisamos ir embora.

Mas como fugir quando a gente se sente tão pesada? Tenho dificuldade de andar. Tenho dificuldade de respirar.

A terra se juntou aos meus pés. Tenho os pés presos na lava. Logo não poderei mais me movimentar. O vulcão me dilacerará em pedaços.

Promete juntar os meus pedaços, Eva, digo.

O que você está dizendo?, pergunta ela.

Não sei.

Ela me envolve com seu braço.

Minha Savita adorada, diz, não apenas juntarei seus pedaços, mas também comerei cada um, assim você estará para sempre em mim.

Tentei brincar: sempre soube que você era canibal!

Ela mordeu docemente o meu ombro. Queria que ela tivesse deixado a marca de seus dentes na minha carne. Será a minha única lembrança dela.

No momento de nos separarmos, me dou conta que estou chorando, sem saber por quê. Nossos apartamentos não são longe um do outro. Eu a deixo na frente do seu prédio. Para mim, preciso apenas passar na frente do depósito de lixo e estarei em casa. Mas no escuro parece ser um caminho muito longo. Tão longo quanto a vida.

SEGUNDA PARTE

SAD

Ontem foi uma noite comum. Ontem foi um outro mundo. E em seguida, de manhã, isso. Ninguém pode entender o que aconteceu. Mesmo em Troumaron, isso nunca tinha acontecido, não assim, de toda forma. O bairro está calmo como nunca esteve. Cada um se esconde. Ninguém ousa dizer, isso ia acabar acontecendo. Não queremos pensar assim de nós mesmos.

Ela foi encontrada no depósito de lixo, enfiada numa lixeira.

Ninguém ouviu nada. Evidentemente, todo mundo tinha o rosto virado para o outro lado. A ignorância é a nossa única proteção.

Nós, os meninos, mesmo se tivéssemos visto alguma coisa, não teríamos dito nada. A gente não delata.

Sabemos que alguns dentre nós camuflam monstros sob um jeito aparentemente normal. Que suas aparências banais escondem olhos assassinos. É uma herança da infância, essa brutalidade, mas não aparece sempre no início. Às vezes, são os mais silenciosos, os mais adormecidos. Suas pupilas parecem pesadas. A gente não vê que os seus olhares estão manchados de vermelho. Alguma coisa brumosa mascara as suas manchas. Mas a maior parte é de garotos comuns. Brincamos de ser terríveis, mas, no fundo, não fazemos nada de terrível. No fim das contas, entramos na ordem, depois de ter acreditado em nossa liberdade, em nós mesmos. Então, ninguém entende.

O que aconteceu? Ninguém queria mal a ela, a Savita.

Penso na última frase que escrevi nas paredes, ontem à noite: sua boca de memória rubra se abre para receber o sangue do homem soberano.

Eu tentava imitar Rimbaud, como sempre. Mas era verdade: o homem é soberano. Cessará de ser quando o mundo mudar de órbita.

Quando revejo Eva, fico tetanizado pelo seu rosto. Ela se perdeu de uma vez só. Ela se obliterou.

Compreendo agora por que ela não podia dizer te amo a um homem.

Exangue, desgrenhada, macilenta. Ela está sentada perto do córrego. Não chora. Está encolhida como um ovo. Mastiga a carne da sua dor. Tenta cuspi-la novamente, mas isso cola no interior da sua boca e no fundo da sua garganta. Sente náuseas, mas nada sai, nem a menor saliva de alívio. Não ouso nem mesmo tocá-la. Ela partiu para bem longe.

Posso somente ficar sentado a seu lado e olhá-la tremer. À medida que o dia passa e o tremor não para, vejo-a se afastar em sua lembrança, desaparecer em sua perda. Está perdida. Eva jamais será minha. Jamais cessarei de amá-la. Mas, para mim também, alguma coisa morreu. Jamais serei o mesmo Sad. Não tinha entendido a tristeza, até esse dia.

Vemos de longe as viaturas de polícia que chegam. Há barulho na cidade. As pessoas prefeririam se esconder. Mas a presença da polícia muda tudo.

Tomo suas mãos fechadas em punho e as abro. Sua palma está constelada de pequenos crescentes vermelhos, como se a lua nova tivesse andado por cima. Coloco minha boca sobre esses crescentes vermelhos. Ela retira suas mãos. Tem vontade de se machucar. Tem vontade de gritar. Mas não consegue.

Fala comigo, digo.

Eu a vi ontem à noite, logo antes, diz ela.

Nós nos separamos a alguns passos de lá.

Não voltei para casa. Poderia tê-la seguido, retê-la mais um pouco, ficar com ela.

Mas vim para cá, perto do córrego. Daqui, não vi nada.

Não vi nada.

Sou a última. Poderia ter. Se eu tivesse. Deveria ter. Por quê? Se. Mas. Em vez de. Ela. E em seguida.

Ela acaba se enrolando sobre si mesma com um rangido de um eixo quebrado. Esmurra o chão com punhos fechados. Bate tão forte que a terra espirra por todo lado. Ela se ergue e começa a dar chutes por toda parte, por pouco não me ferindo também. Levanto-me e a seguro. Ao fim de um momento ela se acalma, apesar de sua voz continuar a lancinar.

Ela me pergunta:

Quem fez isso?

Eu não sei. Não tenho a menor ideia.

Não é possível, diz ela. Vocês estão por toda parte, ouvem tudo, sabem de tudo. É alguém da gangue que deve ter feito isso. Vocês sabem e não vão dizer nada, apenas para protegerem uns aos outros.

Não é verdade. Eva, te juro que a gente não estava lá ontem à noite.

Vocês estavam onde?

Dando uma volta. A gente não estava fazendo nada exatamente. A gente estava apenas procurando pessoas para assustar.

Ela me imita com uma ironia selvagem: a gente estava apenas procurando pessoas para assustar. Vocês não procuravam alguém para matar também?

De pé, ela me olha com tanto desprezo que não sei onde ficar.

Você escreveu "o homem soberano", diz. Para você também, eles são soberanos. Você não ousa bater de frente com eles. Nunca ousará denunciá-los. Quer pertencer, a qualquer custo. Você é um covarde e você é um metido e você é um mentiroso. É tão triste.

Ela vai embora sem esperar outras explicações. Mas eu não menti. Sou talvez covarde, mas não mentiroso. E ela não sabe que eu a protejo dos lobos.

Também eu começo a dilacerar o solo, mas ninguém me vê. O que me torce as entranhas apenas eu sei.

Eva

O corpo está estendido numa bancada, como pronto para ser cortado. Mas não é uma autópsia.

Estendida, nua, sobre uma bancada da sala de biologia, tento me imaginar no lugar de Savita, estirada sob o olhar dos policiais e dos médicos, esperando para liberar seus segredos. Esperando para respingar de vermelho a faiança branca. Mas não, um corpo morto não respinga nada. É de um corpo vivo que jorra o vermelho.

Saadiq escreveu, na parede do patamar: a memória vermelha se abre para receber o sangue do homem soberano.

O que ela recebeu, ela, Savita, do homem soberano? Golpes. Entalhes. E talvez outra coisa.

E eu, não é sangue que vou receber, mas o esperma do macho que invade e afoga a fêmea, que dispersa nela aos bilhões seus duplos potenciais.

Mas não serei a transportadora dos seus duplos. Meu corpo não será colonizado.

Meu corpo está estendido, nu, sobre a mesa.

Um corpo magro para desejar ou rasgar, dizem.

Por enquanto, ele me deseja e me rasga ao mesmo tempo. Tem dificuldade e vacila sob o esforço do desejo. Nunca o vi tão destruído. Sua sombra sobre a parede é gigantesca. É uma criatura monstruosa que me domina. Isso não parece com nada de humano, esta sombra curvada, vacilante, de onde se escapam barulhos da garganta e de deglutição, os barulhos de um sofrimento inumano.

Por que eu vim esta noite? Depois do que aconteceu a Savita? Meu lugar não é aqui. Mas não tenho lugar. Não posso viver o luto por Savita na minha casa, nem na dela.

Então vivo aqui, com toda a força do meu ódio. Odeio sua morte, Savita, e odeio este homem que se liberta em mim sem se preocupar em saber se estou viva ou se estou morta.

Depois, quando ele tiver acabado de babar, eu me levantarei, e para melhor concluir sua derrota, me sentarei nesta mesma mesa para fazer os meus deveres no silêncio da sala, o cheiro próximo dos corpos, minhas roupas desordenadas, meus cabelos úmidos, minha boca seca, meu corpo esvaziado, meu espírito puído, minhas lembranças imundas, meus dias comprados, meu orgulho rasgado, meu sexo desobstruído, e as letras do saber se prendem como chumbo na página sem nada me dizer, sem nenhum brilho, me exibindo sua impotência e sua indiferença, porque Savita não estará lá embaixo me esperando como sempre para renovar o fino fio de vida no meu corpo e, sem isso, não tenho vida, nada para me suspender acima do vazio, nada que me impeça de me deixar cair.

Como ela. Mas ela não se deixou cair. Alguém fez isso. Alguém que pensou que ela não valia mais que os lixos nos quais ele a afundou.

No momento de ir embora, ele diz: e esta menina encontrada morta em Troumaron?

Espero um instante, depois respondo: eu conhecia ela.

Vejo a outra pergunta que vacila em seus lábios, que não ousa pronunciar. Respondo mesmo assim: sim, você também.

Eu sei que quando parto, ele fica na janela, no escuro, ele me vê desaparecer no pátio do colégio. E se pergunta se me verá amanhã. Ou se também eu, voltando sozinha, nesta noite.

A estrada está pintada com as luzes das viaturas, num trânsito insensível. E ele? Está insensível ao que aconteceu?

Me acaricia também como se eu fosse um corpo morto, sobre a mesa de autópsia? Que diferença há?

Sobre a banca da sala de biologia, ele dissecou um corpo humano, só isso.

Clélio

A cidade formiga de uniformes.

A gente não gosta disso. A gente se sente mal, apesar de não ter nada na consciência. Os uniformes são feitos para nós.

Tenho a impressão de que me olham de um jeito esquisito. Minha mãe lacrimeja como uma madona assim que me vê. Meu pai parece estar sentado sobre brasas. Mas eu não fiz nada. Não sou responsável. Se tenho vontade de massacrar as pessoas, não são aquelas que não podem se defender. São aquelas que pisam nos outros.

O céu está pesado. O vento ronda baixo. O pessoal da gangue foge de mim. Não entendo por quê. Não fui com eles ontem à noite, mas não é razão para virar a cara para mim.

Todos covardes. Tento cantar, mas o ressentimento engole a minha voz, assim que abro a boca. Não canto para ser feliz, mas para falar com Savita. Evidentemente, ninguém entende. Não entendem que a gente pode falar com sombras mais vivas que eles.

Para onde quer que eu me vire, os policiais estão lá. O depósito de lixo é o coração do formigueiro. O que poderão encontrar ali, além do cadáver de uma menina? Vocês acreditam que em Troumaron um anjo descerá para mostrar a luz a eles? Não, o que há aqui é a morte. Se ficam surpresos quando ela chega, é porque não quiseram ver nada. Mas eu tenho os olhos abertos. Sei que ela nos colherá um por um, da maneira mais violenta que for. É por isso que eu comecei a praticar.

Eva

O apartamento cheira a enxofre. Assim que chego, ele entra em combustão.

Eles me esperam na sala decorada com calendários. As questões são as habituais, mas com a aspereza do medo. Respondo com evasões, também elas, habituais. Depois, entendo. A morte de Savita mudou tudo. Seus pais começaram a dizer em voz alta o que pensavam bem baixo: fui eu que a levei para as zonas. Se ela está morta, é por causa de mim, dizem.

Meu pai me disse: você sabe alguma coisa sobre a morte dela?

Desejaria responder que não sou responsável, mas não posso. Porque eu era ela, porque era eu, eu sou responsável. Morremos as duas, no mesmo instante. O que resta de mim é inútil. As palavras ficam bloqueadas na minha boca. O gosto da minha saliva me enjoa.

Meu pai diz: eles disseram que você era um mau exemplo para ela.

Respondo: e você conhece bons exemplos, aqui?

Imediatamente, ele se levanta e me dá um tapa. Eu estava esperando, é claro. Ele não tem nenhuma réplica às minhas respostas. Não tem nenhuma resposta à minha presença. Acompanhei o movimento, e o impacto foi menos forte.

Minha mãe está reduzida a um estado de larva. Eu me levanto, cansada. Não tenho vontade de ficar com eles. Não tenho vontade de vê-los. Não sabem nada dela. Não têm nenhuma imaginação. Como poderiam saber o que ela viveu? Ela não tem nenhuma importância para eles. Tudo o que conta é o que as pessoas pensam, o que as pessoas dizem, as aparências, as máscaras do cotidiano, seus pobres orgulhos. Orgulho? Não há do quê se orgulhar. Suas bocas estão manchadas pela lama das fofocas.

Me deixem em paz, digo a eles.

Penso apenas em me refugiar no sol tranquilo de Savita.

Mas ele se aproveita do meu cansaço para me dar um soco, um verdadeiro soco na cara. Caio sentada no sofá, atingida. Minha mãe grita.

Ele me puxa pelos cabelos e me obriga a olhá-lo e a escutá-lo. Tampo meus olhos e minhas orelhas.

Ele berra obscenidades. Entra numa bela raiva vermelha que será ouvida por todos os vizinhos e os vizinhos dos vizinhos. Ela estenderá seus ecos mais longe ainda, como as saias de uma explosão nuclear.

Na verdade, não presto atenção ao que diz. Grita para minha mãe enquanto continua me segurando pelos cabelos. Espero, paciente, que ele termine.

A única coisa que penso é que vou precisar cortar os cabelos. Cortá-los curto, bem curto. Tosá-los até que vejam o meu crânio. Vou ficar com a cabeça raspada. Uma cabeça de leoa que ninguém ousará olhar de frente, que não ousarão tocar porque tocar uma leoa é ir para frente da sua mordida. Tocar uma leoa é sentir os seus dentes que se cravam na carne, dentes pontudos e afiados, dentes que se tingirão de sangue. E depois, digerindo no sol, ela os lamberá docemente para se lavar. O hálito da leoa é brumoso e sangrento. É bonito uma leoa que digere, rica dos seus adornos.

Finalmente, vendo meus olhos perfeitamente ausentes e tão nus, ele retira os dedos dos meus cabelos, arrancando algumas mechas com isso.

Entro enfim no meu quarto. Cuspo uma saliva amarga. Me jogo na cama ignorando meu crânio lancinante. Tudo o que posso sofrer não é nada perto do que Savita.

Ela foi despossuída do seu corpo e da sua vida pelo homem soberano.

Ele lhe proibiu todo orgulho jogando-a numa lixeira. Decretou: você não é nada. Você não existe. Você existiu para nada. Não serviu para nada. Ponto final.

O homem, em sua inutilidade, reina. O que ela diz? O que ela faz? Grita? Aceita o inevitável? Fica feliz que acabem com isso? Pensa em mim, em seus derradeiros instantes? Me pergunta, por que você não está aqui?

Sobre uma mesa, em alguma parte, sob uma luz bruta, seu corpo espera para ser decodificado. Para revelar o quê? Sinais de morte? Não é necessário abri-lo para saber. Restos, rastros, líquidos incriminantes? E eu? Encontrarão meu rastro sobre ela, o rastro das minhas mãos, dos meus lábios, da minha alegria? O que a autopsiada dirá de si mesma? Seja o seu silêncio, Savita. Eles não merecem nada mais.

Lá fora, ouvem-se estalos de eletricidade. Mais que a morte de Savita, a presença dos policiais desnuda os cabos de tensão que atravessam a cidade. Tenho a impressão de que, agora que ela partiu, estou sozinha para enfrentar a horda. Todos os olhares recaem sobre mim. Fui eu que infringi as leis. Fui eu que baguncei os padrões, modifiquei os espaços, fraturei as portas fechadas. Semeio a desordem. Exalo um odor de sebo. Sou o anjo maléfico da cidade, sua alma decaída.

Estou tão convencida disso que começo a cochilar, tomada de letargia.

Minha mão alcançou um pedaço do lençol e o puxa sobre o rosto como uma mortalha. Meu corpo está tão reto que mal faz uma marola no breve oceano da cama. Tenho os olhos abertos sob a mortalha. Tento ver o mundo através dessa grelha mole, essa malha. O que faria, se precisasse me esconder do mundo? Como viveria como fantasma? Ou será que a invisibilidade não nos livra dos nossos medos?

Deslizo no meio-sono da minha mortalha, olhando um mundo branco. Logo tudo é calmaria. Minha respiração também, meu ritmo de pêndulo desajustado, se apazigua.

Clélio

Era o esperado. O primeiro a ser interrogado sou eu. O primeiro a ser suspeito sou eu. Ninguém disse nada, é claro. Mas há muitas maneiras de dizer alguma coisa sem dizer nada. Os velhos esperavam apenas isso. Não são maus meninos, dizem, mas, no meio deles, vocês sabem, há algumas laranjas podres. Há os que estiveram na prisão, que vão sempre procurar problemas. Vocês sabem, quando o coração é obscuro, não há nada a fazer. *Ki pu fer, ena, zott finn ne kum sa.* Nasceram assim, com a podridão no coração.

Eu não tenho nada podre no coração, porra! A podridão são eles. Ninguém pronuncia meu nome, mas tenho a impressão de que ele ressoa em todos os olhares, no ar, no sino da igreja que soa para a missa de domingo, no grito dos pneus dos carros. Aliás, tenho um nome que soa mal quando pronunciam. Além disso, os policiais não são todos uns idiotas. Fazem o trabalho deles. Se um dentre nós já esteve na prisão, isso simplifica as coisas. O que você fez ontem à noite? Ontem à noite? Nada. Nada? Não, nada. Você deve ter feito alguma coisa, não? Não, tem horas em que eu não faço nada. Onde você estava? No telhado da minha casa. Quem te viu? Bem, os pássaros que voaram por cima da minha cabeça, não sei se eram bengalis ou canários do Cabo ou cardeais, e também os ratos que vêm tomar ar, quando a noite cai. Não fode com a gente!

Se procurarem provas, encontrarão em seus dossiês. Meritíssimo, este menino é reincidente. A sociedade fez tudo para ressocializá-lo, mas há pessoas que não é possível recuperar, Meritíssimo, e o juiz me olhará gravemente e dirá, *are you beyond redemption?*, como se fizesse essa pergunta a si mesmo, mas eu direi, sim, estou fora do alcance de qualquer redenção, porque não tenho vontade de ser recuperado nem resgatado, não cometi os crimes que me imputam, como dizem em jargão jurídico, não fiz mesmo nada, os maiores crimes são outros que cometem, mas a polícia não ousa prender essas pessoas, ou, quando ela é obrigada, vai com luvas de pelica e dizem, com licença, Senhor, antes de encarcerá-los, e ninguém coloca as mãos nessas pessoas, têm o cheiro da fortuna dos seus bilhões desviados e esse perfume de inacessível que faz sonhar os pobres agentes com seus salários de miséria, a gente entende, há coisas que estão fora da imaginação dos pobres, mas, enfim, precisam prendê-los porque é assim mesmo, é preciso mostrar ao povo que há uma justiça, mesmo que eles saiam na mesma noite e o processo acabe em pizza porque precisam calar a boca dos ativistas que criam toda uma história da corrupção neste país e de caixas-pretas e fundos de pensão arruinados, pois é, eu estou *beyond redeptiom*, e colam em mim esse assassinato sem me dizer por favor e sem provas aparentes, sou culpado de ser eu, sou culpado de ser, eles me empurram, me dão tapas na nuca dizendo, você vai falar, seu pivete, e se for preciso vão me espancar sem deixar marcas, e tudo isso se tornará uma história coletiva, não pode dar errado, mesmo se ela, Savita, debochava dessas histórias de raça, quando morreu se tornou um símbolo racial, e eu também, são séculos como inimigos, escravos, *coolies*, é uma história pesada, de toda forma, e a cada ocasião ela volta à superfície, há séculos que isso continua e não está perto de acabar, acreditem em mim, mesmo se nós, os filhos de Troumaron, não estamos nem aí para as religiões, as raças, as cores, as castas, para tudo o que divide o resto das pessoas desse país fodido, nós, os filhos de Troumaron, somos de uma só comunidade, que é universal, a dos pobres e dos perdidos. E esta, acreditem, é a única identidade que conta.

Partirei com algemas nas mãos. Não escaparei disso.

SAD

Levaram Clélio. Sabia que não podia deixá-lo sozinho. Assim que a gente o deixa sozinho, Clélio vai direto para os problemas. Sei que ele não matou Savita. Mas ele é o Culpado. Tentarão fazer com que confesse e, mesmo que não consigam, isso não mudará grande coisa. Clélio só precisa abrir a boca para se condenar sozinho. É um inocente, em todos os sentidos.

Nesse meio tempo, ela, Eva, tem uma nova obsessão: quer ver o corpo de Savita. Não sei o que ganhará com isso, mas por mais que eu me recuse a ajudá-la, ela não muda de ideia. Que tenha voltado a falar comigo já é alguma coisa. Tudo vale nessas horas. A esperança voltou. Eu a levo até à delegacia.

Os agentes nos olham primeiro com indiferença, depois, entendendo de onde estamos vindo, com desconfiança. Para mim, sobretudo. Já para ela eles olham mais com ternura, tem uma aparência tão jovem, com sua camiseta larga e seus cabelos amarrados atrás em rabo de cavalo, sim, ela tem uma aparência bem jovem, parece ter quinze anos. E depois, há esta mancha escura na bochecha direita, não é a assinatura habitual, não é a escrita da vida nesses lugares esfolados?

Os agentes se aglutinam em torno dela como zangões gordos.

O delegado nos recebe, de pé, em seu escritório. É enorme, tem um ar paternal, mas fico desconfiado. Ele toca em seu rosto, acaricia a marca com o polegar, um grande polegar moreno nesse pequeno rosto, tenho vontade de bater nele e vejo pela maneira como me olha que sabe disso.

Foi o seu namorado que fez isso? pergunta.

Foi meu pai, diz ela olhando direto nos olhos.

Ele tira a mão. Ela o avalia. Ela se pergunta o que deve fazer para que a deixe ver o corpo. Ambos se medem. Não tenho nada a ver nisso tudo. Há um código que acontece nesse silêncio.

Ela está no necrotério, diz.

É longe daqui o necrotério?, pergunta ela.

Por que você quer vê-la?

Ela era minha amiga.

A gente só deixa a família ver o corpo.

Eu sou da família.

Vamos devolvê-la quando a autópsia tiver terminado. É melhor esperar.

Ele volta para seus papéis, definitivo.

Eu a arrasto para fora da delegacia antes que tente outra coisa. Não entendo essa facilidade que ela tem de compensar com o seu corpo. Como se não significasse nada. Para mim, é a coisa mais preciosa do mundo.

Eu a levo para Caudan porque sei que ela não tem vontade de voltar a Troumaron. Está desolada. Sentamos diante do mar e esperamos. A mancha no seu rosto se tornou violeta sob as lâmpadas. Eu acho que ela está bonita.

O mar, no lado do hotel de luxo, brilha discretamente. Do nosso lado, há um cheiro de óleo e de cecê.

As pessoas passam não longe, sentando-se num café, tomando um ar, tomando uma cerveja, saboreando a doçura do tempo e não sabem nada. Eva me disse uma vez que nós estávamos num outro planeta. Acho que ela tem razão. Nosso sol e o deles não são os mesmos.

Ela não diz nada. Não vê nada. Não está aqui. Como alcançá-la?

Andamos sobre parapeitos de vidro, sobre a transparência do vazio. Há entre nós mil silêncios e a distância do infinito.

Acendo um baseado para ela. Ela aspira fortemente e seus olhos ficam com a cor de mel quente. As cores se concentram sobre a minha língua como o mel das flores vorazes de Rodrigues. *To lizie kuma dimiel Rodrig*, digo a ela no meu pensamento. A sombra da maconha corre no meu corpo, faz cintilar minhas veias. Minhas palavras são simples e claras:

Nós vamos encontrar um jeito, digo.

Você, pode ser. Eu não. Não tenho vida. Gastei toda minha reserva.

Há opções. Jogar com as aparências, com persuasão, é isso que nos ajudará a sair daqui.

Ela sorri.

Suas palavras, diz, roubadas dos outros, vão te ajudar a enrolar as pessoas. Tenho certeza, você vai conseguir.

Fico irritado de ouvi-la dizer isso.

Se eu uso essas palavras, digo, são minhas. Sou eu que as requisito. As palavras não pertencem a ninguém.

E são de todos. Você é livre de fazer o que quiser. Não vou te seguir. É tarde demais.

Como assim pode ser tarde demais, aos dezessete anos?

Eu me sinto velha, diz.

Nós somos praticamente crianças, sentados em nosso parapeito. E ela, com a flor da violência na bochecha, se sente velha. Ela se levanta e tenta alguns passos diante de mim. Parece fora de todo equilíbrio. Dança e cai ao mesmo tempo. Estendo as mãos para segurá-la.

É o lugar que nos fez assim ou o contrário?

Não respondo. Na minha cabeça, eu faço uma promessa a ela: Eva, vou te tirar dos seus escombros.

Fumando juntos, estamos mais próximos do que jamais estivemos. Ela coloca sua cabeça no meu ombro. Fico preenchido pelo cheiro de erva do baseado, mas, sobretudo, pelo cheiro dela. Sua pele e sua carne. Sinto seu suor. Sinto seus cabelos. Sinto alguma coisa a mais, uma coisa secreta, urgente, viva, uma coisa escondida, uma coisa tão intensamente mulher que, mesmo no meu estado dormente, fico perturbado de desejo. Eu a aperto contra mim. Como eu te quero! digo sem ousar dizer. Como eu te quero!

Eva

Outros tipos de grafite substituíram as frases de Saadiq e as mais velhas raivas. Diante da nossa porta, é uma explosão de ódio. O seu gosto fecal permanece na minha boca.

Meu pai não sai mais da sua fúria. Pelo menos desta vez, tem o melhor papel. Não é mais o pai que bate na filha, mas aquele que "corrige" sua filha. Isso faz toda a diferença. Preciso sair de casa quando há menos gente lá fora. Me esquivo dos olhares para não sentir sua queimadura sobre a minha pele.

Meu pai tem longas conversas com os outros homens do prédio. Quando volta, está empesteado do vinho local. Minha mãe vem para casa recolhida como uma tartaruga. O "até que a morte nos separe" é isso.

No colégio, não faço mais nada. Não tenho mais nada para fazer. Alguns professores tentam falar comigo, mas desistem diante de meus olhos mortos. O outro também tenta se aproximar, esconde bilhetes nos meus cadernos, diz para encontrá-lo na sala de biologia. Suas mensagens se tornam urgentes, suplicante. Ignoro todas. Os vermezinhos do seu desejo escapam quando ele passa. Desde que fui autopsiada na mesa, me vejo apenas como um cadáver sob seu olhar babão.

Na realidade, estou morta.

Na realidade, desapareci sob a mortalha.

Não sei por que meu corpo em movimento continua a fazer de conta, enquanto teria sido melhor desistir.

É como o tremor nervoso do tempo, que também tem vontade de acabar. Dos dias moles pelo abafamento, dos dias adocicados, dos dias de pólen, dos dias de poluição, das chuvas como gotas de sombra afogando as almas. Invernos pálidos, secos como o dorso da mão. Verões explorando os corpos com seus dedos ardentes. Ciclones e securas se sucedendo aceleradamente. Tudo isso num só ano. O ano dos meus dezessete anos. Tudo aconteceu comigo: a vida e a morte.

Vivi várias vidas. E ainda outras de que não me lembro. Todas acabaram como esta. Diante das paredes.

Vejo meninas dançando e mulheres que andam ao longo de um trajeto escolhido. Vejo homens pensativos e velhos felizes com o sol sobre seus cabelos brancos. Vejo as imagens na televisão, uma alegria evidente ou sofrimentos morosos que não correspondem ao que sou, ao que vejo. Por que aqui, em Troumaron, nada corresponde ao que se passa lá?

Não sou nada. Um acidente de percurso. Uma coisa desperdiçada. Singular, unitária, riscada.

A noite me devora. Sua gula não tem fim. Pedaço por pedaço, ela me rói, ela petisca. Mas não acaba.

Sobre a mesa de autópsia, ele se lembra de você. De você ou da sua sombra, não importa. Mas não sabe mais se é você ou a outra, a que olhou pela brecha da porta, naquela noite.

Ele coloca os livros em ordem sobre a mesa. Não gosta da desordem. Alinha as bordas. São os seus livros. Você os deixou para ele. E não voltou. Não quer mais sentir os odores que estão ligados a eles. Nem às imagens. Nem ao seu próprio olhar esmagado entre as páginas.

Sobre a mesa de biologia, ele te prolonga. Da lembrança faz o que quer. Um corpo azul, com doces entralhas. Lábios violetas, como marcados de sangue antigo. Braços tão magros que parecem desaparecidos. E, na ponta, uma mãozinha com palma úmida que cai, sem vida, na beira da mesa.

Sobre a mesa da vida dele, duas meninas estão reunidas. Ele não as diferencia mais. Igualmente belas e igualmente mortas. Ele as confunde, mão contra mão, axila contra axila, ele as observa enquanto se fundem, tão lentamente, uma na outra. Às vezes, fica de pé, às vezes sentado, às vezes esticado. Elas deslizam de um lugar para outro, invertem-se e se suspendem, acrobáticas, diante da palidez dele.

É o homem mais feliz do mundo. Ajoelhado, nascendo da sua calvície, dos seus dias perdidos de não saber quando viver, das suas vãs tentativas de comunicar um saber que não tem, novamente homem no vazio envernizado de um corpo reto como a mesa, de uma ossatura legível na face fundida da madeira. As veias são os seus rios. O tremor do corpo tomado de assalto é a avenida pela qual se engaja triunfante, desde o primeiro dia em que você trouxe para ele a sua deriva e o seu olhar impiedoso. Você traz o que oferece: um pedaço de nada, um pedaço de tudo.

Cabeça batendo na parede sob um ritmo mole. Ele viu no fundo dos seus olhos um luar guerreiro? Um brilho vingador? Ele não se lembra.

Tanta inércia. Tanta indiferença. Esse "Senhor" que você gratifica depois do ato e que crucifica cada um em sua função. É tudo o que ele será para você: "Senhor". Um prof surpreendido na impossibilidade de dizer.

Ele não compreende por que outros lutam por esses pequenos seres mumificados que não sairão de seus laços. Outros dizem: se um deles tiver sucesso, é a vitória de nós todos. Mas quando entra em sala e vê os rostos fixos em suas máscaras de recusa, em seus direitos de confrontação, no desafio de tudo o que tem a oferecer, na indiferença por outras possibilidades, ele se sente morrer. Coloca os livros na mesa como se fecha um caixão, sabendo que o que eles contêm exala um odor de tumba. É assim desde o início. Eles leem nele com tal clareza, com tal crueldade, que sabem imediatamente como machucá-lo. Choraminga interiormente até o dia em que um traço de sol sobre os cabelos espumosos revela a ele o tesouro escondido bem no fundo da sala, e sente no coração um sobressalto.

A partir desse momento, a cor da vida muda: ele te viu. Ele te descobriu, animalzinho emboscado atrás da mesa, firme para não cair. Você está cercada por um vazio inexplicado. Quando vai embora, é sozinha, é com um passo congelado. Está tão magra que ele tem vontade de te levar como um bebê. Você não arruma confusão. Você está dissociada.

Ele não vive mais senão por você, ele se entrega à sua noite. Desde que te conhece, a vida dele não é mais a mesma. Está preso até que esteja de novo com você. Mas agora você se recusa.

Ele não é feito para este trabalho. Ele não é feito para nada. Passará a vida toda lamentando existir. Velho antes da hora, pobre de talentos.

Os tempos normais ficaram no passado.

Dia após dia, tudo se desmantelou.

Os tempos normais estão fugindo. Como ele chegou a esse ponto?

Teve entre as mãos um corpo de boneca. Sabia bem que isso não o faria feliz. Era a vingança dele sobre a vida, contra a vida, quebrá-la em duas.

Eva

Pai sem ser, ele não sabe por onde me abordar. Ele se interroga, pensa, reflete. As imagens flutuam e se quebram contra sua memória. Uma cama desfeita, um corpo desfeito, e uma mulher demais para uma menina tão pequena.

O amor da infância é passivo. Uma hora, tudo muda. A criança se torna selvagem. O que deve fazer um pai para trazer sua filha à razão? Para preservar seu corpo de sua loucura? Para restabelecer seus direitos? Que direitos ele tem sobre mim, exceto os da violência?

Mãe se afogando, ela endurece sua carne com desespero e gostaria de ter um meio simples de se matar. É apenas um pequeno monte de vergonha. Por causa de mim, não ousa mais se mostrar. Ela me conhece. Conhece a extensão do meu desafio. Até onde eu irei, não somente para me destruir, mas para arrastá-los todos comigo. Pobre mãe a quem se atribuiu uma filha tão obstinada em sua raiva, é o que temem todas as mães, não é? A desconfiança se estira para ela também, a mãe que não soube segurar as rédeas, domar o sangue selvagem, o excesso de orgulho e esta obstinação máscula de só fazer o que quero.

As crianças têm asas de chumbo e persistem em acreditar que podem voar, até que as encontram, lixos dentre um monte de lixo.

As janelas estão vazias. Os prédios se apagam. A água não corre mais. Toda claridade amiga está apagada. O bairro está afogado no escuro. Ninguém sai. As gangues cada vez mais nervosas juntam armas. Uma menina continua morta sem vingança. Uma menina obstinada a remexer os escombros. Exigem sangue. Só os gritos conseguirão dilacerar o vazio.

Os pais de Savita estão sozinhos diante do luto. Penso neles, nesta noite. Queria dizer a eles alguma coisa sobre ela, mas meu rosto sozinho já causa horror. Não querem saber de mim. Querem estar sozinhos com sua morta. Por detrás das expressões de horror, a questão muda que se desenha nos olhos das pessoas é esta: o que ela fez para provocar isso?

Ela participa ativamente do seu próprio homicídio. Mais um pouco, ela será cúmplice. Mais um pouco, ela será sua própria assassina. Assim funciona o espírito das pessoas.

Os pais pensam, era uma menina normal, sem histórias. Para os pais, uma filha sem história é algo precioso. Não conhecem o verso de seu rosto, sobre o qual estava inscrita a mais bela história de todas. Não adivinham nada do sorriso que inspirava sua boca. Não acreditavam no seu futuro e não reconheciam seu presente. Seu presente era eu.

Olham a irmãzinha em prantos. Desolados, afundados, seus prantos retomam. Desta vez, não é pela mais velha, mas pela caçula, como se já vissem, na tela dos seus terrores, um corpinho despedaçado.

Não estou mais sujeita ao amor. Queria um coração plano, tão plano quanto meu corpo, que saberia desaparecer enquanto viver fosse pesado demais.

Tampouco estou sujeita à vertigem. Tenho até a necessidade de olhar sem parar o vazio. Do telhado onde Clélio se refugia habitualmente, olho para baixo. Embaixo, há alguma coisa que me espera. Minha própria forma. Meus braços estrelados com asas. Minhas pernas largamente afastadas. E meu rosto de criança repousada, cremoso de tristeza e alívio.

A única maneira de conhecer o voo: o passo para fora.

Andar sobre um tapete de ar, a cumplicidade do vento nas orelhas e o sol que rema atravessando o azul tão forte do céu. O grito que filtra entre os lábios não é um grito de medo, mas de vida.

O passo para fora, que decide. O espaço cativado. Apenas o tempo de tomar a brevidade da eternidade.

O passo para fora; de tudo, de todos, de si.

O que espera embaixo é apenas um banal acidente de percurso. A notícia que não nos concerne mais, já que são apenas fragmentos de si, perfeitamente ilegíveis. Todos os inícios que não são terminados se reúnem aqui, num punho fechado.

Não estou sujeita ao arrependimento. É perder o tempo precioso de viver. Mas a única questão de verdade é: estou sujeita à vida?

Clélio

Está escuro. Estou afundando. Este lugar é um buraco. Não me maltratam, mas sei que não sairei daqui. Minha vida acaba aqui. Não entendo o que está acontecendo. Conheço bem a prisão, mas é a primeira vez que tenho a impressão de que estou fodido. Não me olham como antes. Os olhos dos policiais e dos guardas não encontram os meus. Nos jornais, já há manchetes: o assassino presumido de Savita preso. Posso ver a primeira página quando o guarda lê o jornal. Vejo uma foto de Savita, bela como sempre, sorridente, esperta, como eu dizia, como se ela debochasse de nós todos. E uma foto minha; com uma cara de reincidente, é claro, não tenho outra de reserva.

Ainda assim faço planos, no caso de sair daqui. Encontrarei um trabalho, está decidido. Chega de bancar o doido. Chega de fingir querer quebrar a cara de todo mundo. Chega de aparecer a qualquer custo. Fico encolhido e evito os problemas. Saio da gangue. Removo minhas tatuagens com ácido. Paro de marcar o nome de Carlo na minha carne.

Carlo estava certo em partir. É o que é preciso fazer, para ter sucesso. Cortar os laços com o passado, senão ele atira pelas costas e não te deixa partir. Carlo, meu irmão, estava certo. Não veio me procurar, mas foi por mim que partiu. Para me mostrar que é possível. Apesar de ter uma Renault, eu o perdoo. Apesar de mentir para Mam quando diz que tem uma casa com dez quartos, eu o perdoo. Não poderia fazer diferente. Partir, esquecer Troumaron, esquecer que um dia se viveu aqui, que um dia se morreu aqui. Savita também deveria ter partido. Não teve tempo. Mas não fomos nós que a matamos.

E meu pai, também é preciso entender por que ele é assim. A casa que a gente tinha antes do ciclone, ele e minha mãe tinham comprado. Tinham acabado de pagá-la e mesmo que ela não parecesse nada, era a casa deles. Então, quando o ciclone a destruiu e eles perderam tudo, não teve mais como recomeçar. Ela, minha mãe, deu a volta por cima. Elas, as mães, são assim. Mas ele não teve como. Temos que entender também.

Parece que virei um santo, na prisão. Começo a entender todo mundo. Paro de pensar em mim. Penso em Sad, pobre otário apaixonado por Eva. Mas não, não é um otário. Se a gente não ama aos dezessete anos, quando é que a gente vai poder amar? É isso o meu problema, acho. Nunca amei. Não encontrei ninguém. Talvez eu não tenha tentado, eu estava ocupado demais sentindo raiva.

Mas se viro um santo, vou precisar virar padre saindo daqui. E se viro padre, não poderei mais me apaixonar. Então, vale mais a pena não mudar tanto. Aliás, basta ver a cara do guarda para saber que não mudei tanto: ainda tenho vontade de massacrá-lo.

Está escuro. Preciso tentar dormir. Meus pensamentos estão como uma invasão de abelhas assassinas ou de baratas num filme de horror. Assim que fecho os olhos, elas saem de todos os buracos e convergem para mim. Elas se jogam sobre mim e começam a me comer de todas as partes. Eu me agito, grito, balanço os braços até irritar todos os outros detentos, mas não consigo afastá-las.

Se eu sair, transo com a primeira mulher que eu encontrar. Quer dizer, se ela não for muito feia. E se não for minha mãe, evidentemente, que tipo de pessoa vocês acham que eu sou?

Eva

O delegado acabou aceitando me levar ao necrotério. Não sei como ele fez, mas conseguiu me fazer entrar. Deve ter contatos. Além disso, sentiu simpatia por mim. Pouco importa como fez. O importante é ver Savita.

No interior do necrotério, a luz e o odor têm a mesma tonalidade esverdeada. Achava que os filmes teriam me preparado o suficiente. Mas os filmes não têm nada a ver com a realidade. Aqui é outra coisa. A imundície nos cantos. O teto repleto de marcas de mofo. O cheiro químico das paredes.

O corpo inteiro se amolece. O lugar está pesado com a sua presença. Todos aqueles que passaram por aqui deixaram os seus rastros. Nas paredes, no chão, no teto, no ar. Como bocas invisíveis coladas em seus silêncios. Ninguém parte definitivamente.

O delegado me retém pelo braço e diz, você não é obrigada.

Não, nunca fui obrigada.

Eu me solto. Não tenho a intenção de recuar. Depois do que ela sofreu, posso sofrer tudo. E aliás, na minha cabeça, eu a via milhares de vezes assim. Não paro de vê-la, em seu envoltório de morte. E agora eu a vejo de verdade.

Imobilidade e palidez. Seu rosto vitrificado, rígido, inflexível. Ainda com as marcas de dedo ao redor do pescoço. Eu a conheço e não reconheço. É a sua juventude, acho. Quando a morte chega tão jovem, ela deixa irreconhecível. E há ainda este aspecto azulado, quase violeta, da pele. Isso me faz afundar, tanta estranheza.

Mas em seguida, reconheço a sua boca. Eu me agarro a isso. A boca com contorno escuro é a sua boca, é a boca de

Savita, fico contente de revivê-la tão bem, enfim, sim, não comecei a esquecer os seus traços como achei há pouco, não a traí, ainda tenho a lembrança da sua boca em mim como uma coisa preciosa que, tanto tempo depois, todos os meus sentidos continuarão a me relembrar.

Eu explico a ela que eu estava perto do córrego, e é por isso que não ouvi nada. Digo que, no meu caso, é a vida que deforma os meus traços e me deixa irreconhecível.

Passo a mão sobre a sua bochecha. Eu me inclino, mas o delegado me retém. Não, diz.

Ele me leva para um pequeno bar-restaurante onde as moscas são mais numerosas que os clientes. Espero que me diga alguma coisa, que me peça alguma coisa em retorno pelo serviço que me prestou. Não pede nada. Mas me faz perguntas. Pela janela imunda, vejo o mundo que passa. Sim, há um mundo, lá fora, que não conhece Savita e cuja vida não parou ao mesmo tempo que a dela. Eu conto a ele, sem saber muito por quê. A idade em que comecei, aonde fui. Falo desses lugares que conhece tão bem. Suas questões me arrastam cada vez mais para longe. Meu comportamento é próximo à loucura, entendo bem. É o que ele pensa: esta menina é louca.

Ele me olha como se não entendesse:

E você ainda está viva?, diz.

Isso te levou a quê? pergunta ainda. Suas grandes mãos sobre a mesa estão irritadas e trituram um guardanapo de papel até que só restem migalhas. Eu não gostaria de ser um criminoso preso por ele. Nenhuma carne resistiria a estas mãos.

Acabo respondendo à sua pergunta:

A me esgueirar entre as malhas da rede. Para...

Para o quê?

Para continuar.

A próxima questão deveria ser, continuar a quê, mas não a faz. Seus olhos estão cansados e eu estou com a cabeça vazia demais. Achava que compraria uma vida. Mas não sei qual.

Ele me pergunta se tenho problemas de saúde. Sei do que quer falar, mas finjo não entender. Vou mostrar o roxo na minha bochecha, que já virou amarelo: esse tipo de problemas, sim, todos os dias, digo.

Não me olha mais, acho que tenta imaginar o que me fizeram, o que me fizeram fazer, o que me farão ainda fazer, no espelho no fundo do bar nos vejo e sei que ele parece jovem, jovem demais, um fiapo, uma pequena coisa queimada, e que queria poder parar minha deriva, mas não sabe de nada.

De uma só vez, ele se irrita:

E se eu te jogar na prisão durante algum tempo, você precisará parar, isso deve te curar, não?

Eu me levanto para partir. A conversa acabou. Não resta mais nada a dizer.

É difícil de continuar a acreditar, murmura. Mas você precisa se defender. Quero que você viva.

Ele me leva de volta para Troumaron. No caminho, não digo nada. Mas me lembro de uma coisa que ele disse: Savita não foi estuprada. Suponho que me confidenciou isso para me tranquilizar. Mas, então, por que a mataram? Sem raiva, sem violência sexual. Por prazer? Para calá-la?

Chegamos diante dos prédios. O céu está baixo. Aqui, alguma coisa sempre está à espreita. Um espírito, vibrante, vivo e nefasto.

Ele vem abrir a porta do jeep para mim, o que é muito estranho. Antes que eu desça, coloca alguma coisa na minha mochila.

Você só vai usar isso para se proteger, entendeu? ele me diz docemente.

Balanço a cabeça. Não sei por que fez isso. Não dei nada para ele.

Ele me segura pelos ombros quando eu desço e me sacode um pouco.

Be good, me diz.

Dou de ombros. É tarde demais para me comportar.

Apenas quando ele vai embora que me dou conta de que estávamos bem no meio dos prédios. Todas as janelas estão viradas para nós. Todo mundo me viu voltar para Troumaron num carro da polícia, todo mundo viu o delegado falar comigo docemente, intimamente. Pactuei com o inimigo. Como sempre, fiz o que não deveria fazer. Ouço o pensamento coletivo que jorra das janelas furiosas: desta vez, ela foi longe demais.

O chão começa a sumir debaixo dos meus pés e desaba de vez no momento que entro no apartamento.

Mas, considerando tudo, nunca houve chão sob meus pés.

Um toque. Houve um toque? Talvez. Talvez não. A cena, nos espíritos, é revista de mil maneiras:

vindo abrir a porta do jeep para você, ele te levantou como uma palha, como uma haste, suas grandes mãos davam a volta pela sua cintura, ele te colocou no chão como uma coisa frágil

vindo abrir a porta, ele escondeu seu corpo seminu sob a jaqueta policial, você tinha roxos nos braços

vindo abrir a porta, ele se inclinou para você e escutou os segredos que se desvendavam como uma bruma pálida em sua boca

vindo abrir a porta, ele deu um risinho vingativo como para dizer que nós precisávamos apenas nos comportar, e o mesmo risinho escapou de você.

De janela em janela, uma raiva voeja como um pássaro louco e vai bater nos painéis de vidro até quebrá-los.

O homem é o seu destino e a sua morte.

Vindo abrir a porta, ele tomou entre suas mãos o destino de Troumaron.

Ao redor, as portas batem com a violência de um riso mutilado.

Sad

É o delegado que nós encontramos juntos. Ela voltou para vê-lo. Voltou com ele. Eva, Eva, isso nunca acabará, esse jogo? Assim você conseguiu ver Savita? E que diferença faz, de ter visto o corpo? Ela não estava ali dentro, não? O que você viu foi outra coisa: uma máscara que talvez era a sua.

Dou voltas na minha jaula. Projeto fulgurâncias pretas nas paredes.

Você queria talvez ser perdoada porque ela estava te esperando depois das aulas e te acompanharia de volta? Ela acreditava te proteger, mas você a expôs a um risco maior. Ela não tinha nada a ver com as suas histórias.

Sigo o percurso delas na minha cabeça. Eu as vejo voltando, as duas, depois que. Depois que Eva e o outro cara. Está escuro. Quem as segue? Quem espera que elas se separem depois segue Savita e não Eva? Por que Savita? Por que não Eva? É por puro acaso? O que elas têm de diferente? O que elas têm de parecido?

A hora dá voltas. Não consigo dormir. Quero entender.

E depois, acho que eu sei. Como Eva, eu sei.

A gangue me espera. Nossas rondas, de noite, nas motos me fazem falta. A noite nos abre suas franjas e bebemos o vento amargo da cidade e sabemos que temos algo a dizer da energia dos nossos corpos quentes. É o instante primeiro. O minuto que explode e dá a convicção de viver. Por um minuto, pelo instante; viver como uma nota tirada de um violão, discordante, mas percebida de longe. Não desaparecer. Não renunciar a ser.

Mas não me junto a eles, porque sei do que falam neste momento. Estou com poucas ideias. Vi a raiva deles, quando ela voltou com esse policial. Como ela pode ser assim tão babaca? Voltar aqui numa viatura de polícia. Ela nem mesmo pensou nisso. Só pensa no que a preocupa. E os outros, aqui, não a preocupam. Eu a conheço bem demais, essa menina que eu inventei.

Ela quer possuir o seu tempo, os seus atos, as suas decisões, o seu corpo. Recusa ser irrisória. Mas nada de tudo isso é dela. E, irrisórios, somos nós todos.

Em alguma parte, numa usina desativada, algo é tramado. Uma luz vermelha banha os prédios, varre o céu, estria as fachadas. Sem cessar, como zumbis num filme de horror, sai alguma coisa de uma entralha, de um portão, de um buraco de esgoto, de uma claraboia. São os monstros que nós formamos, uma garrafa quebrada na mão, prontos a devorar, prontos a eviscerar. A vida, de uma vez, tomou essa face inimiga.

Mas quando o inimigo escapa, nós nos voltamos uns contra os outros, ávidos, alucinados.

Eles estão pensando em Clélio na prisão. Em Savita morta. Em Eva com o policial. A equação é flagrante demais. Ela deve sofrer.

Minha Eva, que acredita ter nascido com aço no coração, não sabe que é o amarelo e o calor do ouro que vivem nela, que ela não para de fundir e fugir, e que dessa menina em fusão restará logo mais apenas uma poça sem forma e sem rosto.

Na usina desativada, eles se reúnem para decidir um plano de ação. É preciso embarricar Troumaron, dizem alguns. Não, é preciso atacar aqueles que ameaçam Troumaron, dizem os outros. Vamos colocar fogo na delegacia. Vamos quebrar as vitrines das lojas. Vamos virar carros. É hora de mostrar com quem estão lidando. Não vão fazer Clélio de bode expiatório. Vamos obrigá-los a soltá-lo, senão vão matá-lo na prisão, é mais fácil que esperar o processo. Já vimos isso. Vão repetir a mesma coisa. Depois vão dizer que somos todos iguais, somos todos assassinos, não merecemos nada mais que um muro ao redor do bairro, um muro sem saída. Farão de Troumaron nossa prisão, nosso campo.

Os baseados e o álcool ajudando, todos estão prontos a lutarem para não serem aprisionados. À luz das lâmpadas de petróleo, inconscientes do perigo, começam a fabricar coquetéis Molotov. Cigarro nos lábios, viram gasolina em pedaços de pano e os enfiam nos gargalos das garrafas. A energia da violência inunda.

Mas antes, dizem, mas antes, é preciso encontrá-la. Foi ela que começou tudo.

Eles têm agora um objetivo preciso para suas raivas.

Com marcador permanente, nas paredes do meu quarto, escrevo com toda rapidez, como um doente, como um demente, tomado do desejo de contar tudo antes que ela me esqueça.

É uma história fragmentária e manca, feita de amargor e raiva, mas é a única que eu conheço. A vida das pessoas como eu, tão simples que se quebram antes mesmo de se construírem, tão incertas que se apagam antes de ter tocado as coisas. Suas esperanças se dispersam de manhã como a poeira de seus pés. Suas mortes não aspiram à seiva das estrelas e jamais evocarão algo que não seja o espaço nu de uma tumba. É por isso que as barreiras começam já em seus olhares.

Quem quer que entre no meu quarto será confrontado a um outro enigma. Mas, pelo menos, eu disse o que tinha para dizer. Eva, é preciso fugir. Preciso te ajudar a fugir.

Eva

O quarto parece com um lugar de suicídio pela fumaça. Desde que me fechei nele, fumei tudo o que me caiu nas mãos. Mas a dor está sempre aqui. E eu ainda estou aqui.

Uma vez mais, meus cabelos praticamente foram arrancados da minha cabeça. Mas dessa vez, ele se serviu deles para balançar meu corpo contra as paredes. Não sei mais onde sinto dor. Não sei mais onde e contra o que fui jogada. Por toda parte.

Esmago o milésimo cigarro sobre o linóleo constelado de buracos e me desnudo. Preciso quase descolar minhas roupas da pele. Eu me olho no espelho. Fico surpresa com meu aspecto: mesmo com todas essas dores, não tinha me dado conta dos estragos. Caio sentada na beira da cama, diante do espelho. Não sei com o que pareço. Com nada, nada mesmo. Ainda há alguma coisa para reconhecer?

Minha superfície está multicolorida: amarelos, azuis, violetas, pretos, vermelhos. Se não estivesse com tanta dor, teria rido. Pareço com Arlequim na sua roupa mais simples. Não sabia que a gente podia se ornar com tantos coloridos diferentes. Mas quando tento sorrir, sinto dor. Uma pequena fissura se abre no canto da minha boca. Depois no interior. E em seguida, de uma só vez, toda uma miríade de fissuras se abre em mim. Estou me rachando.

Pego uma tesoura numa gaveta.

Minha mãe me encontra assim, enrolada sobre mim mesma, cercada por muros de solidão e segurando a tesoura na minha mão direita.

Dessa vez, está calma. Ela se ajoelha diante de mim e tenta abrir meus dedos em torno da tesoura, mas não consegue. Minhas mãos estão firmes e as dela tremem demais.

Me deixa, digo.

Não vou te deixar fazer isso, diz ela.

Acha que vou tentar me matar com uma tesoura fraca.

Não vou me mutilar, digo. Queria apenas cortar o cabelo.

Eu vi no espelho: os fios escapam da minha cabeça como fogos de artifício. Como esses personagens de histórias em quadrinho quando uma bomba explodiu na cara.

Ela se senta sobre a cama ao meu lado. Passa a mão nos meus cabelos. Suponho que tenta contar quantas vezes se ofereceram sem resistência às mãos dos outros. Como se fossem a parte mais forte do meu corpo, a parte por onde minha energia poderia ser tomada e aspirada.

Porque é a parte mais visível da minha feminilidade, é também por aí que começam, é por aí que machucam.

Acredito ouvi-la murmurar: eu te abandonei.

Penso que ouvi errado. Mas ela diz novamente, mais claro: eu te abandonei. Nenhuma mãe deveria fazer isso com seus filhos. Foi por covardia e por desistência.

Ela pega um casaco de pijama do armário e me ajuda a enfiá-lo. Depois me diz, me dá, vou fazer para você.

Toma a tesoura e começar a cortar meu cabelo. É duro, é difícil, os cabelos resistem, as tesouras rangem. Caem, mecha após mecha. É um som que me convém, que desseca as lágrimas que poderiam ter caído. Esse contato me parece estranho, essa proximidade com minha mãe, depois de tantos anos. Tento me lembrar de quando nós ficamos assim tão próximas. Mas é distante demais. A sensação de sua mão na minha cabeça é agradável. Há alguma coisa especial nas mãos maternas, acredito. Mas é tarde demais para mim. Não me abandono a isso. Não quero ser consolada.

Quando ela terminou de cortar as mechas maiores, vai procurar a máquina de seu marido e me raspa a cabeça.

Eu me olho no espelho. Dessa vez, consegui sorrir. Tenho mesmo uma cara engraçada. Estou metamorfoseada. Acho que estou parecendo com o que queria ser: uma leoa. Mais uma leoa famélica de um zoológico perdido que uma rainha das savanas, mas não tem problema. Eu aceito.

Minha mãe não consegue me olhar.

Quando parte, a leoa enfia, de cara feia, uma calça. Pega a mochila da escola e sai sem barulho, como sabe fazer, sem que ninguém a repare.

Fora, mesmo se claudico, tampouco reparam em mim. Eu me tornei invisível, mal humana, a encarnação de uma vontade que, sozinha, consegue me manter de pé e me fazer mexer.

Ele te espera. Sabe que você virá. Sabe com a lassidão da próxima respiração. As coisas foram longe demais. Ele não percebe mais o sentido dos próprios atos. Sabe que você saberá, num momento ou no outro; a faísca no seu espírito, em sua memória.

Está sentado diante da televisão que se agita em silêncio e o banha com uma luz branca. Você já veio pegar livros na casa dele. Sabe onde ele mora. Abrirá a porta e respirará o odor do veneno de rato. Achará talvez que ele escolheu esse velho método de suicídio, tão penível, tão doloroso, e que verá o corpo dele esverdeado, torcido de dor, o rosto fixo numa careta contra a vida. Mas fique tranquila, ele não te oferecerá uma tal imagem.

Ele te dirá, senta aí. Você olhará o tecido florido, esfarrapado dos sofás, e ficará de pé.

Ele se aproximará e te dará um abraço. Sua cabeça não ultrapassará o peito dele. Apesar disso, sentirá um movimento na parte debaixo do corpo e terá vontade de te apertar mais forte lembrando-se de você; já é uma lembrança, já é do passado, já é tarde demais.

Sobretudo, pensará naquela vez, naquela noite, quando as coisas saíram do eixo e o tempo se inverteu. Enquanto ele tinha o rosto no fundo de você, você começou a sangrar. Ele percebeu esse deslizamento ainda quente do lugar profundo de onde ele vinha, essa oferenda fluvial de textura estranha, densa e líquida ao mesmo tempo, com gosto de cobre, que avermelhou os lábios dele. Ele se afastou. Viu com emoção o filete que escorria sem pressa, não como uma ferida, mas como um estigma que teria se aberto de uma só vez. Contra toda expectativa, esse sangue de mulher, esse escorrimento de vulcão escondido, pareceu como algo sagrado.

Quando ele voltou a si, você o observava. Você colocou a mão sobre a boca dele. Tinha a boca vermelha. Vermelha de você, você pensou. Maior que você, talvez estivesse parecendo um vampiro. Talvez parecesse com o membro de uma seita diabólica, bebedora de sangue. Talvez parecesse com um ser muito primitivo que bebia o leite e o sangue das próprias mães. Você pensou somente em uma criança com os lábios avermelhados com suco de goiaba.

Apesar da confusão onde estava mergulhado, ele percebeu o sorriso que muito rapidamente atravessou os seus olhos. Pensou, é a primeira vez que você esboça um esboço de um sorriso. A primeira vez que alguma coisa acontece entre nós. Alguma coisa diferente que acontece habitualmente de corpo a corpo.

Todos os tipos de possibilidades que ele não havia até aqui jamais entrevisto, um futuro, um sol que você teria entreaberto na vida dele, o levantar de uma cortina de obscuridade que ele acreditava ser eterna, apareceram para ele, tolamente, apenas um reflexo da sombra de um sorriso.

E depois, até este momento, houve um movimento perto da porta. Ele se virou para lá e viu um escurecimento da luz no interstício da porta mal fechada. (Como pode não ter verificado?). Viu-se então no olhar de um outro: a boca vermelha pelo sangue íntimo de uma mulher. A modificação foi imediata. De uma só vez, a vergonha o tomou.

A vergonha de si mesmo, de ter chegado até isso. A vergonha do ridículo, caso a história circulasse. A vergonha da humilhação, caso o demitissem. Assassinado por uma simples anedota. O pouco que tinha construído de vida estava a ponto de desabar.

Esperou que você fosse embora. Olhou pela janela e viu vocês se afastarem, as duas. Ele seguiu vocês. Depois seguiu Savita. Ele a matou sem raiva e quase sem violência. Por um momento, teve a impressão de que ela consentia. Mas talvez ela estivesse simplesmente frágil demais.

A fragilidade de um corpo de mulher, sua ausência de luta. Já no primeiro golpe, elas desistem. O que resta é uma coisa sem vontade, talvez não seja nem uma coisa. Uma aniquilação. Um desaparecimento. Mas ela tinha morrido bem antes, essa moça que era sua amiga, bem antes que ele a colocasse na lixeira pensando que é assim que eles fariam, os que moram nesta cidade, se precisassem matar. (Desprezo inconsciente, mas definitivo). Ela morreu no momento que viu os olhos tristes dele e que soube que não a matava por ódio.

Não, não por ódio. Mas a indiferença, certamente, é bem pior. Ele nem mesmo se arrependeu.

E agora, ele está esperando você. Sabe que virá. Quer te segurar nos braços apenas como um presente de última hora. Respirará o cheiro de baunilha da sua carne e tocará a camiseta leve que você está vestindo e tremerá pensando em tudo o que se encontra por baixo. Saberá então que serão essas as últimas sensações de homem antes de chegar a própria vez de morrer.

Clélio

A defensora que me designaram é tão nova que achei que fosse uma brincadeira. Não disse nada, mas ela viu no meu rosto que eu estava pensando que não servia de nada nomear um advogado, se escolhiam um bebê ainda na mamadeira com um babador bem novo balançando, que sequer se suja comendo ou defendendo os clientes.

Bem, como ela é gostosa, com sua franja doce acima dos olhos, não quis ofendê-la. Além disso, será certamente ela a primeira pessoa que eu verei ao sair. Ou então, me sussurra uma voz má que parece com a minha, mas menos babaca, ela será a última pessoa que eu verei antes de ficar preso permanentemente. Talvez me condenem mesmo à morte? Não me lembro mais se a gente mata as pessoas aqui. Acho que não há execuções desde que nasci, mas o que eu entendo disso? Será que a pena de morte foi abolida? Hein, será que a pena de morte foi abolida nas Ilhas Maurício?

Ela me lança um sorriso tranquilizador e falso. Murmura alguma coisa sobre uma pena mínima de quarenta e seis anos, mas eles serão indulgentes, sobretudo se você for um *juvenile,* diz empregando a palavra inglesa como para disfarçar um tremor na sua voz. Depois me olha para ver se eu tinha entendido. Sim, entendi, cara senhorita. Não sou mais jovem, sou um *juvenile,* como em delinquente juvenil.

Isso dito, assim que ela começa a me explicar as coisas, vejo que entendo do que está falando. É séria, concentrada, dedicada. Então, passo a escutá-la com mais interesse. Ela faz uma cara feia quando digo que as minhas únicas testemunhas são pássaros e ratos, mas quando digo que estava naquele momento gravando o nome de Carlo na bunda nesta noite, ela não reage, mas diz, isso poderia talvez ajudar... Se quisermos alegar insanidade, por exemplo. Eu não sou louco, digo. Ela me tranquiliza: não, não acho que você é louco, mas só um pouco perturbado psicologicamente. Não surpreende.

Por quê, não surpreende?

Ela não responde imediatamente. Seu rostinho se contrai, parece tomar a cor cinzenta das paredes da prisão. Esse silêncio é como um segredo que ela compartilha comigo. Eu não a entendo, mas ele me perturba. Estou tentando reagir a essa mudança brusca, apesar da minha situação precária.

Eu sei de onde você vem, diz ela. É de lá que eu venho também.

O choque é grande. Não consigo imaginá-la como uma menina de Troumaron ou de um lugar parecido. Procuro sobre sua pele a marca que designa os *losers* que somos, a prova de que suas esperanças já começaram a cheirar a podre, mas não vejo nada disso nela. Vejo apenas uma menina do bem, que faz alguma coisa com a sua vida. Mas, enfim, tudo pode acontecer. Não quer dizer que eu deva confiar nela por isso. Ela talvez tenha inventado tudo para me fazer falar mais facilmente. E depois, se quiser alegar loucura, estou fodido. Não sou um ator. Não vou conseguir fingir ser louco.

Assim que ela partiu, a luz se apagou. O ar que ela tinha tornado um pouco mais respirável se fecha ao redor de mim. Não poderá fazer nada, eu bem sei. Não acredito mais em nada. Os jornais já começaram meu processo. O guarda lê para mim pedaços dos artigos com muito prazer num ranger de dente postiço. Eu ouço me descreverem como um "perigoso malfeitor que não está em seu primeiro delito". As fontes confiáveis abundam para testemunhar nesse sentido. Um dos títulos é: 'Do pequeno furto ao homicídio é só um pulo?". Entrevistaram minha mãe. Ela começou com *ki mo pu dir u*... Quando uma mãe começa por o que eu posso dizer ao senhor? é um mal início. Imagino sem dificuldade a sequência liquefeita. Desde criança, ele é difícil de controlar. Eu tentei tudo, posso confirmar. O pai dele e eu fizemos tudo para colocá-lo no caminho certo. Mas acabou influenciado por essa gangue de marginais. Assim que caiu nas mãos deles, não pudemos fazer mais nada. *Piti-la inn sanze, mo dir u*. Não o reconhecíamos mais. E assim sucessivamente. Ela não sabe todo o mal que me faz, minha pobre Mam. Acredita que os *missié ziz* terão mais compaixão por mim e que a pena será mais leve.

Mas pelo menos, Mam, pelo menos, você podia ter dito que não acha que sou culpado. Poderia ter dito isso para eles.

Nenhuma voz a meu favor. E ouço muitas vozes desde que estou aqui. As vozes na minha cabeça não param mais. Mas eu não sou louco, nem Santa Bernadette. É que quando há paredes demais em torno de você, e paredes por trás dessas paredes, as vozes começam uma conversa com você para não te deixar cair.

Espero apenas que isso não dure por tempo demais. Não sei quanto tempo conseguirei aguentar.

Espero ter uma segunda chance.

Se alguém me escutar, eu gostaria mesmo de uma segunda chance. Ainda que precise me ajeitar.

Sad

Eles invadem, um após o outro, se encadeiam ao som de uma música fina, sem melodia, mas magnetizante. Zumbem como zangões que começam uma caça. Vespas ávidas, abelhas nervosas, uma insolência de insetos tendo percebido não longe o chamado de uma rara flor. Este verão reunido num só corpo movente, a coorte cheira de longe, utilizando não sei qual sentido inacessível aos homens. Os homens-inseto, os zangões-máquina descrevem largos círculos, fazem uma dança de orientação sob a lua úmida.

Em suas motos, veículos e bicicletas, eles se lançam à procura de Eva.

Dou voltas no meu quarto, armado com meu marcador preto. Estou me sentindo perfeitamente inútil e impotente. Faço um esforço para descrever meu estado de espírito quando reflito, o que me distancia dos meus pensamentos. Eu me dedico, como se aquele que escrevesse estivesse fora de mim, utilizando metáforas e comparações, figuras de estilo que são apenas um disfarce da verdade. Por que não escrever, a gangue pegou as motos e abandonou a cidade? Por que não dizer, estou com medo que encontrem Eva? Por que não dizer, estou com medo?

Escrevo para não ficar louco. Acho que, também isso, alguém já disse. Tenho vontade de chorar. Por isso e por tudo, pela minha vontade de existir a qualquer custo, eu, o filho de Troumaron, pelos meus pedidos de socorro que não se dirigem a ninguém, por tudo o que nos pesa, por tudo o que nos acusa, por tudo o que nos amarra, por tudo o que nos amordaça, dizer dizer dizer dizer, por isso que eu mesmo os matarei, irei à caça, eliminarei todos aqueles que querem fazer mal a Eva, e farei de mim mesmo uma notícia de que todo mundo falará na televisão e nos jornais, e depois, quando for preso, escreverei a minha história e escreverei poemas e os enviarei a um editor e me destacarei, a distância que me separa da escrita provocará a admiração de todos e todos dirão não é interessante, não é maravilhoso, esse menino desfavorecido que tomou Rimbaud como modelo, não está aí um belo golpe midiático e literário, eu me tornarei um bom golpe midiático, e, além disso, terão a impressão de fazer algo social, vão me erigir em modelo para os outros meninos das comunidades que estão cagando totalmente para isso, mas, sobretudo, serei ouvido e serei lido, é tudo o que conta, pouco importa como chegam a isso e com qual objetivo, que me explorem, se é isso o que desejam, tudo o que eu quero, eu, é tirar a cabeça d'água, sair do pacote, ser.

Mas para isso, precisarei matar.

Mas antes disso, preciso encontrá-la.

Preciso reunir coragem para sair. O ar ainda está marcado com a passagem deles. Se me virem, vão me forçar a dizer aonde ela foi.

Abrir a porta do meu quarto é difícil. Aqui era um canto respirável. Aqui ficavam meu antro e minha alvorada. Mas fora, não há mais continuidade possível. Tudo parou. Tudo está esperando. O mundo está fechado. Não podemos mais sair dos círculos traçados por nossos próprios cuidados. Esses círculos que diziam ao resto do mundo, não somos como vocês, nosso mundo não é igual ao de vocês, hoje, eles nos aprisionam com mais segurança que as prisões do Estado.

Seria preciso sempre criar o esboço de uma porta. Que a gente tenha a ilusão de uma fuga, mesmo que seja uma ilusão de ótica, uma ilusão de alma.

No conjunto habitacional, todo mundo está parado.

A gangue se estendeu em Porto Luís à procura dela. Eles se armaram com coquetéis Molotov. Querem encontrá-la antes. Em seguida, escutarão apenas o martelar em suas cabeças e o amargor em suas bocas. O primeiro barulho será o mais chocante, no silêncio da cidade. Os outros, depois, serão fáceis. Com os seus barulhos, os seus gritos, o terror tomará as pessoas. Algumas tentarão fugir. Outras se protegerão com barricadas. Tão facilmente, a onda se propagará. Fomos atacados. Atacamos. A faísca se propaga aos pulos. E depois vem a deflagração.

Eles não sabem. Estão presos em seus desejos de impossível. Não compreendem a que ponto seu mundo é frágil. Que esse gesto de furor estúpido, adolescente, de jogar uma pedra contra a vitrine de uma loja iniciará uma onda de choque que será quase impossível de parar. Garotos que mordem, sim; mas, por trás deles, há lobos que esperam para vir à superfície e retalhar.

Escolheram esquecer que aqui tudo os leva à identidade. E que, quando as pessoas se olham, antes de ver um rosto, veem uma etiqueta colada à vida.

Não quero fazer parte daqueles que despertarão o vulcão. Esta ilha nasceu de um vulcão. Uma erupção basta. Começo a correr para encontrá-la antes deles. Aliás, eu sei onde ela está.

Eva

Claudico, tropeço. Cada respiração é uma porta aberta com urgência. Dura uma eternidade. Cada respiração desperta as partes doloridas do meu corpo. Mas, ao menos assim, tenho certeza de estar consciente.

Tomará o tempo que for preciso. Meu tempo não é mais o mesmo dos outros. A liberdade e o fim: é o que me guia.

Todas essas respirações interrompidas se acumulam no fundo da minha garganta. Ali, elas começam a apertar. Acho que consigo compreender o que viveu Savita. Pensar nela me deixa ainda pior, agora que sei que foi por minha causa.

A hipocrisia deste homem me faz rir, ou me dá medo, não sei. Oh, seus tremores, seus pequenos sobressaltos, seus medos. Pobre criatura reptiliana, sem vértebras. Ele me desejava tanto que decidiu enfrentar a sua vergonha. Sua coragem foi suficiente para levá-lo até à sala de biologia e fazer de sua sombra sobre as paredes um monstro nu; mas ser visto por outra pessoa, não. Um outro olhar sobre sua decadência, não. Ele pode me colocar reta numa mesa até me incrustar nas veias da madeira, pode me tomar em todos os sentidos, pode fingir me adorar, no momento em que estamos sozinhos na prisão dos seus fantasmas. Se outra pessoa nos vê, ele nega tudo. Posso ouvi-lo dizer, foi ela que me incitou. Foi ela que me suplicou. Foi ela que se jogou em mim. Terminarei por estuprá-la, é claro.

Penso na arma que me deu o delegado e que balança docemente sob meu braço. Ele me deu a possibilidade de inverter tudo. De recuperar tudo desde o início, fazendo tábula rasa. Esperei demais. Há um mundo para além dos interditos. O corpo de Savita me disse: queime as suas amarras e parte. O delegado me disse: não é para te enterrar, é para te abrir um caminho. Ele sabe quais caminhos eu segui, e onde o próximo encontro entre duas pedras pode me levar.

Vou deixar minha marca bem no centro das suas sobrancelhas. Depois irei embora. Escaparei pela violência. Não há outra saída. Na minha mochila, sob meu braço, a arma nada docemente. Minha moeda de troca com o destino. Não preciso pegar tudo. Fui estúpida, como somos aos dezessete anos. Agora, eu sei. Há um lugar onde o canto dos pássaros é breve e penetrante, e onde o verão tem queimaduras ferozes que te fazem esquecer até a memória dos vermes nos intestinos.

Matar todos eles está entre suas mãos, me diz a arma na mochila.

Viver todos eles também, me diz Savita.

O que você escolhe?

Reviro muitas lembranças antes de enfrentar este olhar velho antes da idade, homicida por vergonha e por impotência. De nós dois, o mais inconsolável.

Clélio

Uma camada de veludo desliza em seu olhar, à sombra das suas franjas. É para mim?

Ela se chama Lauren.

Ela se chama Lauren.

Acho que não serei condenado à morte.

Posso desfazer as pedras que me enterraram aqui. Uma a uma, posso desamarrá-las da cama de pedra, ainda que precise perder minhas unhas e minha juventude. De tanto olhar as paredes, elas se tornaram uma mancha escura, depois um buraco, depois nada. A abertura sobre tudo. A queda no nada.

Rir ou chorar? A escolha é limitada.

Mas o mais importante é estar convencido: eu não matei. O mundo pode desabar. Eu não matei.

No meio da noite, saio dessa espécie de lama que, aqui, se faz passar por sono, e vejo pelas barras Carlo que me observa. Levanto num salto. Carlo! Você voltou! Ele balança a cabeça mas não diz nada para me irritar com seu pseudo-sotaque francês. Fico em frente a ele e passo minhas mãos através das barras. Ele pega as minhas mãos, mas as suas estão tão frias que me arrepio. Você está com frio, Carlo?, pergunto. Ele balança mais uma vez a cabeça. É o ar da prisão, digo, congela antes mesmo da gente morrer. Não fica aqui. Eu vou te encontrar lá fora. Tiro meu casaco e dou para ele. Quando ele veste, vejo que está nu e muito magro. O que você tem, Carlo? E depois vejo que ele também está numa cela. Não entendo nada.

Depois, estou lá fora, num lugar que parece com Soufflleur. Estou de pé na beira de uma falésia de rochas.

As ondas se lançam contra os flancos da falésia e a gastam e a mordem. Parece que, antes, o vento fazia um barulho de trompa passando pelos túneis que a água tinha aberto na rocha. Soprava, gemia, ouvíamos nos vilarejos vizinhos como a voz dos mortos. Até que as ondas abram passagens cada vez mais largas e roubem a voz ao vento e aos mortos. Então, sou eu que grito, que sopra, que geme e que desperta esse lugar do seu silêncio.

Na prisão, ouvem apenas a minha voz.

Depois a lama do sono me domina novamente.

À noite, dizem que os oceanos dormem. Mas talvez eles já estejam mortos.

Sad

Eu sou *Sad*, como fica meu nome em inglês. Entro em sua deriva. Ninguém além de mim pode seguir a nuvem que leva o seu nome.

Está chovendo. Sinto o frio de toda essa chuva. Queria alcançá-la, alcançar seu caminho, alcançar seu suicídio; um pacto, entre dois seres derrotados, duas feras cansadas antes de terem começado a viver.

Mas não quero mais parar aqui. Tenho ainda uma vida para viver. Não tenho medo de tropeçar. Tenho medo de ver a queda de cara. O que espera os garotos, as meninas, como eu, como ela, quando o corte cai sobre a noite deles, sobre o riso deles. Não chegamos todos aqui neste instante?

Tudo isso é tão breve. Alguns anos irrisórios, mal o tempo de abrir olhos novos sobre a vida e já o que se apresenta a nossos olhos é a morte. Nossa alternativa: seja a derrota, seja a conquista pela violência. Mas essa conquista não é de verdade. É a resistência dos desesperados. É o que eu queria ter dito a eles, que se dividem neste momento pela cidade com seus rostos de anjos nefastos, tomados por seus falsos ritmos, a voz estrondosa das suas máquinas anunciando o prazo final. Não sei o que nos liga a essas cadências assassinas.

Talvez o sol cinzento do nosso nascimento?

Está chovendo. Chove na minha cabeça. Chove um pouco por toda parte nos meus segredos. Poderiam dizer que estou chorando, mas não é verdade.

Não quero morrer.

Quero falar dos lugares que existem fora do tempo e que nos assassinam. Quero dizer esses lugares que se obstinam em desmentir o que nós somos.

Atravesso uma fila de portas blindadas e encadeadas. Conforme ando, tenho a impressão de que é contra mim que elas se fecham. Ninguém mais me deixará entrar. Eu saí de todos os espaços permitidos, dos territórios usuais. É Eva que me arrasta em seu percurso concêntrico, em seu turbilhão de cólera.

Cruzo corpos adormecidos no vão das portas. Em cima dos degraus gordurosos de chuva, com os traços desnudos, dormem. Bêbados, caídos sob o peso do álcool em suas barrigas. Uma mulher muito velha, talvez morta, uma trouxa de panos sob a cabeça como travesseiro. Um cachorro e um homem unidos, roncando como num concerto.

Têm o mesmo rosto, achatado como suas feridas. Parece que posso entrar neles e habitar o centro de suas tristezas. Posso ser cada uma das rugas entalhadas no rosto da velha. Posso ser o flanco do cachorro doente que entra profundamente nos seus lados e sai dali para tentar preservar o fluxo de vida do próprio corpo. Posso ser a mão móvel do homem, fechada, aberta, fechada, aberta, para não se paralisar de vez. Posso ser um pedaço da camisa desfiada que boia numa poça de urina ao lado deles. Posso ser a voz do vento que sopra sem violência e a ilha que dorme sem procurar compreender.

Se posso ser tudo isso, posso também ser ela, Eva. Sei onde ela está, o que ela faz. Sempre soube.

E sou este homem pequeno e pálido que destruiu nossa paz, que foi o catalisador da explosão, por covardia e por desejo.

Sou os pais e as mães asfixiados pela boca da derrota.

E sou os meninos com a sede cheia de raiva que acreditam ganhar sua liberdade semeando a desordem.

E sou, como ele, que me fala sem cessar nos meus sonhos, um ladrão de fogo.

Mas agora, eu sou eu: novamente simples e duplo e múltiplo ao mesmo tempo. Sou Sad. Nada mais conta.

Você o olha e fica chocada com a mudança que teve lugar nele. Está aniquilado pelo remorso. Como uma larva, procura se arrastar para um canto. Com a porta aberta, no seu gesto de resignação quando você entra, mão levantada depois rapidamente caída, você vê que ele estava te esperando. Tem diante de si uma garrafa de rum vazia pela metade cujos cheiros preenchem o cômodo e mascaram outros odores mais permanentes. Ao redor dele, há folhas de papel, algumas rasgadas, outras não. Há fotos de alguém que parece com ele vagamente, tornado irreconhecível pela esperança. Ele é alguém cuja luz inteira foi aspirada.

Você experimenta, no momento de matá-lo, um breve instante de piedade. Depois endurece: ele, ao contrário, não teve a menor piedade. Covarde, humilhado e egoísta: decididamente, ele demonstra todas as virtudes do desaparecimento.

Faz gesto de se levantar, mas não tem força. Com sua respiração irregular, você vê que ele está com medo. Ele diz:

Não me faz mal.

Essas palavras têm uma ressonância fria em sua cabeça. Cada vez que foi ao encontro de um homem, em seu espírito, em sua carne, havia estas palavras: não me faz mal. Você nunca as pronunciou em voz alta. Mas nunca podia saber, antes da hora, a extensão dos desgastes. E você se sentia mal, eles não hesitavam, não aliviavam, às vezes com o sorriso, às vezes sem parecer pensar nisso. Isso fazia, como te parecia, parte do toma lá, dá cá.

Hoje, é o homem que pronuncia essas palavras, apenas porque você está com uma arma na mão. Aceita esses papéis invertidos. Acolhe o desprezo que preenche o seu corpo.

Você diz: ajoelha aqui.

Isso também eles te diziam a cada vez. Ajoelha aqui. Abre a boca. Engole.

Ele está tão desbotado que parece que vai desmaiar. Não entende. Você repete:

Ajoelha aqui.

Ele executa. Você se aproxima dele, levanta o queixo e o olha nos olhos, para não esquecer este rosto, este momento. Em seguida, coloca a boca da arma na testa dele, entre as sobrancelhas.

A arma está pesada, mas não é tão grande e se adapta bem à sua mão. Você se pergunta se tirou a trava de segurança, se saberá atirar. A carne cerosa que você domina não parece mais em nada humana. Parece mais morta que a carne de Savita no necrotério.

Pensa novamente nela, tal qual a tinha visto na última vez. É por causa dele que ela tinha essa tez violeta, essa fixidez, essa definitiva imobilidade. É por causa dele que ela contradizia tudo o que tinha sido: uma menina risonha, pensativa, calorosa e viva, sobretudo, viva. Ele foi o último instante dela. É este rosto, pastoso, vencido, ignorando até o sentido da palavra amor, que ela viu no momento de morrer.

Você não o perdoará.

Eva

Saí da casa dele, surpresa que ninguém tenha ouvido o barulho. Não esperava isso, esse barulho. Estou com a impressão de ter ficado surda. Mas minha mão não tremeu.

Ele reuniu todos os outros atrás de seus olhos fechados.

Saio na chuva que começou a cair. Ela é lenta e morna. Molha minha cabeça praticamente nua, cola minhas roupas à pele. É tão abundante que poças nascem em meus pés, estendem-se e os afogam.

Acho que me afastei da casa, mas me dou conta de que não me mexi. Continuo de pé ali, sem saber o que devo fazer.

Qual é a continuação da história? Sad, o seu trabalho é este, o de contar. Eu não sei. Vou acabar aqui, aos dezessete anos? É tão breve assim, a vida?

Sad

Está feito: chamei a polícia para avisar que há um risco de revolta. Espero que chegarão a tempo.

Chego correndo à casa do prof. Eva está de pé diante da casa. Ela dá as costas ao lugar. Está completamente encharcada pela chuva. Mesmo sem seus cabelos, eu a reconheço imediatamente. Eva é Eva. Tem uma arma na mão.

Está tomada por uma luz de estrela. Seu rosto parece descosturado. Estranhas cores, as cores dos golpes, embaçam seus traços. Seus olhos estão tão profundos e ressoam tão metalicamente que tenho dificuldade de olhá-la. Querem ir além desta casa, além de Porto Luís, além do presente. Seus olhos estão no amanhã, e o amanhã não existe.

A chuva traz um cheiro de oceano. Escoa tudo ao redor dela com um barulho muito doce. Parece que a chuva vai dilui-la e fundi-la, de tanto que não ficou nada dela.

Paro em sua frente e tomo a arma de sua mão. Ela não me impede. E me diz:

Ele deixou uma carta, sobre Savita.

Estou dizendo, isso é bom, vão ser obrigados a soltar Clélio, e, além disso, isso vai me dar uma desculpa.

Uma desculpa?

Quando eu for me entregar à polícia.

Ela sacode a cabeça e me explica, paciente: não, fui eu que o matei, não você.

Eva, digo, me deixa fazer isso. Sei o que devo fazer.

Ela me olha com um resto de sua cólera de antes:

Preciso ir até o fim, isso não tem nada a ver com você.

Eu a conduzo até uma marquise que nos protegerá um pouco da chuva. Obrigo Eva a se sentar a meu lado numa mureta. Está tão cansada e fragilizada que se deixa guiar, apesar de esse movimento revelar todas as suas dores e contorcer o seu rosto.

Não quero que você se acuse no meu lugar, diz. Te proíbo de fazer isso.

Eu realmente não preciso de você.

Eu realmente não preciso de você.

Seis palavras; uma para cada palma da mão, uma para cada pé, uma para a cabeça, uma para o coração. Eu escorro vermelho.

Pela primeira vez, ela me envolve com seus braços. Sua boca está desolada, mas inflexível. Apesar do meu desamparo, meço o centímetro que nos separa.

Senão isso não terá servido para nada, diz.

Não sei para que isso deve servir. Sinto sua respiração difícil, seus batimentos desiguais.

Olho os desgastes sobre o seu corpo. Ela foi esculpida como uma rocha basáltica. Não entendo nada da violência; ela está aqui, por toda parte. Um veneno suspenso no ar.

Mas tenho ao menos uma certeza: para ela, com ela, por uma temporada ou várias, estou pronto a ir ao inferno. Todo o resto me é indiferente. Passo a mão sobre a sua nuca, sobre a sua cabeça raspada. Mesmo sob a marquise, a água nos afoga.

Mas ela tem um gosto bom nos meus lábios.

AUTORA
Ananda Devi

TÍTULO ORIGINAL
Ève de ses décombres

EDITORA
Carla Cardoso

TRADUÇÃO
Daniel Augusto P. Silva

REVISÃO
Íris Silveira

PROJETO GRÁFICO E CAPA
Antonio Quixadá

Cet ouvrage a bénéficié du soutien des Programmes d'aides à la publication de l'Institut Français.
Este livro contou com o apoio à publicação do Institut Français.

AMBASSADE
DE FRANCE
AU BRÉSIL

INSTITUT
FRANÇAIS

D492 Devi, Ananda
Eva dos seus escombros = Ève de ses dècombres / Ananda Devi ; Tradução Daniel Augusto P. Silva. -- Rio de Janeiro : Meia Azul, 2025.
138 p.

Tradução de: Ève de ses décombres
ISBN: 978-65-983770-5-2

1. Literatura Francesa - Maurícia - País. 2. Adolescência - Abuso Sexual. I. Silva, Daniel Augusto P. II. Título.

CDU 82-3(698.23)
CDD 869.8

Bibliotecário responsável pela ficha catalográfica
Pedro Augusto Brizon de Jesus (CRB-7/6866)

Este livro foi composto em Pollen, projetada por Eduardo Berline e Roxane Gataud, e Acumin, projetada por Rober Slimbach.
Impresso em papel cartão supremo e avena 78 g/m².